培根铸魂 创新驱动

——重庆工商大学项目式英语教学案例

刘繁 陈丹杰 董茜 主编

西南财经大学出版社
中国·成都

图书在版编目(CIP)数据

培根铸魂 创新驱动:重庆工商大学项目式英语教学案例/刘繁,陈丹杰,董茜主编.—成都:西南财经大学出版社,2024.2
ISBN 978-7-5504-6098-0

Ⅰ.①培… Ⅱ.①刘…②陈…③董… Ⅲ.①英语—教学改革—案例—高等学校 Ⅳ.①H319.1

中国国家版本馆 CIP 数据核字(2024)第 018515 号

培根铸魂 创新驱动——重庆工商大学项目式英语教学案例
PEIGEN ZHUHUN CHUANGXIN QUDONG
——CHONGQING GONGSHANG DAXUE XIANGMUSHI YINGYU JIAOXUE ANLI
刘 繁 陈丹杰 董 茜 主编

责任编辑:李特军
责任校对:杨婧颖
封面设计:墨创文化
责任印制:朱曼丽

出版发行	西南财经大学出版社(四川省成都市光华村街 55 号)
网　　址	http://cbs.swufe.edu.cn
电子邮件	bookcj@swufe.edu.cn
邮政编码	610074
电　　话	028-87353785
照　　排	四川胜翔数码印务设计有限公司
印　　刷	成都市火炬印务有限公司
成品尺寸	185mm×260mm
印　　张	15.875
字　　数	364 千字
版　　次	2024 年 2 月第 1 版
印　　次	2024 年 2 月第 1 次印刷
印　　数	1— 1000 册
书　　号	ISBN 978-7-5504-6098-0
定　　价	45.00 元

▶▶前言

为了深入贯彻落实习近平总书记关于高校教育的重要论述，教育部在2020年印发《高等学校课程思政建设指导纲要》，明确要求全面推进课程思政，发挥好每门课程的育人作用，构建全员全程全方位育人大格局。大学英语教学是我国高等教育的重要组成部分。根据《大学英语教学指南（2020版）》，大学英语教学应融入学校课程思政教学体系，使之在高等学校落实立德树人根本任务中发挥重要作用。在此背景下，大学英语教学的改革和创新势在必行。

党的二十大报告指出，要"坚守中华文化立场，提炼展示中华文明的精神标识和文化精髓，加快构建中国话语和中国叙事体系，讲好中国故事、传播好中国声音，展现可信、可爱、可敬的中国形象"。大学英语作为一门高校公共基础课，在新时代被赋予了新的历史使命：通过大学英语课程的学习，引领大学生进行文化互鉴，树立文化自信，运用英语讲述中国故事，传播中国声音。

在习近平总书记系列重要讲话精神及相关纲领性文件的指引下，重庆工商大学自2018年以来，积极推进基于项目式学习（Project-Based Learning，PBL）的大学英语混合式教学改革。PBL教学法是一种以学生为中心、以项目产出为导向的教学方式。它注重培养学生解决问题的实际应用能力和团队合作精神，让学生在真实的项目实践中掌握知识、技能和方法，激发学生的学习兴趣，提高他们的自主学习能力和创新思维能力，是培养高素质人才的有效途径。

重庆工商大学大学外语部项目式教学团队的教师们，在"铸魂为纲、素养培养、技能提升"教学理念指导下，以课程思政为抓手，基于真实社会文化情景、新时代红岩文化及精神传承、调研中国国情、讲述中国故事的课程项目，通过线上翻转教学、线下小组合作探索项目及教师指导，课内课外并举，改革教学内容，创新教学模式，设计多元评价体系，构建师生学习共同体，实现全方位浸润式育人，全流程学生素养提升，全视野价值引领。

为总结提炼重庆工商大学大学外语部项目式教学改革实践经验，特别策划了本案例集。本教案集汇聚了重庆工商大学在大学英语 PBL 教学改革方面的独特探索与实践成果，展现了大学英语 PBL 新的教学理念和方法，精选了具有代表性的教学案例，涵盖家国情怀、社会责任、历史传承、文化艺术、自然生态等多个主题。这些案例有效地结合了社会主义核心价值观、新时代红岩文化及精神，既强调英语知识的传授和技能的提高，又注重培养学生的综合素质和高阶思维能力。这些案例注重提升学生调研中国国情、讲述中国故事的能力，为传播中国声音、外宣中国优秀文化做出积极探索。本书还展示了多样化的学生项目成果，如海报、单元主题报告、调查项目报告等，从中可见学生在参与项目式学习中的积极投入和学习收获。

本案例集由重庆工商大学大学英语 PBL 教学团队完成编写，第一章、第二章中第九节、第四章由刘繁编写；第二章第一节至第四节由董茜老师编写；第二章第五节至第八节由陈丹杰老师编写；第三章是学生项目成果汇编，由刘繁、陈丹杰和董茜老师共同完成。西南财经大学出版社李特军编辑负责全书内容的审读，为案例集的出版提供了宝贵的修改意见和建议。

“高教强国，大外何为”是我们不断探索的时代命题。我们希望通过本案例集的出版，为进一步推动我国大学英语教学的改革与创新，为国家培养更多具备高素质英语应用能力和高阶思维能力的创新型人才贡献绵薄力量。

在本书付梓之际，感谢所有参与大学英语 PBL 教学改革、案例集编写和提供案例的老师和同学们，正是他们的辛勤付出和努力使得本案例集得以出版。另外，本书的出版还得到重庆工商大学教务处、外国语学院领导和同事们的大力支持，在此致以诚挚的谢意。对于其中可能存在的不足之处，我们诚挚地希望各位读者能够给予批评指正，您的宝贵意见和建议将是我们进步的动力。

编者

2023 年 12 月

目录

1 / **第一章　引言**

第一节　本书的缘起 …… (1)

第二节　PBL 及其起源 …… (2)

第三节　PBL 的有效性 …… (5)

第四节　PBL 的形式 …… (5)

第五节　教师、学生在 PBL 教学中的角色 …… (6)

8 / **第二章　PBL 教师教学案例**

第一节　历史与记忆 …… (8)

第二节　中国与世界 …… (22)

第三节　人类与自然 …… (33)

第四节　中国传统与文化 …… (46)

第五节　艺术与自然 …… (58)

第六节　善良与冷漠 …… (73)

第七节　商业与繁荣 …… (87)

第八节　父母与子女情深 …… (101)

第九节　我们时代的英雄 …… (116)

132/ **第三章　PBL 学生优秀项目案例**

第一节　海报范例 1-10 …………………………………… (132)

第二节　3C 报告 …………………………………… (134)

第三节　项目报告 …………………………………… (167)

第四节　PBL 学生反思报告 …………………………………… (231)

238/ **第四章　以文化互鉴暨新时代红岩精神赓续引领项目式大学英语教学改革案例**

第一节　课程概况 …………………………………… (238)

第二节　课程教学改革重点问题 …………………………………… (239)

第三节　教学创新理念和目标思路 …………………………………… (240)

第四节　具体措施 …………………………………… (241)

第五节　教学创新效果及成果 …………………………………… (246)

第一章 引言

第一节 本书的缘起

自20世纪50年代项目式（project-based learning，PBL）教学在加拿大医学教育中产生以来，PBL教学普遍应用在欧美国家小学、初中到大学阶段，并得以不断蓬勃发展，其从理论探索到实践实习，激发了学生们的探索欲望、培养了学生的创新精神。我国从20世纪90年代以来，也逐渐在大学教育、初中及部分小学教育中，进行了PBL教学的尝试。21世纪PBL教学在我国的各学段教育中蓬勃发展，涉及的学科范围涵盖医科、工科、农科、文科。但目前我国可用于指导实践教学的项目式教学案例集较少。

本书正是为实施项目式教学的教师及学生准备，提供项目式教学的优秀教学案例、学生的优秀项目作品，总结了重庆工商大学自2018年来，以课程思政为抓手，实施基于项目的混合式大学英语改革案例，培根铸魂，创新教学范式，构建师生学习共同体。

这本书专门针对：

大学、初中或高中英语教师，本书中我们描述的PBL基本设计适合任何年级；

任何专业领域的教师，虽然我们使用的例子主要来源于生活或学生相关专业领域；

考虑使用PBL教学的老师，虽然还没有参加过PBL的工作坊或读过关于PBL教学法的书籍；

尝试使用过“做项目”但未取得满意效果的老师，并且愿意用不同方式再次尝试的老师。

本教学案例集以项目式英语教学改革的精彩案例为切入点，展示教师们通过项目式（PBL）英语教学，形成了“线上线下、课堂内外、文化互鉴、赓续红岩精神”的教学创新模式；在以“铸魂为纲、素养培养、技能提升”的教学理念指导下，以课程思政为抓手，基于真实社会文化情景、新时代红岩文化及精神传承的课程项目，通过线上翻转教学、线下小组合作探索项目及教师指导，课内课外并举，改革教学内容，创新教学模式，设计多元评价体系，构建师生学习共同体，实现全方位浸润式育人，全流程学生素养提升，全视野价值引领。

本书内容分为四个部分：第一章引言，介绍了本书的缘起，PBL 及其起源、有效性、形式，教师及学生在 PBL 教学中的角色；第二章 PBL 教师教学案例，汇集了重庆工商大学自 2018 年项目式英语教学改革以来开展的线上线下混合式教学及落实课程思政教育理念方面的优秀教学案例；第三章集中展示项目式英语教学中同学们的优秀项目作品；第四章着力介绍培根铸魂，创新驱动的重庆工商大学 PBL 教学改革成果案例。

第二节　PBL 及其起源

一、什么是 PBL

你有没有觉得你总是在课程中推着学生前进？或者说你总是在用各种鼓励、奖赏或者威胁方式，赶着一群不愿前行的学生前进？在基于项目的学习中，一切都不一样了。学生被教学大纲中一个有意义的问题，一个真实世界的问题，或一个设计的挑战，牵引着前行。在他们自己解决这些项目之前，他们需要与其他学生合作，去探寻提出的问题，学习相关内容和技能，寻找答案或解决问题的方法，产出高质量的产品，然后向其他人呈现他们的工作。这个过程激发出了学生强烈的求知欲，使他们产生去了解和理解相关材料的需求。这就是在基于项目的学习中，激发学生学习动机的关键——给他们一个真实的需求，让他们去了解、理解和展示他们的所学，而不是仅仅获得一个好的分数（John Larmer，David Ross，2009）。

PBL 是让教师和学生参与基于真实世界情景的真实问题，并为其寻求解决方法的一种教学模式。基于项目的学习聚焦重要内容，即教授学生源自核心学术内容领域的标准和关键概念等重要知识与技能；聚焦 21 世纪技能，如批判性思维、解决问题、合作和交流等能力；培养学生深度探究、好奇心、学会选择、修改、反思、公开演讲等能力（Larmer J.，Ross D.，2009）。

1. PBL 的关键要素

项目/问题不论采用何种形式，必须有以下关键要素，才满足我们对 PBL 的定义。

有意义的内容：究其核心，项目聚焦在教会学生重要的知识与技能，这些重要知识与技能源自相关学术内容核心领域的标准和关键概念。

21 世纪技能：通过教学及评估，学生学会对于当今世界有价值的技能，如批判性思维、解决问题、合作和交流等能力。

深度探究能力：学生参与严格的、扩展的，提出问题、使用资源、寻找答案的过程。

驱动问题：项目工作聚焦学生探索的或者正打算完成的任务的开放式问题。

求知的需求：始于一个引发兴趣和好奇心的事件，学生看到了获取知识、理解概念、应用技能的需求，并运用相关技能去产出项目作品。

表达与选择：在教师指导下，结合小组同学的兴趣和相关项目经验，学生有一定的自由选择产出什么作品、如何工作、如何运用时间。

修改与反思：项目包含以下过程，如学生基于反馈，思考增加或改变项目内容，以产出更高质量的项目作品，去思考他们学什么及如何学的问题。

广大观众：学生将作品呈现给除同学和老师之外的其他观众（John Larmer，David Ross，2009）。

2. 关于 PBL 的误区

PBL 不是甜点，是主菜。

项目是教学大纲的中心，驱动教学；项目不是在完成传统的教学单元后“有趣的活动”或“应用性学习”。

二、PBL 的起源

PBL 教学源于 20 世纪 50 年代的加拿大医学教育，是受建构主义思潮的影响而发展起来的一种新型教学模式和学习方法，被誉为国外教学改革浪潮中多年来教育领域“最引人注目的革新”。受建构主义的启发，美国神经病学教授 Borrows 于 1969 年在加拿大 McMaster 大学医学院创立了 PBL 教学模式。后来，美国的布里奇斯和海林杰出版了《以问题为本的学习：在领导发展中的运用》一书，由此将 PBL 正式引入教育领域。以项目为本的学习是指以学生为主体，以小组讨论为形式，在辅导教师的参与下，围绕某一专题或具体问题的解决进行研究性学习的教学过程，它有两个显著特点：基于现实的问题和以学生为中心，它强调把学习设置在复杂的、有意义的问题情景中，通过学习者的合作来解决真正的问题，由此学习隐含在问题或项目背后的科学知识，形成解决问题、完成项目和自主学习的能力。PBL 的实施步骤大同小异，主要包含以下七个方面：项目或问题介绍、设计项目或问题、选定项目或问题、活动探究、作品制作、成果交流、项目或问题最终评价。

PBL 的理论基础源于建构主义学习理论、杜威的实用主义教育理论和布鲁纳的发现学习理论。建构主义学习理论认为，学习者在一定的情境中，借助他人的帮助，利用必要的学习资料，通过意义建构的方式获取知识。杜威认为教育不是“述说”或者“被告知”的事件，而是一个积极的、建构的过程（Dewey，1997）。杜威的实用主义教育理论强调“以经验为中心，以学生为中心，以活动为中心”。他认为教师应当提供“经验的情境”，引导学生在参加各种活动的过程中，提出问题，解决问题。教学的艺术是要使新问题的困难程度足以激发思想，从而使学生得到启发，进行创造性的思考，以培养学生独立解决问题的能力。布鲁纳提倡发现学习，认为学生不是被动的知识接受者，而是积极的信息加工者。PBL 正是植根于这些理论，强调学习者是学习的主体，在活动中获得知识、提升技能；致力于推动学生超越知识的获取，让学生参与到批判性思维活动中，目的是通过运用他们所学来建构他们自己的知识体系。

PBL 本质上是一种基于建构主义学习理论的探究式学习模式。换言之，学习者通过在真实的情境中解决真实性问题或完成真实项目，并在解决问题或完成项目的过程中使新旧知识发生相互反应，从而主动完成知识构建，获取知识并提升能力。PBL 强调学习者在“做中学”，即学习者是学习的主体，在活动中获得知识、提升技能。另外，布鲁纳的发现学习理论表示“学习就是依靠发现”，教学过程实质上是教师引导学生发现的过程。布鲁纳的发现学习包含五个步骤：提出问题，创设问题情境，提出假设，检验假设，得出结论。PBL 模式的操作步骤是与之高度类似的，它包括学习者选定项目、提出假设、提出解决方案、活动探究、验证假设、得出结论。

国内对于 PBL 的研究始于 20 世纪 90 年代，最初以介绍国外在该领域的研究状况为主，后逐步尝试和探索将 PBL 引入国内的教学实践。重庆大学、东南大学、湖南医科大学、第四军医大学、暨南大学和南京大学等都已开展了较大规模的 PBL 教学。由于 PBL 在医学教育领域的应用在短期内取得了丰硕的成果，其也得到了其他领域教育实践工作者的普遍认同。清华大学的张建伟博士，北京师范大学的刘儒德教授、李芒教授，南京大学的王海啸等专家和学者在介绍和推广 PBL 研究方面做了大量工作，促进了 PBL 在国内教育领域的发展。国内对 PBL 的研究主要集中在对 PBL 进行理性思考和如何进行大范围应用，如 PBL 与我国的教育现实、在中华文化背景下开展基于项目式学习、实施 PBL 的可行性分析、程序设计课程 PBL 教学应用、网络环境下 PBL 教学系统设计、网络环境下基于问题学习的专题教学设计与实践、基于问题解决的策略、网络环境下基于问题解决的研究性学习分析等。文献主要聚焦在：①各级各类学校中 PBL 在大学英语及其拓展课程中的应用研究，何学静、李政侣（2018），宁姣姣（2019）等；②PBL 与混合式教学方法在大学英语中的应用研究，如赵壁（2019），王燕、石艳（2019）；③国外 PBL 教学的启示，如张志慧（2019）；④对参与者的研究，如李玉苏（2017），朱妮娅（2017）；⑤PBL 评价研究，如余渭深（2017）等。国内近年 PBL 教学的实践及理论研究深度和广度不断拓展。结合 PBL 与混合式教学方法在大学英语教学中进行应用研究，反映了国内研究者能紧跟现代教育技术发展前沿和善于捕捉时代发展对教育需求的变化。纵观近年来我国对 PBL 模式的研究，可以发现，目前国内的相关研究具有以下特点：①理论研究多，实证研究少。国内已公开发表的 PBL 相关论文，主要聚焦于 PBL 理论的内涵和外延的阐释，关于 PBL 在课堂教学方面的实证研究很少。②研究的层次不够高、专业性不够强。国内的研究主要集中在 PBL 模式在中学和高职高专院校的教育方面的应用，在本科及以上教育领域的研究相对较少，其中有相当多的论文是关于其在医学等少数应用型领域的应用。③国内的 PBL 研究呈同质化，研究多聚焦在某类学校某种课程的应用，其他方面的研究还需要跟进。

国外学者对于 PBL 教学在各级各类学校和学科中的应用研究和理论探索系统深入，研究主要涵盖：①对 PBL 教学的概念、内涵及外延研究，如 Barrows H. & Tamblyn R.（1980），Katz L. & Chard S.（2000）等；②PBL 的应用研究，如在各级各类学校学科中应用的具体方法、策略、资源、案例展示及研究，如 Hallerman H. & Larmer J.（2011），Alec Patton（2012），Larmer J. & Mergendoller J. R.（2015）；③技术支持研究，如 Fehrenbacher T. & Scherer R.（2017），Boss S. & Larmer J.（2018）；④参与者研究，如 Anthony Pak-Hin Kong（2014），Mario Alberto，De la Puente Pachecol，Dick Guerra etc.（2019）；⑤评价研究，如 Whatley J.（2012），De la Puente M.，Selene H.，Acuña L. & Delgado M.（2018）。国外的 PBL 教学实践及研究对于具体情景的 PBL 应用有较大的指导意义，但这些研究多关注中小学阶段，高等教育阶段的研究相对较少。

第三节　PBL的有效性

通过几十年的发展，PBL模式正不断成长，焕发活力，和传统的教学方式相比，它的独特之处在于：关注于学生能力的培养、真实的问题或项目情景设置、客观的问题或项目；强调学习者的全员参与性和主动性；多元化和最佳化的问题或项目解决方案。采用过PBL模式的广大教师和学生普遍反映，这种教学方法不仅为学生的创新能力、自主学习能力、实践操作能力、合作能力和人际交往能力的发展提供了一个良好的实施平台，同时它也能够提高学生学习的内在动机，培养学生高层次思维能力，提高他们获取和运用知识的能力。

PBL教师认为，一个设计和执行较好的项目，可以：

（1）在恰当的支持下，适用于不同类型的学生；

（2）提升学生的学习动机；

（3）用于教授学术内容标准；

（4）有多种机会融入技术的学习；

（5）帮助学生看到学校与外面世界的联系，学习变得更相关更有意义；

（6）促进更多的公民参与。

研究者们认为，一个设计和执行较好的项目，可以：

（1）比传统的教学方法能更有效地提高学业成就；

（2）提升学生的学习动机和学习参与度；

（3）加深学生对知识的记忆；

（4）提升学生对21世纪技能的掌握；

（5）对于学业成就较差的学生更加有效；

（6）提升学生在标准化考试中的成绩。

PBL的有效性或许远不止以上列出的几条。PBL对于学生作为个体的发展，如心智的成长、探索精神的激发、合作意识的提升、创新精神、发现问题及解决问题的能力、学会新技术等能力的促进，都需要在实践中进一步探索、印证。

第四节　PBL的形式

在大学英语教学过程中，采用基于项目的教学，应当从给学生搭建脚手架开始。PBL教学开始时采用简单的项目，教会学生基本的语言、沟通技能。例如，中西方重要节日的对比，中西方刻板印象对比，中西方艺术互鉴，大学新生如何更好地适应大学生活？大学生如何面对情感问题？大学生适合做哪些兼职工作？大学生应该学会哪些技能？如何做公开演讲？如何制作PPT？如何写一封正式信函？如何制作海报？如何表达不同的观点？成果形式包括海报、问卷、思维导图、微视频、调查报告、研究报告、辩论、口头陈述答辩等。在初始阶段，项目作品应循序渐进，从海报、PPT、思维导图等，逐渐过渡到调查报告（字数控制在与学生语言能力匹配的范围。如大学一年级上学期，大学英语四级水平的学生，建议调查报告的字数控制在 500~1 000 词）。在此过程中，学生的口头项目作品，可先从借助 PPT 的口头陈述，逐渐过渡到演讲和辩论。

在大一下学期，在学生具备基础语言及沟通技能后，PBL 教学可逐渐过渡到与学生生活或专业紧密相关的话题。如：未来五年××专业学生的就业趋势分析，人工智能对××专业人才培养的影响，提升××专业学生就业竞争力的措施，如何有效提升××专业学生英语/专业学习效能，大学生网络游戏成瘾原因及应对措施，大学生心理问题的成因及疏导机制，大学生在实习过程中可能面对的危险及应对措施，大学毕业生如何更快适应公司的工作，新冠疫情对大学毕业生的冲击及应对措施，新冠疫情对生活方式的冲击及应对措施，如何在××大学××专业学生中传承红岩文化……

学生通过探寻与生活或专业相关的问题或项目，查找资料，进行选题可行性讨论、确定选题及小组分工；写出提纲并请老师提意见；搜集资料、设计问卷、开展调查、收集数据、进行数据分析；写作课程项目初稿、二稿、终稿；制作项目报告 PPT；用英文进行课程项目成果汇报。通过探寻、解决问题或者做项目，学生学会了如何查找资料、如何确定有意义的研究问题或项目、如何分工合作、如何搜集数据及分析数据、如何与同学老师及受访对象有效沟通、如何写作项目报告、如何进行项目汇报等。

教师在此过程中为学生提供脚手架支持，如教会学生如何利用网上的资源查找需要的资料，与学生探讨选题的可行性，教会学生如何设计问卷，如何开展访谈，如何分析数据，为学生的调查报告提供内容、逻辑、语言等方面的修改意见。

学生的项目产出包括，但不仅限于提纲、思维导图、PPT、文献综述、问卷、海报、研究报告、口头陈述等。基于学生生活或专业相关的项目，涉及的因素较多，项目过程也较复杂，项目产出若为项目报告，一般字数控制在英文的 2 500~3 000 词，若由学生独立完成，有较大难度，因此一般以小组为单位，同学们分工合作，共同完成。

第五节　教师、学生在 PBL 教学中的角色

PBL 模式将学习融入复杂的、有意义的情境中，是一种关注经验的教学方式。PBL 模式下的课程学习能向学生提供真实的体验，不仅有助于不同学科知识的融合，还能培养学生学习的主体性，帮助学生构建知识框架，从而使学生自然地将学习中获取的知识与实际生活联系起来。

PBL 模式有四大基本要素：教师角色、学生角色、问题或项目的作用、协作学习。首先，教师是学习的指导者，是学生的榜样，思考提问，监控学生学习，鼓励和激发学生思考，使学生持续参与学习，调整学习的难度、调节学习小组的驱动力以保证学

习顺利进行。其次，PBL 模式中的学生是主动的问题解决者或项目完成者，主动地参与积极的意义建构。再次，学生的最初挑战和动机来源于结构不明确的、有吸引力的问题或项目，这也是激发学生去解决、协商的动机。最后，合作贯穿于 PBL 的各环节。学生以团队合作的形式，共同解决复杂的、实际的或真实性的问题或完成某个项目，学习隐含于问题或项目背后的科学知识，形成解决问题或完成项目的能力，并培养自主学习和终身学习的能力，成为有效的团队合作者。

第二章 PBL 教师教学案例

第一节 历史与记忆

单元案例——历史解读，家国传承

课程基本信息

课程名称	大学英语 AI（PBL）	课程类型	公共基础必修课
学时学分	75 学时 5 学分	教学对象	非英语专业大一新生
教学单元主题	历史与记忆		
课内/课外学时	8 学时/3 学时		

一、教学目标与学情分析

（一）教学目标

1. 知识目标

学生能够基本听懂战争主题历史事件的音视频材料，明白其大意、要点；能够阅读涉及战争主题的材料，概括篇章大意，理解篇章的逻辑推进方式，并能够进行篇章逻辑结构的分析、判断；能够理解“信号词”（signal words）在阅读语篇中的重要性。学生通过抓住信号词，能更加有效地理解阅读及听力材料；并有意识地在写作中使用信号词，以增进文章的衔接性。

2. 技能目标

学生能够在关于历史叙事的听力理解过程中，通过抓住“信号词”，快速记录事件要点；并能根据列出的关键词及信号词，对历史事件进行概要的口头复述；能够书面描述犹太人大屠杀、美国内战等历史事件，并能阐述这些历史事件被纪念的方式。

3. 价值目标

学生能够以史为鉴，更加明白和平的重要性，珍惜我国悠久、统一的文化传承，增强家国意识；能够结合现实，理解西方是如何解读历史的，明了历史解读的重要性，并进一步明白为何我国要强调讲中国故事；能够在阅读英文文献中，透视作者的立场价值观，保持辩证、批判的认知态度。

（二）学情分析

大学英语课程面对的学生为大一的非英语专业学生，出生并生长在和平年代，对战争的了解和体会不深，对于战乱对一个民族带来的文化上的打击也难以有深刻的认知。因此，该单元的学习非常有意义。

根据课前调查，授课班级的同学对犹太人大屠杀和美国南北战争有一定的了解，但对于整个事件的起因、过程及影响了解并不多。因此，学习本单元可以丰富学生的历史常识与人文素养。

当代大学生好奇心强烈，善于运用现实及网络工具探索和解决问题。学生们对讲述历史故事的音视频材料有较为强烈的兴趣，能唤醒学生的好奇心和探究精神。如许多大学生喜爱类似“剧本杀”的游戏，其核心是从对已有的信息进行观察、验证、排除和推导，最后揭开谜底，并在此过程中得到快乐，在完成任务的过程中体验到成就感。因此，本单元的处理，可以顺应学生的这些特点，安排任务，以取得良好成效。

二、教学内容分析

（一）教学内容

本单元整体教学内容简介：本课时教学内容来自教材《新一代大学英语（综合教程）》第4单元历史与回忆（unit4 History and Memory）。其从内容上旨在引导学生探讨基于历史事件的一系列问题：记忆里的历史事件是当时事件的本来面目吗？历史与现实有何联系？铭记历史，尤其是苦难史的意义是什么？学生带着以上问题观看《美国大屠杀纪念馆》（Holocaust Memorial Museums in America）和《一场未远去的战争》（A War That Never Goes Away）视频。

在围绕“历史与回忆”话题的8学时学习中，本案例为第一次课（80分钟），其内容如下：

1. 语言学习

学生在本次课中通过学习文本及音视频材料，锻炼阅读理解及听力理解能力，其学习内容可概括为三部分：①单元主题的引入与思考——本单元引文文本及音视频材料“setting the scene”；②历史事件的了解与“信号词”的掌握——犹太人大屠杀简介视频材料及习题；③项目目标的树立——本单元项目介绍的文本。

通过完成课前任务，以及课中对以上文本与视频材料的学习，学生学习并巩固与战争题材、犹太人大屠杀题材等相关的词汇与结构；初步了解该如何叙述某一历史事件。

认识何为“信号词”，并学会如何在听力和阅读过程中迅速识别并抓住“信号词”，并利用“信号词”构建语篇大意。

通过课后任务，在重点词汇和“信号词”的帮助下，学习复述犹太人大屠杀简介，锻炼口语表达能力。

2. 文化互鉴

学生通过学习德国法西斯屠杀犹太人的历史，结合日本侵略我国的历史，更为深刻地认识到国家主权领土完整的重要性，以及铭记历史，特别是苦难史的重要性。

3. 价值引领

本单元以历史为主题，单元项目设计为请学生结合重庆地域的红岩文化，讲述一则历史故事，彰显红岩精神，并阐述其意义。做是最好的学，让学生在完成此任务的过程中，更多地了解我国历史与文化，长养爱国之心，报国之志。

（二）教学重点

学生通过文本和视频材料的学习，能熟悉并掌握有关战争主题的重点词汇和表达；能够明晰犹太人大屠杀的时代背景、主要起因和基本阶段；能识别阅读及听力文本中的“信号词”（signal words）并能在故事的讲述中加以使用；能清楚地知道本单元的项目任务是什么，以及该怎么做。

（三）教学难点

学生能够运用所学关于战争主题的重点词汇及“信号词”，简要复述犹太人大屠杀这一历史事件（包含其时代背景、主要起因及基本阶段）；在阅读和听力理解中，通过捕捉“信号词”，快速构建文章脉络；在写作中，善于使用“信号词”，增强文章条理与衔接；在情感上认同和平的可贵，提升铭记历史，传承赓续红岩精神和文化，厚植学生的家国情怀。

三、课程思政引领的混合式教学设计理念及思路（课前、课中、课后）

（一）课程思政引领的混合式 PBL 教学设计理念

本案例按照《大学英语教学指南》要求，“主动融入学校课程思政体系”“以立德树人为根本任务”“以提高课程质量为抓手，对标一流课程建设的要求，体现高阶性、创新性和挑战度，合理提升学业挑战度，增加课程难度，拓展课程深度，将课程思政理念和内容有机融入课程”；同时，注重培养学生自主学习能力。根据单元主题及内容，以语言技能学习为载体，以人文思想性、思政元素为内容，以项目质量的高阶性、创新性、挑战性为标杆，力求设计出学生愿意学、努力学、有获得感的课前-课后-课中有机衔接的混合式教学设计方案。

（二）本单元整体设计思路

（1）在完成项目中培养家国情怀，实现文化认同。本单元以历史为主题，单元项目设计为请学生结合重庆地域的红岩文化，讲述一则历史故事，彰显红岩精神，并阐述其意义。做是最好的学，让学生在完成此任务的过程中，更多地了解我国历史与文化，长养爱国之心，报国之志。

（2）将叙事技能与讲中国故事有机结合。本单元涉及历史故事的叙述，教师可以通过文本、听力材料，引导学生提升叙事技能，掌握“信号词”，使学生在掌握技能的同时，明白宣讲中国故事、合理解读别国文献的重要性。

（3）将分析问题、论证问题的能力培养与实事求是、求真务实的马克思主义历史唯物主义世界观和方法论相对接。本单元的第一篇课文较为严谨地分析、验证了客观史实与宣讲者、受众之间的关系，第二篇课文也以可靠的数据、详实的史料来论证为何美国民众对美国内战历史特别痴迷。通过对课文的分析，探讨历史事件的规律与影响，教师有意识地引导学生树立“以事实为依据，以规律为对象，以实践为检验标准的”马克思主义的世界观与方法论，从而让学生保持清醒的头脑，增强抵抗意识形态侵扰的能力。

（4）以项目及任务为驱动，合理衔接课前、课中与课后，实现课程思政引领的混合式 PBL 教学。整个单元的设计，遵循从感性到理性、从简单到复杂、从发现问题、分析问题到解决问题的认知规律，环环相扣，步步提升。

（三）本单元教学整体安排

本单元教学设计分为课前、课中和课后，其中核心环节为课中部分。每次课都有各自的课前和课后环节。以下先介绍课中，然后介绍各次的课前和课后（居中的几次课，上一节的课后即是下一次课的课前）环节设计。

（1）本单元课中总共为 4 次授课（每次 2 学时），总体安排如表 1 所示：

表 1　本单元课中安排

	内容	目的
第一次课	听说引入及项目介绍	（1）学生通过课文听、说，了解犹太人大屠杀的背景；通过给出的“信号词”及关键词汇，复述该历史事件； （2）学生通过阅读，对“历史”进行更深刻的思考，并明了本单元项目需要做什么
第二次课	课文一阅读与思辨	（1）检验学生课前阅读任务完成情况，帮助学生解决阅读中的难点； （2）帮助学生完整理解课文逻辑思路及深刻含义，让学生认识到“历史”与解读者、聆听者的立场及价值取向之间的关联
第三次课	重难点演练，课文二阅读及项目指导	（1）帮助学生演练文中语言重难点； （2）帮助学生运用课文一中学习掌握的技能，更高效地完成对课文二的阅读理解，解答学生项目完成中的疑问
第四次课	项目汇报、讨论及总结	（1）通过小组项目汇报，给学生在有充分准备的前提下展示自我书面及口头表达能力的机会； （2）依据项目评价标准，师生对项目进行互动点评，增进师生的反思，激发灵感； （3）回顾与总结本单元，围绕第一次课提出的问题，升华认识，增进获得感

（2）以上四次课的课前与课中设计如表 2 所示：

表 2　本单元课中、课后整体安排

	内容	目的
课前	熟悉相关单词，自行阅读相关引文	通过阅读和熟悉生词，为第一次课顺利进行做好准备
第一次课		
课后/课前	（1）给出“信号词”及重点词汇，复述视频中犹太人大屠杀的历史事件； （2）在“新一代”网络平台的辅助下自行阅读课文一，总结大意，勾出阅读困难的部分	（1）课后强化将输入转化为输出的能力，巩固词汇、表达的同时，体会“信号词”在表达中的作用； （2）第一次课中的犹太人大屠杀史实刚好是课文一的背景，有助于学生理解课文； （3）通过既说又读的任务，帮助学生加深对战争的残酷性的认识，增强对铭记历史的重要性的认识

表2(续)

	内容	目的
第二次课		
课后/课前	(1) 根据笔记再读课文，真正读懂弄通课文逻辑框架，理解其中的深刻内涵，反思自己当初读不明白的原因； (2) 重点词汇练习	(1) 通过再读与反思，提升阅读理解能力及反思能力； (2) 让学生深刻认识课文一的逻辑思路、人文内涵，特别是历史叙事者对历史故事叙事的影响，从而进一步增强冷静看待和分析网络上的各类“故事”的能力； (3) 巩固运用重点词汇的能力，并发现自己在运用中存在的问题
第三次课		
课后/课前	(1) 复习重难点演练的内容； (2) 运用课文一中学习的方法，在“新一代”平台的帮助下，自行阅读课文二，总结大意，勾出阅读困难的部分； (3) 以小组为单位，完成单元项目	(1) 巩固重难点； (2) 通过完成课文二的自学任务，将从课文一中学到的方法运用于阅读实践，提升阅读理解能力； (3) 在课文一、二的技能的支撑与内容的启发下，完成单元项目
第四次课		
课后	(1) 撰写反思报告，总结本单元的收获、问题及可能解决方案； (2) 预习下单元相关词汇表达	(1) 增加学生的获得感、学习兴趣和信心； (2) 通过反思发现自身、小组及教师的不足之处，并提出可能的解决方案； (3) 培养学生反思的习惯、发现问题和解决问题的能力； (4) 为下个单元的学习做好准备

(四) 本案例教学设计安排

本案例聚焦上述整体安排中的第一次课，课时总共时长 80 分钟。从上述安排可知，它位于本单元教学之首，主要作用是主题引入和任务驱动。良好的引入和驱动可以激发学生的学习热情，让后面环环相扣的教学设计能得以顺利实施。若引入不当、驱动失效，学生不愿意或不明白要做什么，不清楚为啥这样做，更不清楚怎样做，以及怎样做好，那么后面再好的设计也达不到应有的效果。因此，在本单元的主题与整体安排的背景下，我们从教学方法及手段、教学效果成效、教学反思三方面详细介绍本案例。其安排要点如下：

(1) 以关于犹太人大屠杀的纪录片视频等音像资料的输入为手段，在练习听力和学习听力策略的同时，让学生认识那段历史，对流离失所、失去人身自由的犹太人民的遭遇产生“共情”，从而更深刻地理解国家主权独立的重要性。此外，学生通过对听力文本的分析，可以学习到如何有逻辑、有条理地讲述一件历史事件，也为完成本单元的项目做好技能上的准备。

(2) 学生通过对本单元引文的阅读以及教师的引导，理解本单元提出的几个超越历史事实本身的问题（前文有述），从而带着问题学习，而不只是单纯面对简单的历史故事。

(3) 通过教师的引导，让学生清楚本单元的项目任务（结合重庆地域的红岩文化，以小组为单元，讲述一则历史故事，彰显红岩精神，并阐述其意义)，明白完成此任务的意义，以及如何进行呈现（以小组为单元，制作 PPT，每人负责并讲述一部分）。

（4）通过项目任务驱动学生学习的热情，让学生主动地去学习第一篇和第二篇课文。一方面学生可以在词汇、语言技能上找到支持，另一方面其只有对课文有了深刻的理解，才能回答本单元的问题，也才能将项目做出深度来。

四、教学方法及手段

（一）教学方法

本案例主要采用三种教学方法：探究式（Hands-on Inquiry Based Learning）、问题式和项目式教学方法。本案例作为整个单元教学的引入和驱动部分，将这几种教学方法融合使用。无论是课前、课中还是课后，学生都是学习活动的主体，在教师的引导下，带着任务、带着问题，主动地去实践、探索、猜测、验证和判断，在此过程中掌握知识、发展智力、培养技能，进而培养自己发现问题、解决问题的能力。本单元需要完成单元项目，因此，本案例也是单元项目式教学全过程的一环。

（二）教学手段

以学生为主体，为学生营造有利于发展听说读写译等各方面技能的教学环境，实施线上线下的混合式教学。就本次课而言，在课前，学生可结合课本使用 U 校园读写平台，完成课前任务；在课中，教师使用多媒体设备与雨课堂，让学生做随堂小测验，检查课前任务，并根据雨课堂反馈的即时测验结果，作出点评和难点讲解。学生与教师在课堂中既可面对面地交流，也可通过雨课堂以弹幕、投稿等方式多渠道与教师、其他同学交流，提高上课效率和课堂的趣味性。课后，学生可利用 FIF 口语软件，完成课后任务，并取得 AI 系统的即时评分，结合教师评分，并选取典型个案，在下次课中进行重点反馈。

（三）教学过程

本案例，连同整个单元的整体安排见表 1 和表 2，以下为本案例的具体教学步骤。

课前：

教学目标：学生提前学习指定的线上及线下资源内容，完成课前预习任务，通过阅读和熟悉生词，为第一次课顺利进行做好准备。

课前任务：①请学生带着问题（本单元主题什么？学它有什么意义？有没有读不懂、听不懂的地方?）在 U 校园读写平台自行观看本单元介绍视频及阅读课本本单元 setting the scenc 部分。②预习关于犹太人大屠杀的相关词汇，要求能够掌握相关词汇的读音与释义。

课中：

教学目标：①提升学生对历史话题的兴趣，以及探索该话题的欲望；②对学生的课前任务进行检查和反馈，让学生认识到课前活动是有意义的，可以帮助课程的顺利进行；③就英雄的行为、人物性格进行简短的口头陈述，阐明主要观点和事实；④从不同视角思考探究，如不同文化背景下、不同时代的英雄，有何共性或个性，使学生崇尚英雄，自觉提升境界，涵养气概，赓续红岩文化及精神，激励担当。

教学步骤：

1. 开场名人名言（5 分钟）

（1）教师分享两则关于历史意义的名人名言：第一则为牙买加著名演说家马库斯·加维的一则名言（见图 1）：A people without the knowledge of their past history, origin and culture is like a tree without roots. 大家一起朗诵，然后通过对名言中“a people”“the knowledge”等难点的探讨，搞清楚整句话的含义。

图 1 第一则名人名言及名人简介 PPT

另一则为我国唐太宗的“以史为镜可以知兴替”（见图 2），教师带领学生将此语翻译成为英文，并介绍此语也出现在习近平总书记庆祝中国共产党成立 100 周年大会的讲话中，附带让同学们明白，“鉴”就是“镜”的意思。古语的引用，本身也是历史文化传承的体现。

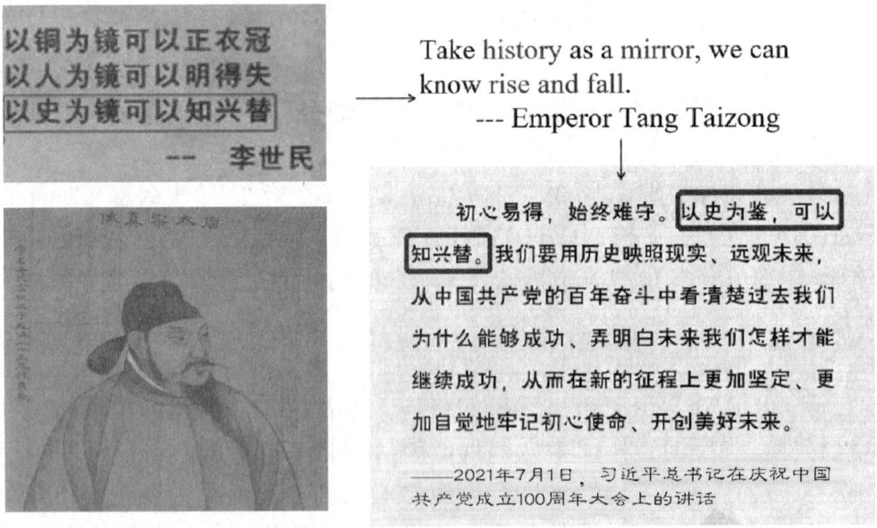

图 2 第二则名人名言及其拓展 PPT

（2）结合两则中外名人名言，自然引入本单元主题，进入本单元的学习，教师展示本次课学习目标（见图 3）。

Teaching objectives

1. To know why and what to learn by checking up homework and reading iprepare
2. To understand what happened to the Jews by watching relevant videos.
3. to enlarge our vocabulary by conducting the above activities.

图 3　本次课程学习目标 PPT

本次课的学习目标：通过检查作业和阅读课文明了本单元学习的意义与项目学习的内容；通过观看相关视频了解犹太人大屠杀事件；在完成这些活动中扩充词汇。

2. 检查课前任务，观看视频“犹太人大屠杀”并完成相关练习（35 分钟）

（1）教师通过雨课堂发送随堂小测验给学生，检查课前任务中词汇预习情况，并根据即时得出的测验结果（见图 4），进行点评。

填空题 5分　设置

1.treating sb in a cruel and unfair way.　[填空1]

2. an separated area in which only Jewish people live. [填空2]

3. the murder of the whole race or group of people. [填空3]

4. remove everything. [填空4]

5. to kill animals or people violently. [填空5]

A. strip　B.ghetto　C. genocide　D. persecution　E. slaughter

作答

图 4　雨课堂随堂小测验截屏

以上测验为选词填空，检验学生是否能理解目标词汇的意思。教材上给出的词汇释义是用汉语给出的，这里给出的是英文释义，且是用学生已学英文词汇给出的。这样还附带考察了学生以往词汇的掌握情况，能帮助学生培养起用英文理解和记忆词汇的习惯。此测验基于学生的课前任务，避免了机械地记忆，增加了学生课中任务的挑战度和新颖性。

（2）教师展示问题，并请学生带着问题（Why did Hitler determine to eradicate the entire Jewish population? What was done at different stages of the Holocaust?）观看视频“犹太人大屠杀”三遍。第一遍，完整观看，无停顿；第二遍，在“信号词”处停顿 10 秒，教师不发言，学生记笔记；第三遍，在“信号词”处停顿，教师引导，学生发言讨论。

集体视听练习是学生最喜爱的课中环节之一，问题带来的悬疑感，以及课堂中伙伴之间的既相互竞争又相互提示的关系，营造出一种专注又热烈的氛围，能帮助学生在短时间内完成高强度的信息捕获、速记等任务。学生在师生互动、生生互动中，集体构建犹太人大屠杀事件的梗概。

（3）视频文本展示，其中“信号词”、关键词汇标注为红色，以便引起学生注意。为帮助学生查漏补缺，教师展示视频文本。在学生观看文本展示、做笔记的过程中，教师特别讲解“信号词”在语篇中的作用，提示学生关注关键词汇。

（4）学生和老师一起，在“信号词”和关键词的提示下，一起共同构建和复述视频故事，学生通过雨课堂弹幕发表自己对于该历史事件的感受。

此步骤，从“听”和“读”向“说”过渡。PPT 展示一下要点（见图 5），由教师带领、启发学生，根据要点、“信号词”、关键词汇，一起复述犹太人大屠杀事件的成因与过程。在这个过程中，教师再次提示“信号词”在书面陈述、口头表达中的重要性，鼓励学生无论是书面陈述，还是口头表达，都应善用“信号词”，从而帮助读者和听众快速掌握要点和脉络。

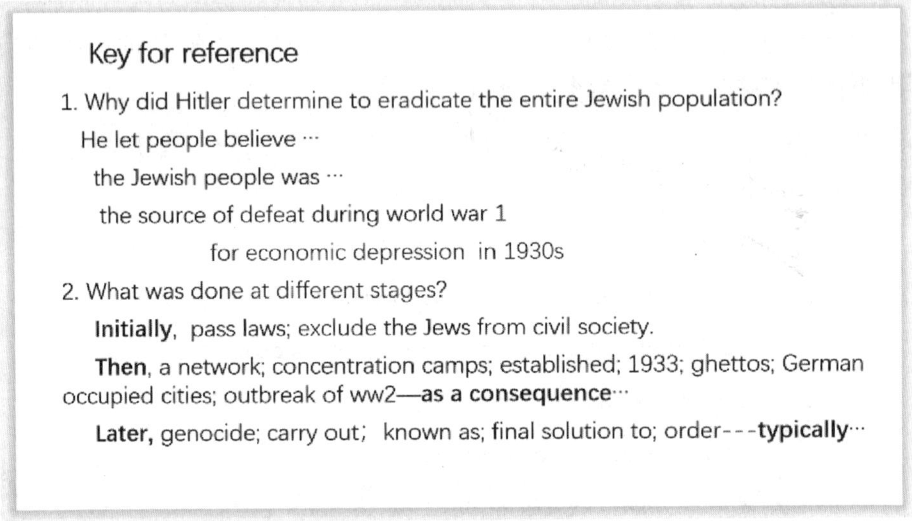

图 5　视听习题的参考答案及要点 PPT

在集体复述的过程中，教师留意学生复述时的语音语调问题，及时给出正确的示范。

3. 探讨本单元 iprepare 部分（20 分钟）

（1）课前任务（Setting the scene 视频观看与文本阅读）检查与讨论：本单元主题什么？学它有什么意义？有没有读/听不懂的地方？教师补充讲解其中的难词，并举例，通过举例融入思政内容：

① imprint on：to have a great effect on sth so that it cannot be forgotten. 铭刻；wicked：adj. evil 邪恶的；wickedness：n.

Eg. The wicked deed of Japanese army imprinted on /left an imprint on my fragile（脆弱的）little mind when I read the story about Bombing of Chongqing.

Old photos reveal Japan's WWII bombing of Chongqing(10/10)

图 6 重庆大轰炸老照片

Old photos reveal Japan's WWII bombing of Chongqing(5/10)

图 7 重庆大轰炸老照片

② folly：n. stupidity，a fact of doing sth stupid. 愚蠢

Eg. Covering up their crimes seems to be the height of folly（愚蠢至极）.

Protest held in Tokyo to demand fair judge for Bombing of Chongqing(5/5)

Su Yuankui, a survivor of the Bombing of Chongqing, shouts slogans during a demonstration demanding the fair judge for the bombing in Tokyo, Japan, Feb. 25, 2015. About 35 people participated in the demonstration. The Tokyo District Court on Wednesday ruled against a group of Chongqing Bombing survivors who sued the Japanese government and asked for apology and compensation. (Photo: Xinhua/Stringer)

图 8 东京举行示威游行，要求对重庆大轰炸受害者予以赔偿

图 9 东京举行示威游行，要求对重庆大轰炸受害者予以赔偿

③ haunting：adj. beautiful，sad or frightening in a way that cannot be forgotten. 萦绕心头的

可以用于以下搭配：a haunting melody/ experience/ image /memory

图 10 重庆大轰炸时期残壁上的“愈炸愈强”

展示以上图片（图 6 至图 10），请同学试着用以上的词来形容看到这些照片的感受。

在此活动中，将词汇学习与历史思政教育交织融合，以思政故事促词汇表达掌握，以词汇表达掌握促思政教育。

（2）教师引导学生，并和学生一起构建 setting the scene 引文的逻辑与表达，从而发现历史的深刻含义：不仅仅只是某时某地某事，还有一系列深刻、复杂的相关问题需要我们去思考和回答。相关展示见图 11。

key points of "setting the scene"

about the understanding of history

usually--- hard facts, time, place of events that…;

seldom---examine history beyond this

provoking questions:

1) historical events, imprint on, true?

2) not creators or products ?

3) history, justify, the present?

4) why, register, crimes, wickedness, follies, misfortunes?

5) why, reopen, closed case?

6) how, the living, free themselves from, the haunting nightmares, the dead?

图 11　setting the scene 段落中要点展示 PPT

4. 本单元学习目标与项目介绍（20 分钟）

（1）展示本单元学习目标（见图 12），并讨论其价值（虽然在课前预习中学生已知晓这些目标，但是学生学习本次课之后，会有更深刻的认识，并体会到它们的意义）。

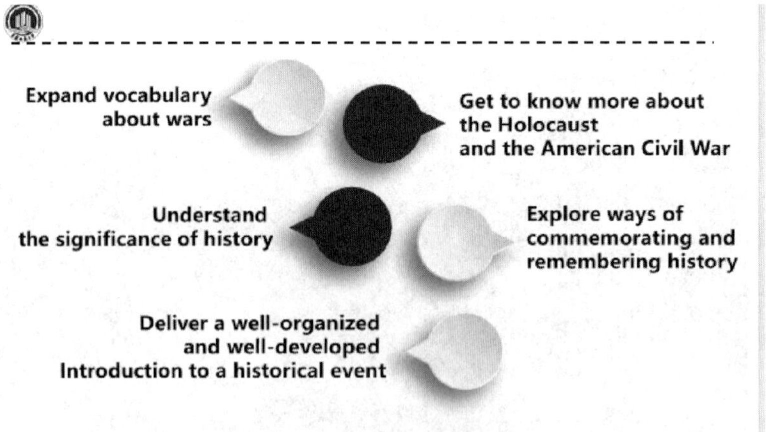

图 12　本单元学习目标展示 PPT

（2）展示本单元项目任务（见图 13）是什么，详细陈述本单元项目该怎么做。

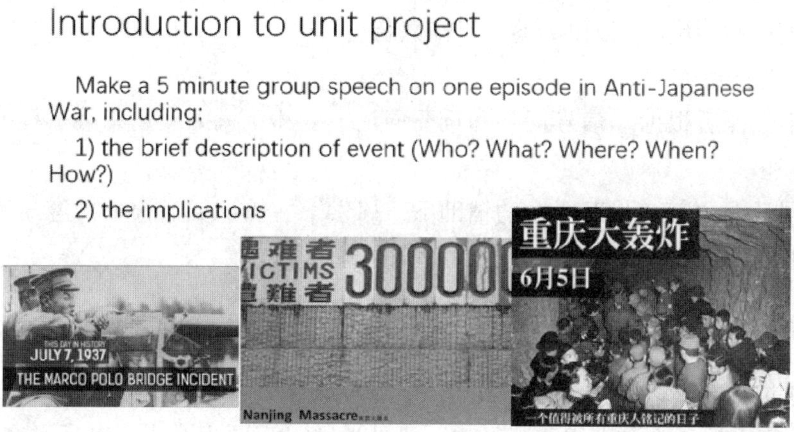

图 13　本单元项目任务展示 PPT

（3）教师和学生讨论，要完成此项目需要哪些语言和内容上的支持。例如，叙述历史事件所用到的词汇、结构及方法；历史事件本身的史实；历史事件的影响和意义等。

（4）教师引导学生分析第一篇课文的第一句——不仅句式难，而且需要一些文化背景知识。

The grandest Holocaust museum in America is the US Holocaust Memorial Museum in Washington, DC, set on the National Mall in view of the Washington Monument and the Jefferson Memorial, a neighbor to the National Museum of American History and the Smithsonian Institute.

教师和学生一起分析句子结构，然后展示一张美国国家广场的地图，请同学们找出划线建筑的位置，并推测出美国大屠杀纪念馆应在地图的何处。教师通过此项活动，调动学生的好奇心，使学生积极参与后续的活动。通过教师的引导和学生之间的互动，让学生能意识到，美国大屠杀纪念馆是被放在一个展示美国文化、历史与价值观的重要位置上的。

（5）在教师的引导下，学生阅读第 段的剩余部分后能发现，该段是在提出问题：为何一个从未经历犹太人大屠杀的国家，会在彰显自己的文化、历史传统的“国家广场”上修建一个纪念犹太人悲剧的博物馆？既然有了问题，答案在哪里？请同学们猜测，本文后面会是对此问题的回答吗？如果是，作者会怎样回答？如果不是，作者后面讲的是什么？

（6）教师总结本次课的要点。

① 犹太人大屠杀事件的成因、梗概——从中学会抓住“关键词”和重点词汇，理解和讲述事件，这一故事刚好也是第一篇课文的背景知识，也为项目中讲述历史事件提供了范例。

② 更深刻地理解本单元主题学习的意义及项目内容——历史不仅仅是史实，它还

有着许多值得探讨的内容。

③ 犹太人的悲剧令人痛心，日本侵华战争中我国人民的遭遇同样让人感到悲痛，我们需要记住这段历史，以史为鉴，以知兴替。

（7）布置课后作业。

① 请学生课后根据“信号词”和重要词汇，复述犹太人大屠杀故事梗概，下次上课抽同学复述。

② 请同学在“新一代”平台的辅助下，探索第一篇课文后面的内容与第一自然段的关系，自行分段和概括大意；勾出看不懂的地方。

五、教学效果及成效

（1）通过创新，以“线上线下混合式、课堂内外、文化互鉴、赓续红岩精神”的项目式大学英语教学，浸润式课程思政，引导学生以问题为线索，以项目产出为驱动，在做中学，取得明显的教学效果。以本单元为例，本教师所授 22 级三个班共 101 人，单元结束后的匿名问卷调查显示，对标本单元的学习目标，教学效果显著（见图 14、图 15）。绝大多数同学能很好地掌握与战争相关的词汇，能够对所学的历史史实诸如犹太人大屠杀、美国内战等进行描述，换句话说，基本掌握了描述历史史实的技能。

第1题：班级 [单选题]

选项	小计	比例
22 工管类（财会）一	36	35.64%
22 金融类五	36	35.64%
22 ACCA2	29	28.71%
本题有效填写人次	101	

表格　饼状　圆环　柱状　条形　折线

第2题：Through the study of this unit, have you expanded your vocabulary about wars? [单选题]

选项	小计	比例
1. yes, definitely	48	47.52%
2. yes, to some degree	45	44.55%
3. emm, hard to say	7	6.93%
4. no, to some degree	1	0.99%
5. no, absolutely	0	0%
本题有效填写人次	101	

图 14　22 级三个班匿名问卷显示的对单元词汇教学目标的达成情况

第3题：Through the study of this unit, can you describe the Holocaust and the American Civil War, and the ways they are remembered? [单选题]

选项	小计	比例
1. yes, definitely.	24	23.76%
2. yes, to some degree.	58	57.43%
3. emm, hard to say.	17	16.83%
4. no, to some degree.	2	1.98%
5. no, absolutely.	0	0%
本题有效填写人次	**101**	

表格 饼状 圆环 柱状 条形 折线

第4题：Through the study of this unit, have you enhanced your understanding of how history can be understood from Western prespectives in relation to current reality? [单选题]

选项	小计	比例
1. yes, definitely.	38	37.62%
2. yes, to some degree.	50	49.5%
3. emm, hard to say.	11	10.89%
4. no, to some degree.	2	1.98%
5. no, absolutely.	0	0%
本题有效填写人次	**101**	

图 15　22 级三个班匿名问卷显示的对单元的其他教学目标的达成情况

（2）在人文思想、价值观等方面，学生也有不少收获。学生在反思日志中写道：“本单元我收获到了关于历史和民族精神思考，例如，iexplore1 当中的美国大屠杀纪念馆，让我深深体会到了犹太人的不容易与对历史的崇敬，以及美国对于这段历史的态度和建立美国大屠杀纪念馆的意图。iexplore2 则表现了一个民族对历史的探索和反思。”还有同学在关于战争话题的收获中这样写道：“关于战争（的收获）：①历史是一面镜子，让人反思过去，思考未来。②一个国家，一个民族的战争影响的是整个世界。③和平可贵，尊重生命。”不仅如此，学生通过学习，建立起了辩证唯物主义历史观，明白一切故事的陈述都离不开讲述人的立场。

（3）学生的自主学习能力也有所增强。“关于学习（的收获）：一个句子可以用不同的方式表达相同的意思，平时多注意积累高级表达的词语和句式；读不懂的句子学会划分结构去理解。”“学会找主旨句，找‘信号词’，如何去标注重点知识。”等等。学生的反思能力也有很大提升，学生在反思日志里提到，“发现自己单词预习、掌握得不好，导致上课有些跟不上，我以后一定要加强课前对词汇的学习”。

六、教学反思

教学设计的提升永无止境，每次授课结束都需要教师对自己的教学进行反思。

一方面，教师授课后的自我反思。丰富的视听材料和内容，确实很能吸引学生的注意力，调动学生课堂的参与度，培养起学生在课后持续的探索热情，但是内容的丰富性，导致部分同学不能很好地聚焦学习目标，只是课堂上互动得热闹，并未真正切实达成学习目标。同时，由于内容的丰富性，有的同学付出大量时间精力，但都未用于达成学习目标上，因此看似忙碌，但学习效果不佳。针对这一情况，教师需要在教学上的任务设计要合理，要注意详略得当，要对重点难点进行反复强调，特别是要重点讲解评价标准，并调动小组的力量，相互提醒和帮助。

另一方面，从学生的反馈中还发现，学生的基础、学习态度各不相同，因此学生的学习效果和获得感有差异。在单元教学结束后的问卷中，同一班级的学生给出截然相反的反馈：在大多数同学表达诸如“听课效率高，接受全英教学，单词积累量变大了”“非常有趣，很有收获”等感受的时候，还是有些学生表示“跟不上老师的节奏”“课上大段的英文反应不过来”“词汇太多，消化不了”等，总之，上课比较吃力。对于此问题，首先教师应尽量关照全班所有同学的学习情况，对于有学习困难的同学进行额外的关心、鼓励和答疑，安排成绩较为优异的同学和该生做小组伙伴，进行帮扶和支持。更重要的是要调动这部分学生的学习主动性，端正学习态度，不是被老师、同学被动地拉着走，而是自己努力，在努力学习中获得提升，从而获得成就感。

第二节　中国与世界

和平崛起，消除误解

——新一代大学英语 B1U5《中国与世界》

课程基本信息

课程名称	大学英语 AI（PBL）	课程类型	公共基础必修课
学时学分	75 学时 5 学分	教学对象	非英语专业大一新生
教学单元主题	中国与世界		
课内/课外学时	8 学时/12 学时		

一、教学目标与学情分析

（一）教学目标

1. 知识目标

学生能够基本听懂与我国改革开放、和平崛起等话题相关的音视频材料，明白其大意、要点；能够阅读涉及我国 40 多年改革开放路径和成就及相关话题的英文材料，概括篇章大意；理解篇章的逻辑推进方式，并能够进行篇章逻辑结构的分析、判断；能够深刻理解我国的和平崛起、人类命运共同体、文化互鉴等，对“中国威胁论”的谬误进行驳斥；掌握英文书信格式。

2. 技能目标

学生能够在单个文本进行主题思想概括、结构梳理的基础上，采用对比的方法，对两篇话题类似的文章的观点、论据、文章结构、用词色彩等进行对比阅读。

学生能够根据两篇文章的对比，绘制思维导图；在思维导图的帮助下，能够对两篇文章的观点、论据、文章结构、用词色彩等进行口头汇报；能够按英文书信格式写信，并以书面的形式陈述中国崛起的事实，分析“中国威胁论”的现象，并给出该如何应对的建议。

3. 价值目标

学生能够基于自身对于两篇原汁原味的外刊文章的对比阅读，基于对于我国和平崛起、人类命运共同体等中英对照文献的阅读，对我国改革开放的历程、现状有更深刻的了解，对我国的立场、发展观有更清晰的认识；理解“零和博弈”与“合作共赢”思维的差异，提升文化自信、政治自信；觉察西方与我国立场与视角的不同，领悟“发中国声音，讲中国故事”的重大意义，培养传播中国故事的历史使命感。

（二）学情分析

大学英语课程面对的学生为大一的非英语专业学生，基本都生于改革开放 30 年后，生活在和平、较为优渥的环境中，对于我国改革开放带来的巨大变化没有切身的感受。因此，该单元的学习可以让学生们了解我国的发展历程，学会用英语讲述这段历程，可以提升学生的制度自信，非常有意义。

根据课前调查，授课班级的同学几乎从未想过其他国家会如何看待中国的崛起；对于“中国威胁论”一词，绝大多数同学是第一次听说，更谈不上该如何去驳斥该错误论调。因此，学习本单元可以拓宽学生们的视野，让学生借助本单元文本了解别国是怎么看待我国崛起的，并进一步了解“中国威胁论”的缘由与谬误之处，这对端正学生的政治站位，提升与外部势力斗争的能力，并深刻认识到用英语讲自己的故事的重要性。

当代大学生普遍素养较好，对祖国有着深厚的感情，但是他们的生活经历普遍简单，其关注点多在身边事物上，因此教师在教学设计上应从对其身边熟悉事物的感性认识开始，一步步将其引入到对国家大政方针、国际复杂局势的理性认识，最终升华与回归到家国情怀的培育。

二、教学内容分析

（一）教学内容

本单元整体教学内容简介：本课时教学内容来自教材《新一代大学英语（综合教程）》（发展篇）第一册第 5 单元“中国与世界”（unit5 China and the World）。本单元依托的项目是：给《中国日报》写一封信，针对如何回应“中国威胁论”给出建议。（To write a letter to China Daily giving suggestions on how we should respond to the“China threat” theory.）本单元的两篇课文是由外国作者所撰写的如何看待中国崛起的评述文章，一篇较为温和，一篇较为激进（持“中国威胁论”）。

1. 语言学习

学生在本次课中通过学习文本及音视频材料，锻炼阅读理解及听力理解能力，其学习内容可概括为三部分：①扩充关于改革开放、中国崛起等的词汇和表达；②能够掌握梳理文章及段落中心思想与重要论据；③掌握英文书信的格式与常用用语。

2. 文化互鉴

学生通过阅读两篇西方作者撰写的关于如何看待中国崛起的文章，深刻地认识到：立场的不同，看到的景象与感受是如此不同。由此激发起学生担当起讲中国故事的责任心，意识到发出自己的声音，用自己的角度、逻辑讲述中国故事的重要性。

3. 价值引领

通过对两篇课文的对比与解读，学生可以感知西方“中国威胁论”形成的缘由，结合我国一直以来所秉持的独立自主和平发展政策、习近平总书记提出的“构建人类命运共同体”的重要理念及相应的成效，能增强制度自信，激发爱国情怀。

（二）教学重点

学生通过文本和视频材料的学习，熟悉并掌握有关改革开放历程及成果、“中国威胁论”等的重点词汇和表达；能够通过文章理解和对比，认识到目前暗流汹涌、错综复杂的国际形势；清楚地知道本单元的项目任务是什么，以及该怎么做。

（三）教学难点

本单元话题比较严肃，激发学生学习兴趣是教学难点之一；对比阅读难度比较大，学生需要在能够运用提取主题句、关键词、梳理观点与论据等技能的基础上，进行对比；认知层次的跃升难度大，需要引导学生从文本的现象分析，上升到抽象思辨的高度。

三、课程思政引领的混合式教学设计理念及思路(课前、课中、课后)

（一）课程思政引领的混合式 PBL 教学设计理念

本案例按照《大学英语教学指南》要求，“主动融入学校课程思政体系”“以立德树人为根本任务”“以提高课程质量为抓手，对标一流课程建设的要求，体现高阶性、创新性和挑战度，合理提升学业挑战度，增加课程难度，拓展课程深度，将课程思政理念和内容有机融入课程”；同时，注重培养学生自主学习能力。根据单元主题及内容，以语言技能学习为载体，以人文思想性、思政元素为内容，以项目质量的高阶性、创新性、挑战性为标杆，力求设计出学生愿意学、努力学、有获得感的课前-课后-课中有机衔接的混合式教学设计方案。

（二）本单元整体设计思路

围绕以上任务，要达成以上学习目标，学生需要：

（1）读懂第五单元的两篇课文。

两篇课文都是外国作者所做，学生不能通过学习两篇课文而获得中方立场和观点。因此，教师需要补充与此相关的时事资料（官方中英文版）。由于教师要留出课时来延伸阅读和进行写作辅导，那么两篇课文就不能按常规逐一阅读，因此教师需使用对比阅读的方法，将对比观点与论点的阅读任务在课前布置给小组，然后在课堂上再来点评、讨论和升华。

（2）明白我方观点及掌握相应英文表达。

（3）了解书信的格式。

让学生去看时政文章，他们是不感兴趣的；看写作格式也很无趣。但是在对比阅读西方学者的文章后，学生会对我方观点充满好奇：我们国家到底是怎样一个态度呢？并且，自己还得给《中国日报》写信提建议。这些需求会促使学生进行进一步的探索。作为教师，其需要给学生提供权威的官方材料。为帮助学生了解我方立场，本课程团队补充了三份资料——2017 年习近平总书记在日内瓦发表的《共同构建人类命运共同体》的发言稿、一些重要词汇的释义［诸如零和博弈（zero-sum game）］、2021 年新华社一篇驳斥“中国威胁论”的英文文章；另外提供了写信格式的资料。请同学们自己先预习构思，并用一次课的时间，教师辅导学生梳理观点，并鼓励学生表达自己的观点。

（4）动笔去写，不断修改，得到反馈。

在对比阅读和写作两次课之后，学生在 iWrite 上进行写作，可不限次数修改，平台会有机器评阅，帮助学生查找基本的语法错误。在此基础上，教师再来评阅和集中反馈，便可达到再次提升项目质量的目的。

（三）本单元教学整体安排

本单元课中总共为 4 次授课（每次 2 学时），总体安排如表 1 所示：

表 1　本单元课中安排

	内容	目的
第一次课	听力热身、项目规划与辅导	（1）通过音视频的活动，让学生熟悉与话题相关的词汇，引发思考，了解本项目及学习过程的规划； （2）通过对学生进行寻找主题句、关键词、归纳大意等技能的训练和辅导，为下个环节进行对比阅读做准备
第二次课	关于中国崛起的对比阅读	（1）检验学生小组课前对比任务的完成情况，帮助学生解决对比任务中的难点； （2）帮助学生完整理解两篇课文的逻辑思路及深刻含义，认识到两篇文章观点的不同与相同之处
第三次课	关于中国崛起的对比写作	（1）帮助学生理解补充文献中的难点； （2）帮助学生掌握英文书信格式； （3）引导学生对比课内与课外补充材料，梳理要点
第四次课	项目写作反馈	（1）对学生典型样本进行点评，梳理常见的结构、语言和逻辑问题等； （2）学生相互评价写作，以达到以评促写，反思成长的目的

（四）本案例教学设计安排

本案例聚焦上述整体安排中的第二次课，课时总共时长 80 分钟。

1. 课前任务设计

以组为单位写两篇课文的阅读报告，具体描述如图 1 所示：

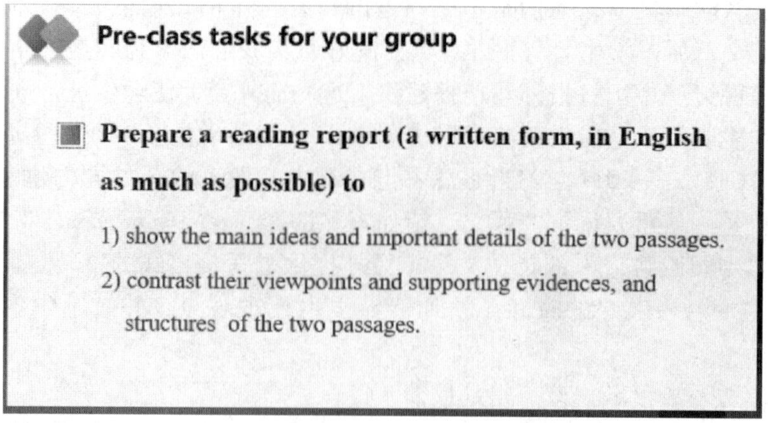

图 1　课前任务布置 PPT 图片

报告中需涵盖两篇英语课文各自的中心思想、论据，并在此基础上对比两篇文章的中心思想、论据及文章结构。让学生进行对比阅读并撰写小组阅读报告，让他们自己初步了解其他国家对中国崛起的看法、原因及逻辑思路。为确保任务的有效完成，教师可提供必要的脚手架和明确的任务标准。教师在前期指导阅读方法，给予词汇、语法帮助的基础上，为保证课前任务的完成效率与质量，还应给学生提供相应的辅助文档（阅读方法指南、词汇清单）。这样做的好处：在培养学生的阅读能力、探索和解决问题的能力的同时，让他们自发地领会，而非被灌输思政内容。

2. 课中活动设计

课中设计是课堂设计的重点，分为三个阶段。

阶段一：课程引入——从身边走入课堂。教师通过名人名言及重庆三十年前后对比的图片，引发学生的思考和感触。运用雨课堂弹幕，让学生写下对于中国崛起的感受的词语，由此形成词云，为后面的用词对比埋下伏笔。这样做的好处是：引发学生的好奇心，通过其对微观事物感性的认识，将其引入对中国崛起的宏观理性探索。此过程，综合实现了情境语言互动（语言目标）、思政融合（思政目标）、思辨发展（思辨目标）的要求。

阶段二：层层递进——从学生分享到教师点评与提升。在此阶段的第一层是课前任务检查。教师收取各小组对比阅读报告，通过雨课堂让学生完成重点原文的挖空练习，旨在检查学生的预习情况，并引导学生注意这些词汇在该语境下的用法。利用学生做题的时间，教师浏览各组报告，选取优秀作品。第二层是基于课前任务的互动与进阶。练习时间结束后，教师根据学生的答题情况，重点讲评薄弱之处。然后请优秀作品组代表上台，通过雨课堂投稿进行分享和讲解。最后是以教师为主导，以问答的形式进行的评价环节。

教师对照报告评分标准和学生的陈述内容，向同学们提出 what、why、how 等逻辑问题，引发同学们的讨论，在与同学的互动中引导学生在原文中寻找答案。教师的点评和深入分析，让学生发现自己视野中的盲点，这样的探索更能吸引现在的学生。教师通过分析重点词，提升学生对课文的理解度，加上之前已激发的情感，他们能深刻认识到讲好中国故事的重要性。这样做的好处：学生参与性强，体验强烈。

到后面学生能真实地发现自己使用的词汇和文中用到的词汇色彩的迥然不同，会得到语言技能上的提升，更会品味出别国对中国崛起的不适感。

阶段三：境界升华——从现象分析到抽象思辨，再到学会站稳立场，坚持辩证地分析问题的方法。同一件事，不同的立场角度，所见所述会完全不同，认识到这一点这本身即是思辨能力的一部分。引导学生从实际出发，不为眼前的各种言论所影响，既明了对方的状态和观点，又坚持自己的立场、角度，辩证地分析问题、解决问题。这样做的好处是：从“学知识”，到“学做人”。

3. 课后任务设计

课后书面反思。课后学生需要写书面反思，从对本课的收获、问题和可能的解决办法三方面来写。这样的好处：除了夯实学生所学知识、提升其写作能力以外，还使其进一步加深印象，从被动地输入，转化为主动地输出，更能将思政内容内化于心。

四、教学方法及手段

（一）教学方法

本案例主要采用三种教学方法：探究式（Hands-on Inquiry Based Learning）、问题式和项目式（project-based learning）教学方法。本案例作为整个单元教学的引入和驱动部分，将这几种教学方法融合使用。无论是课前课中，还是课后，学生都是学习活动的主体，在教师的引导下，带着任务、带着问题，主动地去实践、探索、猜测、验证和判断，在此过程中掌握知识、发展智力、培养技能，进而培养自己发现问题、解决问题的能力。本单元需要完成单元项目，因此，本案例也是单元项目式教学全过程的一环。

（二）教学手段

以学生为主体，为学生营造有利于发展听说读写译等各方面技能的教学环境，实施线上线下的混合式教学。就本次课而言，课前，学生可利用结合课本使用U校园读写平台，完成课前任务；课中，教师使用多媒体设备与雨课堂，让学生做随堂小测验，检查课前任务，并根据雨课堂反馈的即时测验结果，根据学生的情况作出点评和难点讲解。学生与教师在课堂中既可面对面地交流，也可通过雨课堂以弹幕、投稿等方式多渠道与教师、其他同学交流，提高上课效率和课堂的趣味性。课后，学生可利用FIF口语软件，完成课后任务，并取得AI系统的即时评分，结合教师评分，并选取典型个案，在下次课中进行重点反馈。

（三）教学过程

本案例在整个单元的整体安排（见表1）中，属于第一次课，以下为本案例的具体教学步骤。

课前：

教学目标：驱动学生围绕问题进行必要的输入和输出，运用已传授的技能，以组为单位，完成阅读与归纳总结任务，为第一次课顺利进行做好准备。

课前任务：以组为单位写两篇课文的阅读报告。详细任务布置参见上文中图1的课前任务布置PPT截屏。

课中：

教学目标：①引发学生对中国崛起的兴趣，使其从身边的体验开始，扩大到对数十年来改革开放历程与成效的关注；②对学生的课前任务进行检查和反馈，让学生在有准备的基础上，得到展示成果的机会，并通过生生互动、师生互动，发现自己的盲点和问题；③通过对比两篇课文，理解何为“中国威胁论”，他们的论据是什么，从而为后面的项目（写一封信，提出回应中国威胁论的建议）找到驳论的观点和依据；④通过对比自己与课文用词的不同，发现“立场不同，感受不同，用词不同”，顿悟为何需要中国人自己讲述中国故事，从而产生学习大学英语的新动力与使命感。

教学步骤：

（1）引入：名人名言朗读与讨论：Sometimes it takes years for a person to become an overnight success.（有时候一个人需要多年才可一夜成名）——重庆城市与人 30 年的变化—— China’s rise（中国的崛起）。【3 分钟】

（2）问题促发思考。【1 分钟】

①对于中国崛起大家的感受是什么？雨课堂弹幕互动（见图 2）：用英文单词或短句形容自己对中国崛起的感受。

②其他国家的人对我国崛起的感受如何？

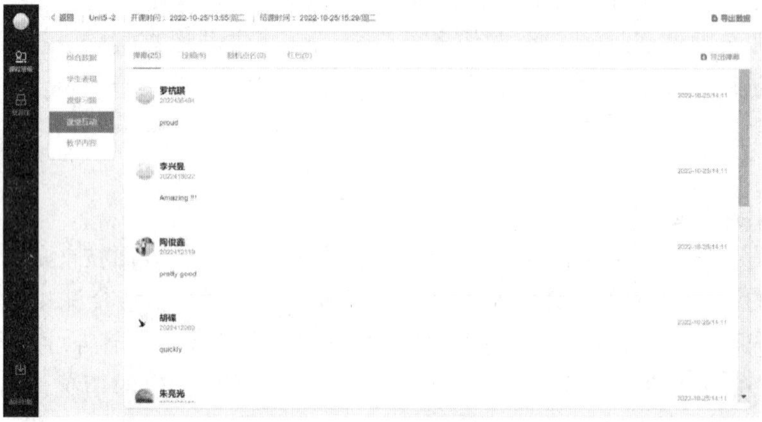

图 2　雨课堂中学生发弹幕的记录

（3）本课教学目标。【1 分钟】

①通过对比阅读，探索两篇课文的中心思想、支撑信息及文章结构。

②分析作者对中国崛起的描述。

（4）请小组长交课前作业［以小组为单位，对比两篇课文——以获取两文中心思想、支撑信息和结构为目的；对比两文的相同与不同之处——撰写对比阅读报告（尽量用英文），并提前告知会从中选出几篇优秀作品，让小组代表上台做 2 分钟以内的陈述。］

学生在雨课堂完成关于上节课词汇的随堂小测验；教师利用此时间批阅报告，并选出课堂分享的作品。【3 分钟】

（5）教师分发批阅完毕的报告，宣布待会需上台陈述的小组；检查雨课堂随堂测验，针对错误多的地方，集中点评（部分优秀报告照片见图 3，学生思维导图见图 4）。【3 分钟】

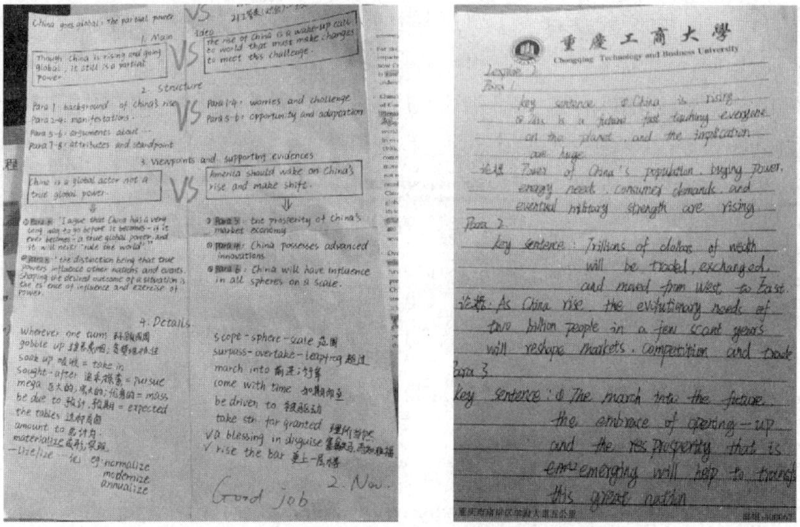

图 3　部分优秀报告照片

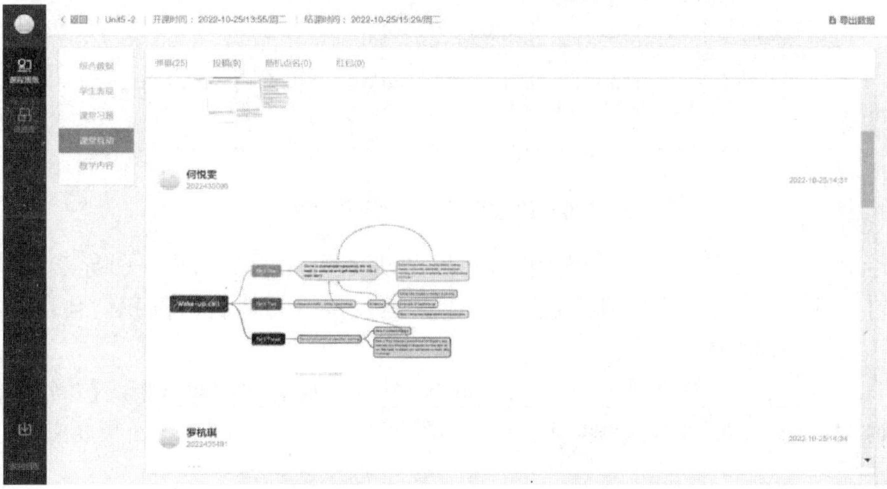

图 4　雨课堂中学生投稿的思维导图形式的报告记录

（6）请需陈述的小组将报告拍照在雨课堂上投稿，并依次上台发言（见图 5）。同学们听报告陈述时做笔记，记录要点：两文的中心思想、支撑信息要点、结构、异同等。【8 分钟】

图 5　小组代表上台陈述

（7）请听报告的同学分享感受；对小组陈述做出反馈。【2 分钟】

（8）教师在 PPT 的辅助下，引导学生看教材，介绍找中心思想的方法，并探索和对比两文在中心思想、支撑信息、结构上的区别，有针对性地点评各组的观点。——通过对比观点发现：第二篇对中国的态度更不友好，第一篇较为温和。【5 分钟】

（9）学生寻读练习：在第一篇文章（对中国崛起较为友好的一篇）的第一段，快速寻找 PPT 给出句子中的缺失词汇（见图 6），并在课本上勾画出来（旨在引导学生对比这些词汇与学生自己发在雨课堂弹幕中词汇），讲解难点—gobble up；assert oneself。【5 分钟】

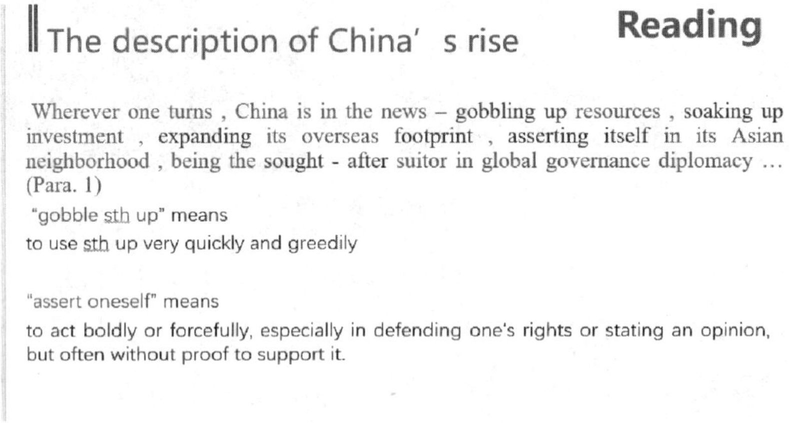

图 6　课堂词汇练习 PPT 图片

引导学生理解这两个词在语境中勾画出的中国崛起的形象——引导学生认识到：立场不同，感受和观点不同。我们学习英语就是要掌握好语言，以我们自己的方式讲我们自己的故事，不能期待别人来替我们讲。

（10）句中另一难点（唯一褒义）：sought-after，及朗读例句赏析。【1 分钟】

（11）盘点本次课程学习目标，反思自己是否掌握，通过互动一起回顾要点（见图 7）。【3 分钟】

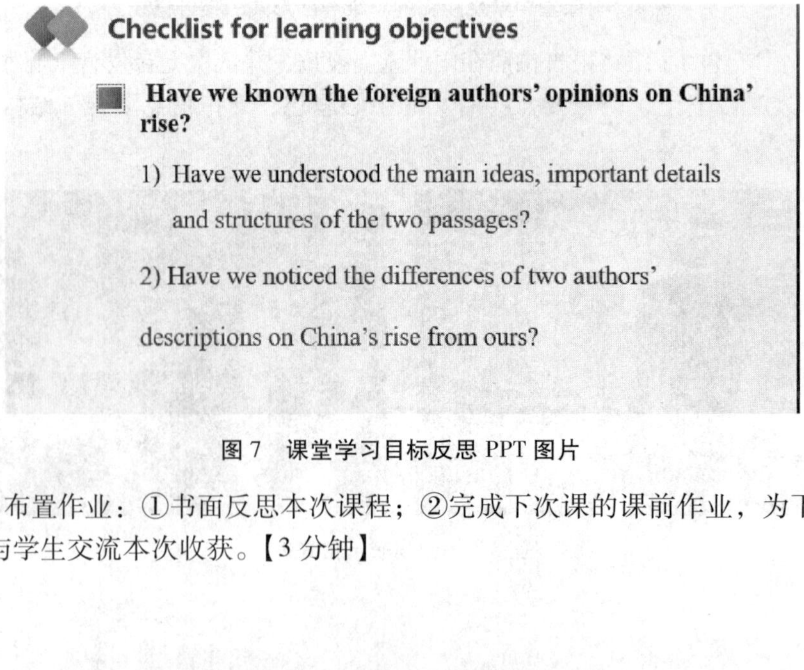

图 7　课堂学习目标反思 PPT 图片

（12）布置作业：①书面反思本次课程；②完成下次课的课前作业，为下次课做准备。简单与学生交流本次收获。【3 分钟】

五、教学效果及成效

（1）本单元无论是话题还是文本，难度都很大。本案例通过课前、课中、课后的对比阅读教学设计，教学效果明显。以下截屏为学生针对本案例对比阅读教学的部分反馈（见图 8）：

11月17日 09:11	能够更好的理解中国崛起的两大观点
11月17日 09:11	任务有点大 但是还是锻炼了我们小组之间的合作与对英语的理解加深了
11月17日 09:12	对内容的细节更加掌握
11月17日 09:12	能同时学习大家不同的思维方式，学到很多新东西
11月17日 09:13	我认为这种方式有效的将两文的侧重，优点进行突出。有利于我们掌握文章脉络。
11月17日 09:13	我认为对比阅读重点在于对作者态度的把握，通过制作思维导图，我们抽丝剥茧，通过自己的努力从各方面找出两文章的区别，体验感很不错，但任务量有点大
11月17日 09:14	非常印象深刻，并且认为可以全面多样的理解文章之间的不同和相同之处
11月17日 09:15	首先，对比阅读能更深切的感受到两种观点的差异和相同点，其次小组集体写报告的形式更考验了合作能力。
11月17日 09:17	挺好的，培养我们的团队协作能力
11月17日 09:18	对比阅读让我更深刻的理解了两篇文章 学到了更多的内容 小组集体报告提高了我们的配合能力 写报告的过程对我们有一定的知识积累 同时也提升了我们的英语表述能力
11月17日 09:19	很不错
11月17日 09:21	great
11月17日 09:25	好
11月17日 10:15	通读全文 了解细节 加深理解

图 8　学生对本案例对比阅读课的反馈截屏 1

从此反馈中可见，课前任务——小组为单位的对比阅读任务是比较困难的，但是收获是颇丰的：既有感性的收获（“体验感强”“印象深刻”），也有理性的收获（“知识积累”“加深理解”“对作者态度的把握”“理解文章之间的不同和相同之处”），还有能力上的提升（“提升了英语表述能力”“团队协作能力”）。

（2）通过项目任务的驱动，学生实现了从感性到理性，再到思想境界上的升华，案例教学也将立德树人、培根铸魂的思政元素自然融入项目活动之中。尽管对于大一的学生来说，话题陌生、词汇陌生、表达方式陌生，文中长难句多，理解难度大，但教师只要从学生的学情分析出发，把握学生的兴趣点，以问题、任务为驱动，把项目拆分成若干个小任务，给予及时的点拨与足够的支架，一步步引导和鼓励，学生最终就能完成项目；并且在词汇拓展、技能增长的过程中，学生体验到探索的乐趣，还在了解我国国情的过程中，点燃报国之志。

在学生针对对比阅读课的反馈中，也有同学提及“增加了对‘中国威胁论’的理解”，并学会了“从不同角度看问题”（见图 9）。

11月21日 10:27	提高了自身总结梳理能力
11月21日 10:31	小组完成一项任务可以提高效率和质量
11月21日 10:33	对提高写作有帮助
11月21日 10:38	增加了对中国威胁论的理解，从不同的角度看问题
11月21日 10:58	对比阅读 提升了获取概要的能力
11月21日 16:00	总结工作比较困难，不知道怎么整合两篇文章的主旨
11月21日 20:37	集体写报告，加强小组的联系
11月22日 08:23	帮助我们更好的理解分析文章
11月22日 08:29	两文对比阅读法更好的体现两篇文章的特点和不一样的地方，更好的让我们发现其中的不同
11月22日 08:48	更好地理解两文之间的差别，写报告增强了写作能力和审题的精准性。
11月22日 09:03	无
11月22日 09:11	小组完成一个项目会更高效

图 9　学生对本案例对比阅读课的反馈截屏 2

在完成项目后学生反馈中，我们可以看到更多元的收获表述，特别是在关于“中国威胁论”、爱国热情、看待问题方式等方面。截屏如图 10 所示：

11月17日 09:09	新的词汇，对比阅读，写信格式
11月17日 09:10	学习了先总后分
11月17日 09:11	extand my vocabularies，increase my patriotic feelings
11月17日 09:11	单词 句子结构
11月17日 09:11	无
11月17日 09:11	写文技巧
11月17日 09:11	单词nice，小组活动nope
11月17日 09:11	收获到了很多。词汇量增加了，关于中国崛起的知识增加了。
11月17日 09:11	学会了怎么去写报告
11月17日 09:12	学习了新单词；对中国威胁论有了更深的理解
11月17日 09:12	小组共同讨论，一起学习的方法，对关键知识点的筛选
11月17日 09:13	the logic of how to respond a idea
11月17日 09:13	扩展了词汇，学习了写信的格式
11月17日 09:14	收获到更多的单词和一些高级用法，收获一些可以改进的建议和意识
11月17日 09:15	1.学习了快速阅读文章找出对比点，做出对比表格。2.拓展了词汇，关于中国发展历程和"China-threat" theory。3.如何做批注，快速找出有用信息。
11月17日 09:17	扩大知识面
11月17日 09:18	本单元学习更好的培养了我的自主学习能力

图 10　学生在完成项目后的反馈截屏

当然，还是有少部分学生收获较少，或不适应小组活动，这也是接下来需要提升的地方。

（3）最后项目的完成，就是学生综合运用所学、所体验、所领悟的一切，得出的产出结果，从项目的完成质量来看，效果很好。对课文的对比与思辨，对相关诸如人类命运共同体、“零和博弈”、我国对外政策等中英对照补充材料的阅读和学习，以及对英文书信格式、用语的学习和运用，都为学生最后达成项目提供了有力支撑。以下为学生的项目作品示例（见图 11）：

Dear editor,

I am Lihua,a college student.I am so glad to write this letter to China Daily giving suggestions on how we should respond to the "China theory". This is my humble opinion.

Over the past years,China has made some breakthroughs in areas which Washington considers "threatening",like the 5G technologies and those related to space exploration in particular.In fact,some western countries are extremely nervous about the "China theory",meanwhile,some countries think this is a huge opportunity for the development of the world.With the enhancement of comprehensive national power and elevation of international status of our China,they believe that China's development will threaten their country's development.

It is said that competition may be the law of the jungle,but cooperation is the law of civilization.Actually,China's proposition is to build a community of shared future for mankind and achieve shared and win-win development.For this reason,they should pivot away from "China threat"obsession,and we can achieve win-win results.Facing this theory,we should take measures to let them know that our development is towards win-win development.

Best wishes to you.

Yours sincerely

Lihua

图 11　学生的项目作品示例

第三节　人类与自然

生态文明　和谐共生

——新一代大学英语 B1U7《人与自然》

课程基本信息

课程名称	大学英语 AI（PBL）	课程类型	公共基础必修课
学时学分	75 学时 5 学分	教学对象	非英语专业大一新生
教学单元主题	人与自然		
课内/课外学时	10 学时/12 学时		

一、教学目标与学情分析

（一）教学目标

1. 知识目标

学生能够掌握和拓展关于濒危动物和全球变暖的词汇和表达；能够具体掌握哪些

人类活动对动物多样性、生态环境带来的危害；能够解释环境保护与经济发展之间的关系；掌握3C报告［围绕某问题的成因（causes）、后果（consequences）和对策（control）的报告］的写法。

2. 技能目标

学生能够运用相关词汇、句型，描述某种濒危动物的特性、现状及生存受到威胁的主要原因；解释听懂相关话题的相关音视频，且能抓住大意；能够在教师的指导下，通过小组的合作，收集相关资料，围绕某环保问题撰写一份3C报告，有条理地阐述该环保问题的成因（causes）、后果（consequences）和对策（control）。

3. 价值目标

帮助学生领会和树立"绿水青山就是金山银山"、人与自然和谐共生的理念；培养学生在面对问题的时候，采取理性的态度，运用调查研究的方法，根据对成因的探讨，提出具有建设性和可行性的建议，而不是站在道德制高点上，以情绪化的方式宣泄不满、指责别人和空喊口号。

（二）学情分析

大学英语课程面对的学生为大一的非英语专业学生，其尽管在中小学的学习和生活中，了解了一些关于动物保护、生态环保的常识，但多为粗浅的认识，对于相关的英文表达，更是鲜有涉猎。但青年一代有爱心、有激情、有责任感，教师通过直观呈现濒危动物的状况，会引发学生们的兴趣，进而使其愿意探究较为艰深的文字。

因此，本单元的学习顺应了学生有爱心、有责任感的天性，引导学生探索环保问题的成因，揭示破坏生态多样性、自然环境的危害、了解和总结环保的可行路径，并在此过程中提升英文听说读写水平和技能。

二、教学内容分析

（一）教学内容

本单元整体教学内容简介：本课时教学内容来自教材《新一代大学英语（综合教程）》（发展篇）第一册第7单元"人与自然"（unit7 Humans and Nature）。本单元依托的项目是：以小组为单位，写一篇关于某环保问题的3C报告［To write a group report: The three Cs (causes, consequences and control) of environmental problems］。

本单元的第一篇名为"星球杀戮者"（The Planetary Killer），本文从探讨苏门答腊犀牛在20世纪80年代突然急剧减少的成因开始，拓展到其他诸如藏羚羊等其他案例，指出我们必须采取行动改变这一现象；第二篇课文题目为"忽视气候变化会怎样击垮美国经济"（How Ignoring Climate Change Could Sink the US Economy），指出环境保护与经济发展并不是彼此对立的选项，并通过经济风险评估，论证出环境保护的不作为给经济带来的损害远大于环境保护所需投入的成本，并提出相应的具体策略。

1. 语言学习

学生在本单元围绕项目的实施，通过音视频材料及课文、课内外资料的搜集、阅读、整合等，全面锻炼英语各项技能及其他相关技能，其学习内容可概括为三部分：①扩充关于濒危动物和全球变暖的词汇和表述；②能够用英文具体描述哪些人类活动会对动物多样性、生态环境带来怎样的危害；③能够用英文撰写3C报告（围绕某问题的成因（causes）、后果（consequences）和对策（control）的报告）。

2. 文化互鉴

学生在围绕3C报告的撰写过程中，通过输入音视频资料、阅读课文及查阅相关资料，深刻认识到“绿水青山就是金山银山”，环境与生态保护和经济发展是同向同行的；中国传统文化中推崇的人与自然的和谐共生理念，在今天处理人与自然关系问题上，仍有着重要的意义。

3. 价值引领

学生在就某一具体环保问题撰写3C报告的过程中，通过查询可靠资料，发现并梳理这一环保问题存在的成因、造成的危害，并在此基础上提出有针对性、建设性的对策。以此培养学生发现问题、分析问题和解决问题的思维方式，引导学生树立问题意识，做问题的探索者、解决者，不做问题的旁观者、逃避者和麻烦制造者。

（二）教学重点

学生通过文本和视频材料的学习，熟悉并掌握有关濒危动物和全球变暖的词汇和表达；能够运用英文描述哪些人类活动会对动物多样性、生态环境带来哪些危害；能够用英文解释环境保护与经济发展并不是此消彼长的关系；清楚地知道本单元的项目任务是什么，以及该怎么做。

（三）教学难点

本单元两篇课文的生词量大，长难句多，语意晦涩难懂，其中有部分难词难句其实跟项目关系不大，教师需要给予更多语言与语意上的辅助；两篇课文均不是3C报告，但成因、后果和对策等内容都包含其中，需要教师引领同学们去理解和挖掘。本单元项目完成的难度大，需要学生从查阅资料、分析梳理资料到按自己的思路撰写报告的各部分，涉及能力多，需要教师教会学生查阅可靠资料、提示学生在参考资料的时候不能剽窃别人的成果，并教导学生该如何按自己的逻辑用英语有条理、有依据地把意思表达清楚。

三、课程思政引领的混合式教学设计理念及思路（课前、课中、课后）

（一）课程思政引领的混合式PBL教学设计理念

本案例按照《大学英语教学指南》要求，“主动融入学校课程思政体系”，“以立德树人为根本任务”，“以提高课程质量为抓手，对标一流课程建设的要求，体现高阶性、创新性和挑战度，合理提升学业挑战度，增加课程难度，拓展课程深度，将课程思政理念和内容有机融入课程”。同时，注重培养学生自主学习能力。根据单元主题及内容，以语言技能学习为载体，以人文思想性、思政元素为内容，以项目质量的高阶性、创新性、挑战性为标杆，力求设计出学生愿意学、努力学、有获得感的课前-课后-课中有机衔接的混合式教学设计方案。

（二）本单元整体设计思路

围绕以上任务，要达成以上学习目标，学生需要：

（1）明白单元项目与两篇的课文之间的关系。

单元任务是以3C报告的形式，探究某环保问题的成因、危害，并提出相应的对策。两篇课文都不是以3C报告来呈现的，但话题都围绕环境和生态保护，学生只要认真阅读，是可以挖掘出其中的问题成因、危害及对策的。因此，教师需要引导学生带着 3C 报告的三个核心问题（为什么？会怎样？怎么办？）在课文中寻找答案，并从中积累相关词汇和表达，领会文章传递的思想和情怀。

（2）课文学习有重点

两篇课文难词难句非常多，不少都是专业性极强的超纲词汇，如果课文的学习按照传统的字词、句、篇章理解的方法来学，那么学生根本无法在规定的课时里学完，而且以学生们的基础，阅读理解难度巨大，且效果不佳，还会打击学生的学习积极性。因此，两篇课文必须进行有重点的学习。对于难度太大且与项目关系不大的词汇与表达，教师以脚手架的形式直接辅助，告知学生不必花时间去攻克。

（3）知道如何在可靠的信息来源收集资料、整理资料和规范表达。

本单元项目 3C 报告的主题虽然是在环保问题范畴内，但具体选题是什么，需要学生以小组为单位，在收集资料的基础上自行决定。为了辅助学生们了解如何在可靠的信息来源中收集资料，以及撰写 3C 报告，本教师团队制作了“如何收集和保存资料”“如何写 3C 报告”等微课，帮助学生完成这些任务。此外，收集到的资料不能直接复制粘贴到自己的报告里，由于这部分非常重要，本单元的教学设计增加了一次课，专门来做 3C 报告写作的辅导工作。这次写作辅导课，也正是本案例的内容。

（三）本单元教学整体安排

本单元课中总共为 5 次授课（每次 2 学时），总体安排如表 1 所示：

表 1　本单元课中安排

	内容	目的
第一次课	听力热身、项目规划与辅导	（1）学生通过完成引入部分的阅读任务，熟悉与话题相关的词汇，引发思考，明了本项目及学习过程的规划； （2）学生通过对课堂热身视频的观看和练习，做练习，在选项里选出正确答案； （3）对第一篇课文进行整体的导学，布置任务
第二次课	第一篇课文的学习与练习	（1）检验学生小组课前任务的完成情况，帮助学生解决任务中的难点； （2）帮助学生理解本文的难点及深刻含义； （3）相关词汇梳理和练习； （4）对第二篇课文进行整体导学，布置课后作业和小组思考选题
第三次课	第二篇课文的学习与练习	（1）检验学生小组课前任务的完成情况，帮助学生解决任务中的难点； （2）帮助学生理解本文的难点及深刻含义； （3）相关词汇梳理和练习； （4）小组选题论证讨论； （5）布置微课学习任务，并在微课指导下收集相关资料
第四次课	3C 报告撰写辅导课	（1）检验学生小组课前任务的完成情况，帮助学生解决任务中的难点； （2）明确 3C 报告各板块写什么； （3）如何避免剽窃收集来的资料； （4）布置 3C 报告初稿撰写任务，学生当堂实操，教师答疑

表1(续)

	内容	目的
第五次课	3C 报告初稿反馈及修订	(1) 教师以一篇 3C 报告典型范例进行点评; (2) 学生依据评价标准，交叉评阅 3C 报告，组员分板块撰写评语; (3) 教师对 3C 报告和评语进行点评; (4) 各小组针对同伴评语和教师评语进行反思和修改

(四) 本案例教学设计安排

本案例聚焦上述整体安排中的第四次课，课时总共时长 80 分钟。

1. 课前任务设计

其一是巩固前两篇课文相关问题的理解，掌握课文核心词汇与表达；其二为观看微课视频“如何收集和保存资料”和“如何写 3C 报告”；其三为小组成员按微课所示方法收集资料。这样做的好处：复习前两篇课文的相关内容，强化内容与语言的积累，为下一步运用知识和技能打好基础；提前观看两则微课（英文讲述），并做笔记，一方面为下一节课的学习做好铺垫，另一方面也锻炼了学生听力和做笔记的能力；小组为完成项目任务开始收集资料，此时的微课补充让学生在收集的过程中，能够有足够的指导。

2. 课中活动设计

课中设计是课堂设计的重点，分为三个阶段。

阶段一：融合两篇课文要点的回顾和课前微课任务的检查，查漏补缺。教师通过雨课堂向全班推送课前布置的习题，请同学填空，以检查课前任务一的完成情况；再根据习题答题的情况，有重点地进行点评；通过互动，得到学生对任务二的回答情况。这样做的好处：将语言形式的巩固与 3C 报告写法的学习结合起来，并进行翻转；提高学生学习效率，节省课堂时间，将课文的语言知识内容作为 3C 报告生动的案例。

阶段二：讲解“如何避免剽窃”。专门给学生讲解，在利用别人的文献资料的时候，什么行为算剽窃，以及如何避免剽窃。这部分内容的学习，对于学生完成项目乃至将来撰写论文等，都具有重大意义。这样做的好处：经过课堂的讲解，学生立刻可以运用到撰写报告的实践中去；而且在下一次课里，又对初稿进行评价和反馈，如果遇到问题，同学们还有进一步反馈和修改的空间，这样讲练结合，印象会更深。

阶段三：学生进行 3C 报告的撰写和教师进行答疑。在前面进行了课堂翻转和对“如何避免剽窃”的内容补充之后，教师引导学生进入实操环节，对于遇到的具体问题，学生向教师求助，教师给予个别辅导。这样做的好处：有学有练，在遇到具体问题的时候，可以得到教师个性化的指导。

3. 课后任务设计

以小组为单位，一起合作分工完成 3C 报告的初稿；教师给出 3C 报告检查清单，请各组在提交初稿之前，先按清单自查，以评促学。这样的好处：将课堂所学，付诸实践。

四、教学方法及手段

（一）教学方法

本案例主要采用三种教学方法：探究式（Hands-on Inquiry Based Learning）、问题式和项目式（problem/project-based learning）教学方法。在整个单元教学的引入和驱动部分，将这几种教学方法融合使用。无论是课前、课中，还是课后，学生都是学习活动的主体，在教师的引导下，带着任务、问题，主动地去实践、探索、猜测、验证和判断，在此过程中掌握知识、发展智力、培养技能，进而培养自己发现问题、解决问题的能力。本单元需要完成单元项目，因此，本案例也是单元项目式教学全过程的一环。

（二）教学手段

以学生为主体，为学生营造有利于发展听说读写译等各方面技能的教学环境，实施线上线下的混合式教学。本次课是项目完成的辅导课，借鉴了对分课堂教学的模式：一半以教师讲授为主，另一半则以学生实操、交互为主。探究式、问题式和交互式的教学手段贯穿在整个案例的教学设计中。

（三）教学过程

本案例在整个单元的整体安排（见表 1）中，属于第四次课，以下为本案例的具体教学步骤。

课前：

教学目标：驱动学生围绕 3C 报告的撰写进行必要的输入，通过完成课前任务，巩固两篇课文所学习的重点词汇、表达及内容。

课前任务：巩固对两篇课文相关问题的理解，掌握课文核心词汇与表达；观看微课视频“如何收集和保存资料”和“如何写 3C 报告”。

课中：

教学目标：①帮助学生巩固课文所学核心词汇和表达；②以前两篇课文的内容为例，帮助学生掌握理解 3C 报告各板块的内容；③帮助学生明白何为剽窃，以及在参考他人文献时如何避免剽窃；④帮助学生对标 3C 报告评分标准，在撰写初稿时有的放矢。

教学步骤：

（1）引入：名人名言朗读与讨论：We won't have a society if we destroy the environment. 并对名人进行认识：玛格丽特 · 米德，美国人类学家，被称为“人类学之母”，其头像曾登上美国邮票。米德是美国人类学家，研究人类社会，以信息作为文化互鉴的参照物。再展示 2021 年我国为世界环境日所制作的宣传主题海报——人与自然和谐共生，和同学一起讨论该如何翻译（harmonious coexistence between humans and nature），以及这两则内容之间的关联。如图 1 和图 2 所示。【4 分钟】

图 1　课堂引入 PPT 截屏 1

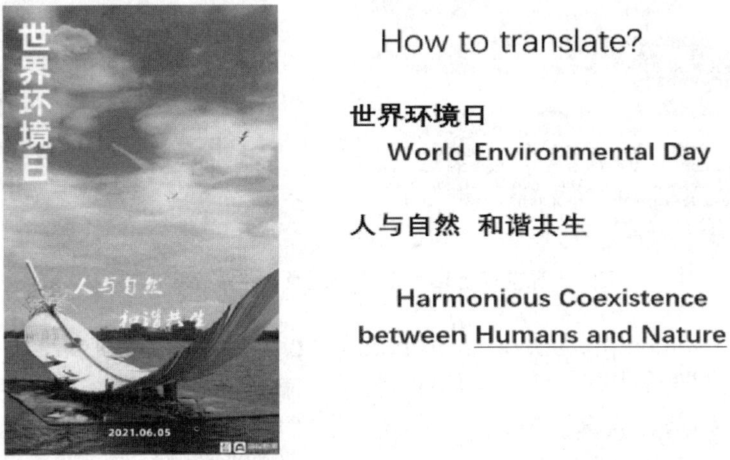

图 2　课堂引入 PPT 截屏 2

（2）本课教学目标。【1 分钟】

①巩固两篇课文所学核心词汇、表达及内容。

②知道如何撰写 3C 报告。

③知道如何避免剽窃。

（3）课前任务检查与讨论（课前任务回顾部分习题及课堂展示 PPT 见图 3 至图 6）。学生用雨课堂完成关于上节课词汇练习的随堂小测验；教师根据测验结果，进行反馈和点评；通过课堂互动，一起梳理两篇课文的 3C 要素（见图 7 和图 8），并把 3C 报告撰写的回顾融入其中。【10 分钟】

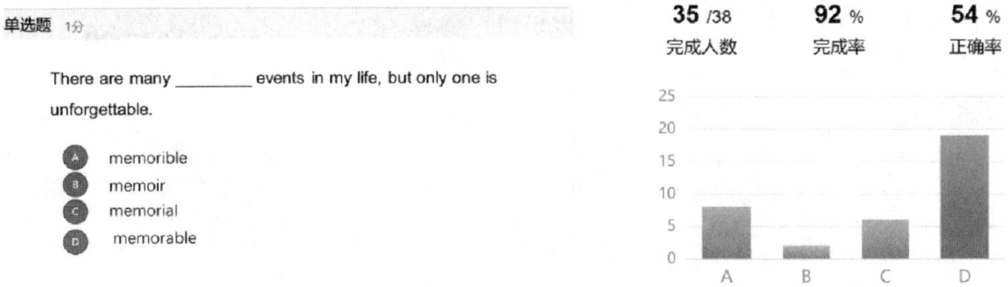

图 3　课前任务回顾部分习题及课堂展示 PPT 1

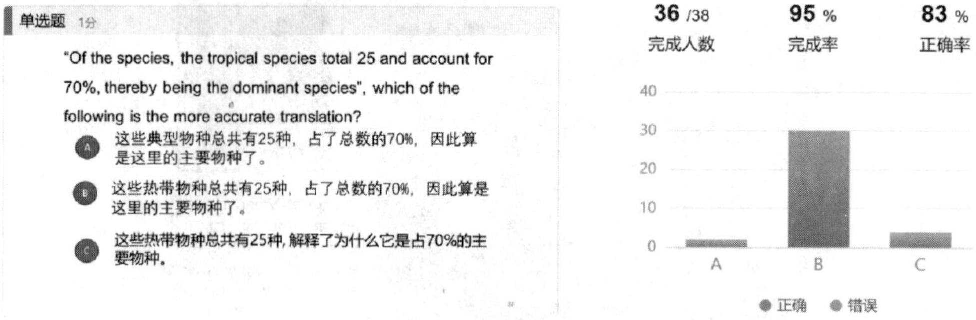

图 4　课前任务回顾部分习题及课堂展示 PPT 2

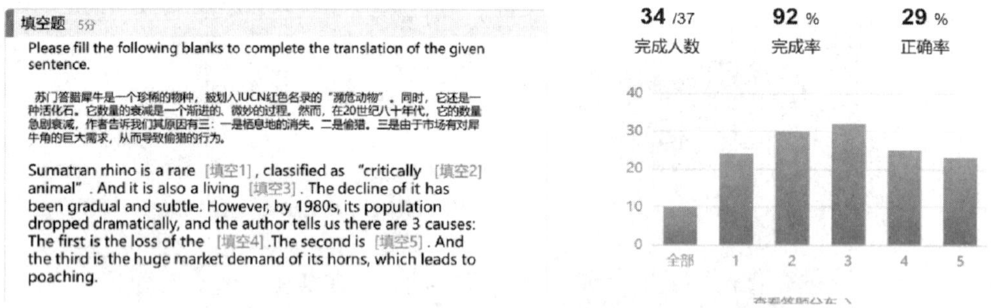

图 5　课前任务回顾部分习题及课堂展示 PPT 3

Useful terms about environmental protection & economic development

1. 气候变化；全球变暖
   climate change; global warming
2. 温室气体(排放物)；碳排放
   greenhouse gases(emissions); carbon emissions
3. 极地冰盖；污染物
   The polar ice sheet; pollutants
4. 剧升的温度；气候风险
   dramatically rising temperatures; climate risks/ climate-related risks
5. 气候灾难
   climate havoc
6. 商业决策
   economic/ trade decision
7. 经济繁荣/增长
   economic prosperity/growth
8. 创造就业；减少就业
   Job creation; reducing employment
9. 经济产出；经济灾难
   economic output; economic havoc
10. 财政前景；商业收益
   Fiscal prospects; economic earnings

图 6　课前任务回顾部分习题及课堂展示 PPT 4

Ⅱ Review　　Reading

Structure analysis

the causes, the consequences and the control in iexplore1

Problem	Rare animals are **endangered**.
Causes	**Decimation** of habitats, log forests for timber replace forests with farms, **poaching**/overharvesting ravenous demand of folk medicine, unbridled market for wool
Consequences	The population dropped dramatically. critically endangered
Control	urgent action should be taken, laws and regulations, education

图 7　对课文一 3C 元素的梳理 PPT 1

Review　　Reading

Structure analysis

the causes, the consequences and the control in iexplore2

problem	Ignoring climate change sank the US economy.
causes	Loss from climate change not considered in the assessment of economic gain; No action taken to curb pollution(CO2 emission).
consequences	Flawed pictures of economic gains; Bad economic decisions.
control	Climate change loss counted in the assessment of economy; Protect our economy by protecting environment.

图 8　对课文二 3C 元素的梳理 PPT 2

（4）问答互动，如何收集资料和撰写 3C 报告（微课相关内容截图及活动图片见图 9 至图 11）。【5 分钟】

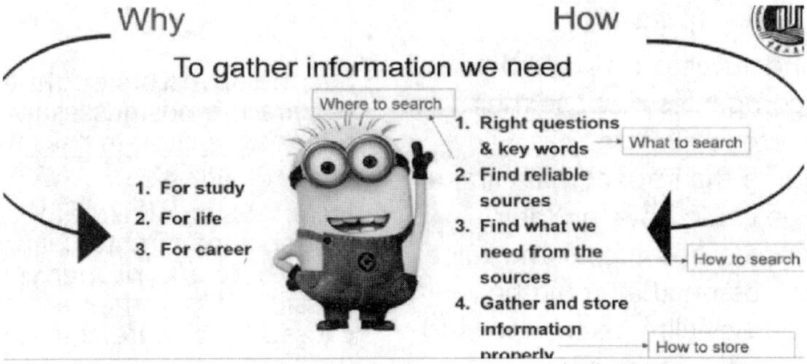

图 9　微课相关内容截图 1

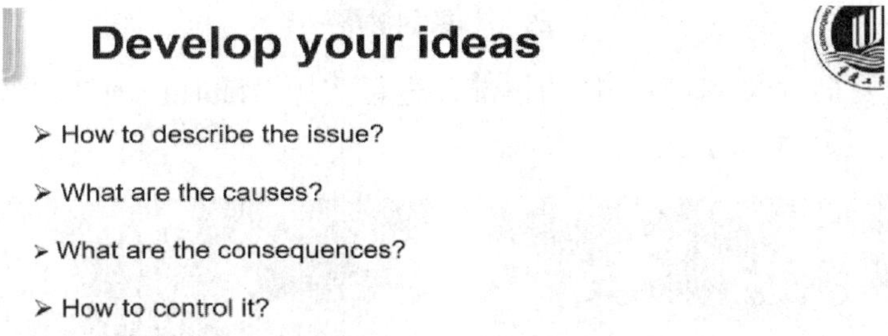

图 10　微课相关内容截图 2

图 11　微课活动图片

（5）补充讲解：如何避免剽窃，帮助学生认识何为剽窃并树立学术规范意识。除了注明出处，避免剽窃的一个有效办法就是在充分理解原文的意思的基础上，进行思考和提升（讲解截图见图 12 和图 13）。【15 分钟】

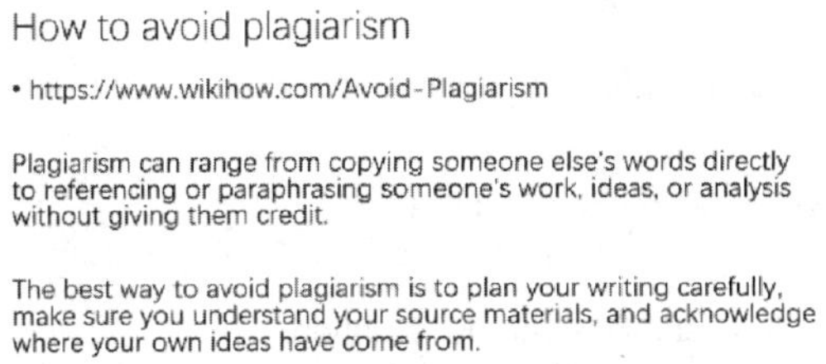

图 12　如何避免剽窃的讲解 PPT 1

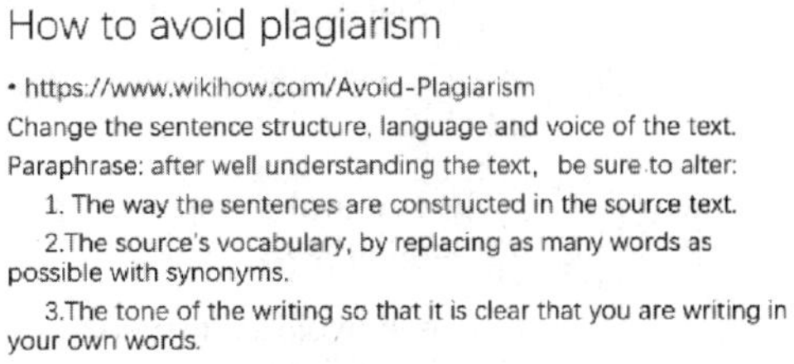

图 13　如何避免剽窃的讲解 PPT 2

（6）以第 2 篇课文第 12 段为例，进行实操讲解和讨论（讲解截图见图 14）。【10 分钟】

- Source text (para.12)
- Second, investors should demand that companies disclose their exposure to climate risks, including the impact that climate change could have on their businesses, and assets, the value of their assets that could be stranded by climate change, and the costs they may someday incur to address their carbon emissions

- My text
- Second, investors ought to require the businesses to release <u>the climate risks they are exposed to.</u>
- Here risks involve the potential influence of climate change on their trade and property, the possible loss in their assets caused by climate change, and the amount of money they may spend someday to cope with their carbon emissions.

图 14　实例讲解

（7）小组根据自己收集的资料的情况，进行实操，随时提问，教师现场答疑（见图 15 和图 16）。【30 分钟】

图 15　学生现场实操环节样例 1

图 16　学生现场实操环节样例 2

（8）课堂总结和作业布置。教师概述本堂课要点：①两篇课文所学核心词汇、表达及内容；②收集资料及撰写 3C 报告的微课要点；③如何避免剽窃，反馈各组提问中的典型问题。教师布置作业并展示 3C 报告初稿的自我检查清单（见图 17），以评为学，帮助学生对标 3C 报告初稿提交标准，为初稿的撰写提供自查依据。【5 分钟】

Checklist

✓ My report focuses on one specific environmental issue.

✓ The issue is properly described and defined.

✓ My report covers the causes, the consequences and the control of the issue.

✓ The control immediately addresses the causes and the consequences.

✓ I have avoided mistakes in grammar, spelling and punctuation.

图 17　发给学生的 3C 报告自查清单 PPT

五、教学效果及成效

（1）本单元项目为撰写一篇围绕某具体环保问题的 3C 报告，为节约课时，辅助学生完成项目，本教研团队制作了微课，收到学生正面反馈（见图 18）。

第11题：本单元需要查资料和写3C报告，请问那两个微课（一个讲搜集信息的，一个讲如何写3C报告的）有没有帮到大家？这种给个微课 发给大家看的方式好用不？大家有何可以进一步改善的建议？

词频分析 观点分析 搜索答案文本 搜索 过滤空选项

序号	提交答卷时间	答案文本
1	12月21日 11:03	有，可以再详细一点，可以直接发一份例子
2	12月21日 11:03	我很喜欢，和高中的课程很不一样，激发了我的兴趣
3	12月21日 11:04	对于内容的选择帮助较大
4	12月21日 11:04	有帮助，应为这样我们能够更了解怎么去完成这两项任务
5	12月21日 11:04	提供思路
6	12月21日 11:04	3c报告很好，很有意义
7	12月21日 11:04	微课对于搜集资料有帮助，能够找到专业的资源，这样的微课很好，因为都是第一次接触这种材料报告，在写之前能够了解相关的步骤对后期有很大帮助。
8	12月21日 11:05	能够给我们带来具体的信息处理方法和报告制作方法
9	12月21日 11:05	有帮助，好用。
10	12月21日 11:06	有，好用

第12题：本单元需要查资料和写3C报告，请问那两个微课（一个讲搜集信息的，一个讲如何写3C报告的）有没有帮到大家？这种给个微课 发给大家看的方式好用不？大家有何可以进一步改善的建议？

词频分析 观点分析 搜索答案文本 搜索 过滤空选

序号	提交答卷时间	答案文本
37	12月5日 10:04	有，好用。
38	12月5日 10:04	有
39	12月5日 10:04	有 好用
40	12月5日 10:04	有 好用
41	12月5日 10:04	微课有帮助 好用
42	12月5日 10:05	拓展了知识，提高了整理信息的能力
43	12月5日 10:05	3c报告感觉学不到很多
44	12月5日 10:06	有的，好用
45	12月5日 10:07	有帮助
46	12月5日 10:13	很有用，在此之前根本不知道英语的报告怎么写，微课好用很方便

图 18　学生对本案例补充微课反馈的截屏

从学生的反馈可见，学生们普遍认为观看这两则微课对帮助大家完成 3C 报告有帮助。具体帮助有的体现在选题上，有的体现在知识的拓展上、思路的启发上、方法的引导上，还有的体现在兴趣的激发上。当然，也有少量同学还不大适应课外看微课的形式，觉得对写 3C 报告帮助不大。还有同学提出建议，如果能直接附上一份写好的 3C 报告更好。

此外，从以上的反馈还可看出，学生们对于像微课这种流媒体形式的补充材料是很欢迎的。

而且，当问及学生本单元的收获的时候，很多学生的回答都与补充的微课相关。如图 19 所示：

第16题：请谈谈本单元学习中你的收获，请尽量多地列举。（学习了先总后分的方法，建议大家逐点按先观点，后详述的叙述方式陈述）

词频分析 观点分析 搜索答案文本 搜索

序号	提交答卷时间	答案文本
1	11月28日 17:20	都比较有益
2	11月28日 17:20	学会了做3c报告
3	11月28日 17:21	学会了如何写一篇好的报告
4	11月28日 17:21	学到了如何去写一个完备的英语3c报告
5	11月28日 17:21	一些资料查找网站
6	11月28日 17:21	3c报告怎么写
7	11月28日 17:21	知道了怎么写3c
8	11月28日 17:22	学到了文档的格式，文档的书写，文档的概括
9	11月28日 17:22	提高了一点语言逻辑能力
10	11月28日 17:22	学习了先总后分的写作方法，以及写作的相关规则，改写
11	11月28日 17:22	没
12	11月28日 17:22	如何写3c报告，如何收集信息
13	11月28日 17:23	对我写报告的经验很有帮助
14	11月28日 17:24	学到了如何写3c报告。
15	11月28日 17:24	词汇 写3c报告的方法

图 19　学生反馈的本单元的收获截屏

可见，微课的补充，以及在课堂上对微课学习效果的检查和巩固，效果很好。

（2）通过本单元项目的完成，学生们除了夯实了词汇、知道如何收集整理资料、如何避免剽窃、如何写3C报告，还有不少其他收获。问卷显示，同学们增加了阅读量，认识到了人与自然的关系，对环境问题、生态问题的前因后果有了更多的了解，培养了环保意识、人文关怀精神，等等。值得一提的是，部分学生能够从3C报告的写作中举一反三，明白这一类报告的要点（“核心内在逻辑要一致，内容简洁而严谨”）。更难能可贵的是，还有同学体悟到，遇到生活学习中的困难，也可以按照这个方法，去寻找解决之道。如图20所示：

第15题：请谈谈本单元学习中你的收获，请尽量多地列举。（学习了先总后分的方法，建议大家逐点按先观点，后详述的叙述方式陈述）

词频分析　观点分析　搜索答案文本　搜索　☑过滤空选项

序号	提交答卷时间	答案文本
16	12月21日 11:06	1、学习了如何做一个完整的报告。2、锻炼了查找资料文献的能力
17	12月21日 11:07	学会了3c报告的制作，后续将对报告进行演讲展示
18	12月21日 11:07	了解了3C报告应该做什么，怎么做
19	12月21日 11:07	对自己搜集的资料进行整理翻译。
20	12月21日 11:07	锻炼了做PPT的能力，了解了项目涉及的东西，增加了英语阅读量
21	12月21日 11:07	如何写3C报告，自然环境变化与人类的关系
22	12月21日 11:08	1.懂得了如何写3c报告2.如何在网上查找资料3.整合多篇文章资料
23	12月21日 11:08	对于单词的熟练度进一步提升，写作能力有所提升
24	12月21日 11:08	了解了3c报告的制作和翻译是应掌握的一些技巧
25	12月21日 11:09	1.知道了3c报告的写法，以及要注重起报告的内在逻辑性2.由此次报告我也大概了解了这一类报告的一个核心点:内在逻辑要一致，内容简洁而严谨
26	12月21日 11:09	对生态物种的了解，环境污染的前因后果
27	12月21日 11:09	1、收获了写报告的一下技巧2、扩展了专业的词汇
28	12月21日 11:09	环境真的很重要 我们要爱护我们的地球
29	12月21日 11:09	我收获了一些写报告的方法和关于环境保护的人文关怀
30	12月21日 11:09	增加了团队合作能力！知道了英语being搜索！知道了3c结构！知道了如何做ppt！在实践中收获更多！

25	12月21日 09:06	收获到了，在学习或者生活中总会遇到一些问题，在问题需要解决的时候我们应该考虑哪些方面
26	12月21日 09:06	报告的制作
27	12月21日 09:07	通过3c报告写会分析问题解决问题
28	12月21日 09:08	一些新词汇
29	12月21日 09:08	学习了3C报告的制作，了解了动物与环境和人类活动之间的相互影响
30	12月21日 09:08	学到了3c报告的制作方法，了解到了人类活动对于生物的伤害，也看到了人类对于自身不足的改变，同时英语文字水平也上升了。

图20　学生对本案补充内容的反馈截屏

（3）本单元项目为以小组为单位完成的3C报告，需要集体完成。通过小组集体合作完成3C报告，同学们对小组合作的重要性有了更深刻的认识。问卷显示（问卷截图见图21），合作良好的小组可以激发组员的积极性，分工明确、共同提升，而合作不佳的小组由于沟通不足，会导致报告先后不一致。因此，为了达到小组合作的最佳效果，组长很关键，组员应多交流，大家协同作战。

第13题：本次的3C报告是集体做的，大家在做的过程中感受如何？有什么进一步改善的建议没？

词频分析　观点分析　搜索答案文本　搜索　☑过滤空选项

序号	提交答卷时间	答案文本
16	11月28日 17:24	增加了自己的知识面
17	11月28日 17:24	团队合作能力提高了
18	11月28日 17:24	需要团队协作，共同去探讨与改动
19	11月28日 17:25	我们组的同学大家都很积极配合，组长也起到很好的作用
20	11月28日 17:25	大家都很积极找文献资料 团结协作 分工明确
21	11月28日 17:27	每个人分写不同部分可能会导致前后文逻辑不一致 在撰写内容时候应先阅读前文内容
22	11月28日 17:27	组员间的沟通不多
23	11月28日 17:28	应该每一个组，组员之间要很好的相互合作
24	11月28日 17:28	每人负责一环节，增加大家之间的交流
25	11月28日 17:29	培养团体精神 积累经验
26	11月28日 17:33	有一些坎坷，但总算也是解决了
27	12月5日 10:01	感觉应该合作
28	12月5日 10:01	无
29	12月5日 10:02	非常好，每个人的写作水平都得到提升
30	12月5日 10:02	各自负责各自的part，小组交流较少

图21　学生对集体完成3C报告的反馈截屏

（4）本案例由于项目任务特别重，需要补充的东西多，因此教师采用了对分课堂授课的方式。整个单元的教学也多安排了一次课，未进行针对初稿的批改。从学生的反馈来看，这两个安排是受学生欢迎的。具体如图22所示：

第14题：本单元老师的教学中，有没有特别好或特别让你受益的环节或安排？请尽量列举出来。

词频分析 搜索答案文本 搜索

序号	提交答卷时间	答案文本
16	11月28日 17:24	老师讲解
17	11月28日 17:24	小组讨论写3C报告
18	11月28日 17:24	提供微课，进行学习与探索。提供相关资料去写报告
19	11月28日 17:25	自己写一篇报告
20	11月28日 17:25	举一反三，实践与理论并行
21	11月28日 17:27	对于3C报告的细致分析和讲解
22	11月28日 17:27	无
23	11月28日 17:28	帮助每一组同学讲解3c的范围
24	11月28日 17:28	3c报告的写作
25	11月28日 17:29	都很好 特别是3C报告的讲解
26	11月28日 17:33	让我们自己找资料，锻炼我们的阅读能力
27	12月5日 10:01	无
28	12月5日 10:01	讲解三c
29	12月5日 10:02	写3c报告
30	12月5日 10:02	批改环节

第14题：本单元老师的教学中，有没有特别好或特别让你受益的环节或安排？请尽量列举出来。

词频分析 搜索答案文本 搜索

序号	提交答卷时间	答案文本
31	12月5日 10:02	对3c报告的讲解和修改批注
32	12月5日 10:02	3c.报告
33	12月5日 10:03	对重难点进行分析
34	12月5日 10:03	能够拎出一个好例子
35	12月5日 10:03	3V报告
36	12月5日 10:04	小组合作写3c报告
37	12月5日 10:04	有，老师对3c报告的讲解和指导。
38	12月5日 10:04	评讲3C报告
39	12月5日 10:04	做3c
40	12月5日 10:04	都很好
41	12月5日 10:04	写3C报告
42	12月5日 10:05	长难句分析，课堂测试
43	12月5日 10:05	仍然是弹幕yyds
44	12月5日 10:06	小组合作报告
45	12月5日 10:07	写3c报告

图 22　学生对本单元受益环节的反馈

当然，还是有少部分学生收获较少，或不适应小组活动，这跟学生的学习风格、英文基础水平、课文的难度、学习的兴趣等都很相关，在接下来的教学设计中，教师可通过小组成员搭配、同伴互助、增加脚手架等多种方式进行改善。

第四节　中国传统与文化

明道识文　文化自信

——新一代大学英语 B1U8《中国传统与文化》

课程基本信息

课程名称	大学英语 AI（PBL）	课程类型	公共基础必修课
学时学分	75 学时 5 学分	教学对象	非英语专业大一新生
教学单元主题	中国传统与文化		
课内/课外学时	8 学时/12 学时		

一、教学目标与学情分析

（一）教学目标

1. 知识目标

学生能够理解中国传统思维方式与西方思维方式的根本不同之处，明白“道”的大意及其与儒家基本思想的关系；能够理解中国汉字的核心特点及其在维持中华文化绵延统一中的重大贡献；能够看懂相关英文文本；扩充关于中国文化的相关词汇；能够运用相关词汇概述中文书写系统的独特之处。

2. 技能目标

学生能够运用相关词汇、句型，以西方思维方式为参照物，解释中式思维方式，并进而能够分析二者的根本区别；能够阐述汉字书写系统的优缺点；能够绘制海报，并用英语进行讲解。

3. 价值目标

学生能够理解中西方思维方式差异的根本原因；对道家、儒家关于“道”的基本思想有所掌握，认识到儒家的“仁义礼智信”并非外在强加的要求，而是人性中合乎“道”的体现，并非所谓的对“人性的扭曲”“人权的侵犯”等；能够体会到中国传统文化的源远流长和光辉灿烂；树立起文化自信、制度自信，站稳自己的立场，讲好中国故事。

（二）学情分析

大学英语课程面对的学生为大一的非英语专业学生，关于中国的传统与文化，其在中小学的语文、历史等课程中有一定的积淀，在家庭、社会生活中也有不少体会。但对于儒家、道家对“道”的见解并无较多的了解，而这一点却可用以解释中国传统文化中林林总总的习俗、礼仪与文化现象。学生们都明白“方块字”是中国文化所特有的书写形式，但并不系统知晓中文文字系统的特点及其对维护中国文化历时数千年不变的伟大作用。

因此，本单元的学习对学生从理论层面加强对我国传统与文化的认识、树立学生的文化自信有着重大意义。学生可以运用熟悉的传统文化常识，辅助理解本单元较为艰深的理论框架。

二、教学内容分析

（一）教学内容

本单元整体教学内容简介：本课时教学内容来自教材《新一代大学英语（综合教程）》（发展篇）第一册第8单元“中国传统与文化”（unit8 Chinese Tradition and the Culture）。本单元的第一篇名为“道”（The Way），以西方看待世界的方式为背景，介绍中国文化中“道”的含义，并基于此介绍道家与儒家对“道”的理解的异同；第二篇课文围绕“汉字书写系统”（The Chinese Writing System），介绍中国汉字书写系统的特点及其影响。

本单元依托的项目是：设计一张向外国人介绍中国手工艺的海报（To design a poster: Introducing Chinese crafts to people from other countries）。

1. 语言学习

学生在本次课中通过学习文本及音视频材料，锻炼阅读理解及听力理解能力，学习内容可概括为三部分：①扩充关于中国文化的词汇和表达；②能够以对比的方式解释中国思维方式、中文书写系统等；③掌握英文海报的设计与语言组织技巧。

2. 文化互鉴

学生通过阅读两篇课文，深刻地认识到：不同的文化，孕育不同的思维方式及文化现象；不同的书写系统，有各自的优缺点。由此让学生在英汉对比中拓宽视野，体悟“美美与共”的道理。

3. 价值引领

通过对两篇课文的解读，学生可以体会到在不同的文化渊源下演化出的种种不同的传统和文化现象，有着各自存在的体系，不可以用一种模式去生搬硬套另一种。西方透过“人权”滤镜看到的中国“仁义礼智信”，完全扭曲其文化的本来面目。学生要理解传统及当代的中国，应从了解其文化渊源开始。这也帮助学生们更深刻地理解本国的文化传统，更加客观公正地认识中西方文化差异。

（二）教学重点

学生通过文本和视频材料的学习，熟悉并掌握有关“道”、儒家三纲五常、“乱”与“治”、方块字的特点及贡献等重点词汇和表达；能够运用这些词汇和表达简要地解释中国文化中“道”在自然和人类社会中的显现，解释中文书写系统的独特之处及其重大意义；清楚地知道本单元的项目任务是什么，以及该怎么做。

（三）教学难点

本单元话题比较艰涩，让学生有兴趣且能听懂是教学难点之一；第一篇课文还涉及古汉语，如何让学生实现英语、古汉语、现代汉语之间的切换和理解，也是难点；第二篇课文涉及不少学术语言，学生们从未接触过，也是难点。

三、课程思政引领的混合式教学设计理念及思路（课前、课中、课后）

（一）课程思政引领的混合式 PBL 教学设计理念

本案例按照《大学英语教学指南》要求，“主动融入学校课程思政体系”“以立德树人为根本任务”“以提高课程质量为抓手，对标一流课程建设的要求，体现高阶性、创新性和挑战度，合理提升学业挑战度，增加课程难度，拓展课程深度，将课程思政理念和内容有机融入课程”。同时，注重培养学生自主学习能力。根据单元主题及内容，以语言技能学习为载体，以人文思想性、思政元素为内容，以项目质量的高阶性、创新性、挑战性为标杆，力求设计出学生愿意学、努力学、有获得感的课前-课中-课后有机衔接的混合式教学设计方案。

（二）本单元整体设计思路

围绕以上任务，要达成以上学习目标，学生需要：

1. 明白单元项目与两篇的课文之间的关系

单元任务是以小组为单位制作一张展示某种中国传统手工艺的海报，而课文是关于“道”的含义和对中文书写系统的认识，从表面上看课文和项目的联系并不紧密，但是，一切文化的表象都有关键的形而上的文化内涵。要把手工艺讲深、讲透、讲出意义，离不开形而上的哲学思想。因此，在第一堂引入课中，教师要为学生讲明二者的关联，这样才能激发学生的学习的热情。

2. 读懂两篇课文

第一篇课文无论是文字还是内容都特别艰深，但是要理解中国文化、理解当代中国，对于中国思想起源的理解是绕不过去的。教师可通过经典小故事、经典的名言的补充和解释，来帮助学生实现对形而上文本的解释；另外，教师可从语法的角度，分析长难句，解决学生文字理解上的困难。第二篇课文的文字和内容相对简单一些，但是，里面有大量语言学上的术语，教师可以通过举例来帮助学生理解。此外，中国汉字对于维护中华文明数千年的延续和稳定有着重大意义，这一点是建立在中国汉字几大特点基础之上得出的结论，因此，对于两者之间的逻辑关联需要学生明晰。

3. 知道如何搜集传统手工艺的信息，学会制作海报

本单元和其他单元的不同之处在于，海报的题材不来自于两篇课文，这需要各小组在收集资料的基础上，按照本小组的兴趣爱好和能力来自行选择；有了资料以后，该如何在海报上呈现，又是另一挑战。因此，本教师团队制作了“如何收集和保存资料”“如何制作海报”等微课，帮助学生完成以上任务。

（三）本单元教学整体安排

本单元课中总共为 4 次授课（每次 2 学时），总体安排如表 1 所示：

表 1　本单元课中安排

	内容	目的
第一次课	听力热身、项目规划与辅导	（1）学生通过引入部分的阅读任务，熟悉与话题相关的词汇，引发思考，明了本项目及学习过程的规划； （2）通过对课堂热身视频的观看和练习，补充相应中国文化知识，为第一篇课文学习做背景铺垫； （3）对第一篇课文进行整体的导学，布置任务
第二次课	第一篇课文的学习与练习；布置海报资料收集任务	（1）检验学生小组课前任务的完成情况，帮助学生解决任务中的难点； （2）帮助学生理解本文的难点及深刻含义； （3）帮助学生掌握收集资料的方法； （4）对第二篇课文进行整体导学，布置课后作业
第三次课	第二篇课文的学习与练习；辅导海报制作	（1）检验学生小组课前任务的完成情况，帮助学生解决任务中的难点； （2）帮助学生理解本文的难点及深刻含义； （3）通过对评价标准的学习，帮助学生明确项目完成的方向
第四次课	项目展示与反馈	（1）学生展示海报，并进行口头陈述； （2）教师和学生，依据评价标准，在互动中进行海报和陈述评价； （3）学生撰写反思日志

（四）本案例教学设计安排

本案例聚焦上述整体安排中的第一次课，课时总共时长 80 分钟。

1. 课前任务设计

阅读本单元的“setting the scene”部分，其一为完成填空题（词汇在课文里有，练习提供目标词汇的汉语意思，旨在帮助留意目标词汇，并理解词汇的意思）；其二为理解课本“setting the scene”部分的大意，引发学生对本单元学习意义的思考。具体描述如图 1 所示：

Pre-class tasks:

1. Read"setting the scene" and fill in the following gaps.

- China is a country with a ________ (持续不断的) culture/civilization
- Despite______ （爆发）of social ______ （动乱） in its long history, the country has managed to remain a single _______ （统一的） state. The _____ （纽带）of the society is indeed its culture, especially____ and ______.
- Although the way of life today is somewhat influenced by Western culture, some aspects of traditional ways of life still _____ （根深蒂固） in Chinese society.

2. What is "setting the scene" mainly about?

图 1　课前任务布置 PPT 图片

这样做的好处：降低阅读难度的同时，帮助学生对相关词汇留下较为深刻的印象；在理解句子、段落的意思的基础上，思考学习本单元的意义。

2. 课中活动设计

课中活动设计是课堂设计的重点，分为三个阶段。

阶段一：由课前任务引发本单元学习目标与项目的探讨。教师通过雨课堂向全班推送课前布置的习题，请同学填空，以检查课前任务一的完成情况；根据习题答题的情况，有重点地进行点评；再通过互动，得到学生对任务二的回答情况，由此带领学生一起认识本单元学习目标与具体的项目要求。这样做的好处：将语言形式的学习与内容的理解和思辨结合起来，共同推进。此过程，综合实现了情境语言互动（语言目标）、思政融合（思政目标）、思辨发展（思辨目标）的要求。

阶段二：由道家小故事听力练习引发的对“道”的理解与翻译。利用课本上的道家小故事音频资料，让同学们边听边记笔记，一起构建小故事的梗概，在此基础上扩展相关知识和翻译。这样做的好处：学生喜欢集体听力，参与感强，互动性强，在热烈的氛围下让较为晦涩的哲学思想变得不那么难；拓展学生对传统文化了解的同时，为其后面的课文理解积累了背景知识，也提升了学生的人文素养和文化自信；在探索和活动的场景下，提升了学生翻译能力，尤其是一些术语的英文翻译。

阶段三：在对“道”的理解的背景下，对第一篇课文结构框架的探讨。第一篇课文的难度特别大，必须由老师提供相应的、充分的脚手架，学生才能在给出的课时内完成相应任务。教师带领学生进行整体快速阅读，重点分析第一自然段，理解其段落大意；教师再进行课文框架的导读，并以此框架为基础，让学生进行课后学习，为下次课做好准备。这样做的好处：建立充分的脚手架，让学生有信心和能力完成相应任务。

3. 课后任务设计

课后知识巩固与课文阅读。巩固本次课的重要知识要点，在教师提供的导读框架和配套网络平台的辅助下，理解课文，将长难句或不明白的地方记下来，下次课通过雨课堂反映给老师。这样做的好处：夯实学生所学知识、提升其翻译和阅读能力，让课与课之间有更好的衔接性。

四、教学方法及手段

（一）教学方法

本案例主要采用三种教学方法：探究式（Hands-on Inquiry Based Learning）、问题式和项目式（problem/project-based learning）教学方法。在引入和驱动部分，将这几种教学方法融合使用。无论是课前还是课中，还是课后，学生都是学习活动的主体，在教师教学活动的引导下，带着任务、带着问题，主动地去实践、探索、猜测、验证和判断，在此过程中掌握知识、发展智力、培养技能，进而培养自己发现问题、解决问题的能力。本单元需要完成海报设计单元项目，因此，本案例也是单元项目式教学全过程的一环。

（二）教学手段

以学生为主体，为学生营造有利于发展听说读写译等各方面技能的教学环境，实施线上线下混合式教学。就本次课而言，课前，学生可利用结合课本使用U校园读写平台，完成课前任务。课中，教师使用多媒体设备与雨课堂，请学生做随堂小测验，检查课前任务，并根据雨课堂反馈的即时测验结果，根据学生的情况作出点评和难点讲解。学生与教师在课堂中既可面对面地交流，也可通过雨课堂以弹幕、投稿等方式多渠道与教师、其他同学交流，提高上课效率和课堂趣味性。课后，学生可利用FIF口语软件，完成课后任务，并取得AI系统的即时评分，结合教师评分，并选取典型个案，在下次课中进行重点反馈。

（三）教学过程

本案例在整个单元的整体安排（见表1）中，属于第一次课，以下为本案例的具体教学步骤。

课前：

教学目标：驱动学生围绕问题进行必要的输入，使学生通过完成练习，引起其对目标词汇与表达的注意，总结文本大意，并启动对本单元相关话题的思考。

课前任务：依据目标文本内容，完成填空题；总结目标文本大意。

课中：

教学目标：①引发学生对中国传统与文化的兴趣，启发其对文化传统价值的思考；②对学生的课前任务进行检查和反馈，帮助学生掌握相关词汇和表达，为下一步学习做好准备；③帮助学生理解本单元学习目标，清楚项目需要做什么；④拓宽学生对中国传统和文化的了解，掌握核心思想的基本翻译；⑤掌握第一篇课文的基本框架，为下次课做好准备。

教学步骤：

（1）引入：老子名言英文版朗读与讨论（见图2）：He who knows others is wise. He who knows himself is enlightened. 请同学们讨论这句话的原版是什么（知人者智，自知者明）—— 留下悬念：智（wise）与明（enlightened）的区别是什么？英文翻译准确吗？——用英文介绍老子。【3分钟】

图 2　课堂引入 PPT 截屏

（2）本次课教学目标。【1 分钟】

①知晓本单元学习目标和项目内容。

②了解中国传统哲学思想及其英文表述。

③掌握第一篇课文的基本框架和大意。

（3）课前任务检查与讨论。学生用雨课堂完成关于上节课词汇练习的随堂小测验；教师根据测验结果，进行反馈和点评；通过课堂互动，讨论 setting the scene 的大意（中国作为最古老的文明之一，虽历经各种战乱，仍然有着持续不断的文化，且是四大文明古国中唯一一个还保持统一的国家，衔接整个社会统一性的纽带就是以哲学与语言为绳的文化），明白学习本单元的意义（了解是怎样的哲学与语言特征，让我们有如此牢固的文化身份认同）。【8 分钟】

（4）展示学习目标和项目内容（划线部分）（见图 3），讨论相互之间的关联以及该如何实现这些目标。【5 分钟】

Learning objectives

01 Expand vocabulary about Chinese culture

02 Explain the Chinese way of thinking

03 Analyze how the Chinese way of life differs from that of the West

04 Describe the uniqueness of the Chinese writing system

05 Summarize the advantages and disadvantages of the Chinese writing system

06 Design a poster to introduce Chinese crafts to people from other countries

图 3　本单元学习目标与项目内容

（5）听力训练：BBC 讲述的中国道家小故事（见图 4），听故事学生猜故事名，并试着复述故事。【4 分钟】

Listening

1 Listen to the recording. Then write down the Chinese names of the stories.

Stories of Taoism

Story 1
老子出关

Story 2
庄周梦蝶

2 Retell the stories in Chinese.

图 4　道家小故事练习 PPT 截屏

（6）追根溯源，学习两则故事的出处原文（见图 5），并对照相关部分的听力文本（见图 6）。【5 分钟】

What is the source of each story?

1. 《史记•老子列传》："老子修道德，其学以自隐无名为务。居周久之，见周之衰，乃遂去。至关，关令尹喜曰：'子将隐矣，强为我著书。'于是老子乃著书上下篇，言道德之意五千余言而去，莫知所终。"
2. 《庄子•齐物论》"昔者庄周梦为胡蝶，栩栩然胡蝶也，自喻适志与！不知周也。俄然觉，则蘧蘧然周也。不知周之梦为胡蝶与，胡蝶之梦为周与？周与胡蝶，则必有分矣。此之谓物化。"

图 5　两则故事的可靠出处

scripts of BBC reports

- ... He was weary and keen to get on his way, but the border guard stopped him, recognizing him as the learned archivist (档案管理员) of the Chinese royal court (宫廷).The man in question was Laozi,the old master. And at the request of the guard, he stopped for the night and wrote down some of his wisdom. In doing so, he created what was to become the most revered （受到尊崇的） text of the Taoist faith--Daodejing.
- Zhuangzi has this wonderful story of how he says, "You know, last night I dreamt that I was a butterfly, I had a wonderful time, floating here and there, and had no idea I was Zhuangzi. And then I woke up. "Then he goes," Or am I actually a butterfly who thinks he's Zhuangzi?"

图 6　听力资料的文本

（7）介绍老子和庄子在道家的地位、核心思想并翻译成英语（见图 7）。【4 分钟】

Listening

Extended discussion

Q1: Who was Lao- zi ? Who was Zhuang-zi?

Lao- zi was the founder of Taoism

Zhuang- zi was the inheritor and promoter of Taoism.

Q2: "为无为" is an important term raised by Laozi in Daodejing.
What does the term mean? How can we translate it in English?

图 7　由浅入深的讨论

（8）教师在 PPT 的辅助下，引导学生学习"为无为"的内涵与英译（见图 8 和图 9），并结合课文开头的"智"与"明"的意义，探讨在西方逻辑下难以思维和表达的内容，这些讨论的启发有助于同学们理解第一篇课文。【10 分钟】

为无为

“为”的一种状态。道家以“有为”与“无为”相对。

所谓“有为”，一般是指统治者把自己的意志强加给他人或世界，不尊重或不顺应万物的本性。

“无为”的意义与之相反，包含三个要点：

其一，权力通过自我节制的方式遏制自己的干涉欲望；

其二，顺应万物或百姓的本性；

其三，发挥万物或者百姓的自主性。

“无为”并不是不作为，而是更智慧的作为方式，通过无为来达到无不为的结果。

为无为，就是以无为的方式来做事。

Source: https://www.chinesethought.cn/shuyu_show.aspx?shuyu_id=2165

图 8 引自可靠来源的“为无为”的汉语释义

Translation: 为无为

- *Wuwei* (non-action) refers to a state of action.
- Non-action has three main points:
    1) through self-control containing the desire to interfere;
    2) following the nature of all things and the people;
    3) bringing into play the initiative of all things and people.

"Non-action" does not mean not doing anything, but is a wiser way of doing things. Non-action leads to the result of getting everything done.

为无为： act through non-action

图 9 引自可靠来源的“为无为”的英译

（9）学生阅读练习：在教师的带领下阅读第一、二自然段。第一段讲西方认识世界的方式的起源、特征及表现，第二段是讲在中国人传统思维中，第一段所述起源、特征及表现是不存在的。其中隐含的意义是，按照西方的“二元论”（dualism），是无法完成对“道”的探讨的，这部分提供的是认识“道”的必要背景介绍。【5 分钟】

（10）前两段有大量成对的反义词（见图 10），完成以下填空练习来加深印象。【3 分钟】

Find out the antonyms of the following expressions

• 1 earthly	heavenly	• 5 bodily	spiritual
• 2 transitory	eternal	• 6 holy	sinful
• 3 permanent	impermanent	• 7 Light	Darkness
• 4 perfect	imperfect	• 8 Good	Evil

图 10 课文中的反义词填空

（11）限时整体阅读（global reading）、讨论与导学：学生在 5 分钟内完整阅读第三自然段和末尾自然段，中间每段只读第一句和最后一句，获取本文框架或思路，然后教师请同学分享读后收获和困惑。教师在学生的分享的基础上进行点评和导学，给出本文框架（见图 11）。【15 分钟】

Guidance: Structure of the passage

Part 1 (paras.1-2): the background information for the Way---- the different origins of outlooks.

Part 2 (para.3) what dao is in general.

Part 3 (paras 4-6) what dao is in the nature and the society (in details)

Part 4 (paras7-8) different understandings of dao between Taoism and Confucianism

图 11　教师给出的本文导学框架图片

（12）课堂回顾与总结：教师以对话和提问的方式，和学生一起共同将分散的内容拉成体系。①After reading *setting the scene*, what do we know about Chinese culture?（学生会回答关于这部分的一些关键词，或短句，教师辅助梳理语法与逻辑，补充内容）②Since Chinese philosophy and language play such prominent roles in forming China as a unified state, we need to know what they are and why they can play this role. So what are the learning objectives for this unit and what is the project we need to fulfill?（学生可以参考课本上的要点进行口头回答）③Today we have listened to two short stories from BBC news, what are they? Can you briefly retell them ? Can you introduce the main characters in the two stories? What is the important Daoist term we discussed today?（学生依据练习时的笔记进行口头复述）④From the explanation of "为无为" we know that Chinese traditional philosophy is so profound that we need to explore, and that is why we ought to explore the passage *the Way*. Now we have got the main structure of this passage, can you tell me what is the structure like and what the main idea of each part is?（学生依据所学进行口头回答）【10 分钟】

（13）作业布置。学生在了解大框架后，通过课后学习完成以下任务：①分析和理解第三段的三个难句 "The way is not some sort of law or pattern that any higher power imposed on what exists". "And since the way is not so foreign to everyday human reality as to be past man's finding it out, it was never necessary for the Way to be revealed either by a God or by prophets". "The Way reveals itself in the ongoing process of historical existence, and human beings who apply themselves to discovering the pattern or recurrent regularities in that process are perfectly able to do so". ②根据对第四段的阅读并回答问题："忠孝仁义"等儒家价值观和"道"有什么关系？为何西方会把中国的这些价值观当作束缚人性的枷锁？③将课文中无法理解的部分勾出，下次课堂中进行讨论。

五、教学效果及成效

（1）本单元话题有相当的难度，而且文本难度都很大，但对于破除西方文化中心主义，树立文化自信，有着重大意义。本案例通过相关内容的补充，以及课前、课中、课后的教学设计，进行大量人文背景知识的补充和拓展，给予足够的脚手架，一方面让学生学习的难度降低，另一方面，给学生普及了相关中国文化知识，为同学们提供了跳出西方逻辑模式看问题的可行路径，教学效果明显。以下截屏为学生针对本案例补充关于“道”的思想与相关翻译资料的部分反馈（见图 12 和图 13）：

第11题：本单元补充了许多中国文化背景知识，并补充了一些核心概念的英文翻译，这个做法请你谈谈你的感受。

词频分析 观点分析 搜索答案文本 搜索 过滤空选项

序号	提交答卷时间	答案文本
31	11月30日 10:59	我觉得是一个很好的方式，因为我对“道”的理解并不算多，在课堂上的一些翻译和解释能让我更加了解。
32	11月30日 10:59	补充的知识能让我们更透彻地学习中国文化，补充的核心英文翻译扫清了理解课文、做练习的障碍。
33	11月30日 10:59	对于写作和阅读会很有帮助，但应及时复习
34	11月30日 10:59	挺好的，在补充中，从另一个和西方对比的角度，来了解古文化比如道，逍遥，同时比如iexpro1 也知道了西方的天堂等；第二篇文章也让我们知道了汉字系统的作用增强民族连续性，还有汉字的缺点优点，更影响了世界，文化既是民族的又是世界的
35	11月30日 11:00	扩展了我对自己国家文化的理解，及英语化表达，这样在我遇到外国人的时候也可以自豪的介绍我们博大精深的中国文化，增强了民族自豪感
36	11月30日 11:00	这样做可以更加深刻的了解课文的背景，从而更容易熟悉去学习课本知识
37	11月30日 11:00	我感觉是非常好的，学习了英语的同时也加深了解了中国传统文化
38	11月30日 11:01	我认为这种方法让我们可以拓展我的知识宽度。同时让我们用英语的学习了解了更多的中文知识，很有趣!

图 12　学生对本案例补充内容的反馈截屏 1

第12题：本单元的内容是中国文化中最关键的两大板块---中国传统哲学思想中“道”的思想，以及我国的书写系统，因此补充了许多相关中国文化背景知识，并补充了一些核心概念的英文翻译，课文也以内容理解为重点，对于本单元的文化及语言上的学习，请你谈谈你的感受。

词频分析 观点分析 搜索答案文本 搜索 过滤空选项

序号	提交答卷时间	答案文本
61	12月8日 15:20	理解一些传统文化用英语的表现形式，了解到更多的专有名词，理解更深刻了。
62	12月8日 15:20	受益良多，人文知识扩充，词汇量的增加，以及内容的加深理解
63	12月8日 15:20	中国古代的传统思想对本国和世界影响都是大的，也有很多优点
64	12月8日 15:21	了解到了中西方文化差异和思考问题的方式。
65	12月8日 15:21	对我国文化背景及其英语的表达有了更深的理解
66	12月8日 15:21	很有意义
67	12月8日 15:21	中华文化博大精深，源远流长，具有鲜明的民族色彩，具有自己的书写系统，虽然文字有其复杂性，但其内涵更为丰富。道家的思想与西方的思想进行对比，让我们更加清楚的审视我国的文化，充满文化自信。
68	12月8日 15:21	中国文化博大精深，身为中国人，我们要弘扬中华文化，去其糟粕取其精华
69	12月8日 15:23	学习了这章知识后我更加了解了中国文化
70	12月8日 15:23	感觉我们对于老祖宗留下的东西还理解的不够透彻
71	12月8日 15:24	中国文化源远流长，博大精深，我们应该多了解其内涵，有可能的话应该努力让其面向世界

图 13　学生对本案例补充内容的反馈截屏 2

从反馈可见，本案例在帮助学生理解了课文的同时，让学生们对本国的传统文化、思维方式有了更多的理解，提升了学生们的文化自信，激发了学生学习本国优秀传统文化、弘扬中华文化的兴趣和意愿。

（2）通过对另一种语言的学习，来学习我国的传统文化，给学生全新的体验，践行文化互鉴。本案例讲授了课本与补充内容关于“道”和中文汉字书写系统的传统文化知识，通过设计课前、课中和课后的环节，不仅拓展了学生相关词汇量，增强英语技能（尤其是翻译能力），还给予学生重新学习和审视本国传统文化的奇妙体验，也体验了文化互鉴的独特之处。学生在此过程中不仅有对语言知识和技能的学习，更有文化上奇妙的体验。学生对案例补充内容的反馈截屏见图 14 和图 15。

第12题：本单元的内容是中国文化中最关键的两大板块---中国传统哲学思想中“道”的思想，以及我国的书写系统，因此补充了许多相关中国文化背景知识，并补充了一些核心概念的英文翻译，课文也以内容理解为重点，对于本单元的文化及语言上的学习，请你谈谈你的感受。

词频分析 观点分析 搜索答案文本 搜索 过滤空选项

序号	提交答卷时间	答案文本
16	12月8日 09:40	通过本单元的学习，我学到了很多关于中国的传统文化，并且学到了一些相关的英文知识，受益匪浅
17	12月8日 09:40	对中国文化的理解更充分了
18	12月8日 09:41	中文文字体系博大精深，源远流长，通过本单元的学习我系统地了解了汉字的特点，汉字在历史长河中浸润出独特风骨
19	12月8日 09:41	中西方文化有异，中国文化特点彰然。
20	12月8日 09:41	就跟着学
21	12月8日 09:41	感受到了不一样的学习主题，得到了更多的背景相关知识，并且了解到了以前没有深入思考的环节。
22	12月8日 09:42	非常棒
23	12月8日 09:42	受益匪浅
24	12月8日 09:43	很好
25	12月8日 09:43	原来对这类比较抽象的内容的翻译感到无从下手，听完课之后发现只要理解正确，思路清晰后，完全可以做一些基础的翻译，所以面对一些翻译题时，不要急于逐字逐句地翻译，应该先理清语段的思路和结构
26	12月8日 11:29	晦涩不易懂
27	12月8日 11:30	中华文化博大精深，源远流长，它的优点足以让它千年屹立不倒

图 14　学生对案例补充内容的反馈截屏 1

第12题：本单元的内容是中国文化中最关键的两大板块---中国传统哲学思想中“道”的思想，以及我国的书写系统，因此补充了许多相关中国文化背景知识，并补充了一些核心概念的英文翻译，课文也以内容理解为重点，对于本单元的文化及语言上的学习，请你谈谈你的感受。

词频分析 观点分析 搜索答案文本 搜索 过滤空选项

序号	提交答卷时间	答案文本
31	12月8日 11:31	从文化层面了解了中国文化了解了道家思想。
32	12月8日 11:31	中国文化博大精深，增强了我的文化自信
33	12月8日 11:31	学习到了更多的中国文化，同时也学习到了很多英语翻译内容
34	12月8日 11:32	从另一个语言的角度进一步了解中国中国道文化和书写系统
35	12月8日 11:32	感受到了中华文化的博大精深
36	12月8日 11:32	增进了对传统中华文化的了解
37	12月8日 11:33	对中西文化有更深入了解
38	12月8日 11:33	我了解到了中国的传统文化和西方文化之间的差异以及中国传统文化的起源和千年来的经历
39	12月8日 11:33	对古代文化的理解更多了一些，英语表达也丰富了
40	12月8日 11:33	通过中西文化对比，对汉字有了更深的了解，汉字的优势和独特的魅力。
41	12月8日 11:33	能够知道一些不知道的翻译
42	12月8日 11:35	确实在文化上面了解了很多
43	12月8日 11:35	学习了很多以前学英语不会接触到的东西
44	12月8日 11:36	用英文学习中国文化感觉真的好奇妙

图 15　学生对案例补充内容的反馈截屏 2

（3）学生制作了精美的英文海报，将形而上的文化思想用具体具象的形式表达出来（见图 16）。

图 16　学生制作的英文海报成果样例

（4）通过完成整个案例设计的教学过程，学生不仅仅是完成一次关于中国传统手工艺的海报制作，其还有更加多元和深刻的收获。学生对本案例整体收获的反馈见图 17。

第15题：请谈谈本单元学习中你的收获，请尽量多地列举。（学习了先总后分的方法，建议大家逐点按先观点，后详述的叙述方式陈述）

词频分析　观点分析　搜索答案文本　搜索　☑过滤空选项

序号	提交答卷时间	答案文本
61	12月8日 15:20	更好了解传统文化，增强逻辑思维能力
62	12月8日 15:20	如醍醐灌顶:1.知识面的扩充;2.素材的积累;3.词汇量的增加;4.叙述方式如何搭建全文
63	12月8日 15:20	了解了中国传统文化，道的思想
64	12月8日 15:21	学习的时候先构建框架，再仔细钻细节。
65	12月8日 15:21	学习到了用英语来描绘中国文化
66	12月8日 15:21	了解道，知道中国文化与西方文化区别
67	12月8日 15:21	交流探讨，收获了很多关于中国文化的知识
68	12月8日 15:21	更加理解道家思想和中国汉字
69	12月8日 15:23	1.增长了词汇；2.练习了听力；3.对长难句的阅读能力有提升；4.了解了中国文化
70	12月8日 15:23	理解了道家和儒家思想与西方的不同之处，也感到惋惜，我们居然丢掉了那么多老祖宗留下来的好方法
71	12月8日 15:24	积累了一些新单词，对中国传统文化中“道”的思想和我国的书写系统的核心内容有了一些了解
72	12月8日 15:25	无
73	12月8日 15:25	学习了有关中国传统文化的词汇和表达 理解传统中国文化和汉字内涵
74	12月8日 15:40	了解了中华文化的英文说法，很有意思
75	12月8日 15:44	先整体阅读，在细分段落进行细节性阅读

图 17　学生对本案例整体收获的反馈

当然，还是有少部分学生收获较少，或不适应小组活动，这跟学生的学习风格、英文基础水平、课文的难度、学习的兴趣等等都很相关，在接下来的教学设计中，教师可通过小组成员搭配、同伴互助、增加脚手架等多种方式进行改善。

第五节 艺术与自然

各美其美，美美与共

——新一代大学英语 B2U2《艺术与自然》

课程基本信息

课程名称	大学英语 II	课程类型	通识教育必修课程
学时学分	64 学时 4 学分	教学对象	非英语专业本科大一学生
教学单元主题	艺术与自然		
课内/课外学时	8 学时/12 学时		

一、教学目标与学情分析

（一）教学目标

1. 知识目标

学生能够识别有代表性的中西方名画，扩展相关主题的词汇短语表达，能够借助多媒体素材了解作品主题、创作背景、典型特点、表达技法、影响力等；能够比较和对比艺术作品的各个方面表现出的中西方审美倾向，并加深对中华优秀传统文化的理解。

2. 技能目标

学生能够结合背景知识听懂对艺术作品的一般性英语介绍；能够用问题引导自己进行难度高于大学英语六级水平的主题语篇阅读理解；能够按照说明介绍性语篇的常见结构拟定框架，涵盖和突出要点，完成书面和口头的艺术作品介绍任务；能够选择合适的角度比较和对比中西方画作，并用英语进行脱稿讲述和展示。

3. 价值目标

学生通过欣赏中西方名画，在学习语言的过程中开阔视野、陶冶情操、提高审美。学生能够了解更多不同文明孕育的成果，感受各自文化下的审美偏好，以及反映出的不同世界观。学生能够尊重文明多样性，不仅“各美其美”，而且“美人之美，美美与共”，立足中国优秀文化，增强文化自信心，讲好中国故事，推动文明交流互鉴。

（二）学情分析

大学英语课程面向非英语专业本科一年级学生，班级规模 40 人左右。我校实施分级教学，A 班学生英语基础总体较好，半数以上学生的英语水平在大学英语四级水平之上。学生稍加培训便能熟练使用在线学习平台和工具，如 iWrite 爱写作、U 校园读写平台、雨课堂、FiF 讯飞、企业微信等，进行线上线下混合式学习。

在知识技能方面，学生重视词汇短语的积累，但对语篇的逻辑结构和连接转换把握不足。大部分学生习惯于阅读等输入性技能的练习，但有少部分学生依赖翻译软件进行阅读理解，影响了阅读理解的深度和速度。学生的写作输出性技能练习有所欠缺，写作技巧需提高。关于本单元的"艺术与自然"主题，学生知识面比较有限，需要更多的知识输入来扩展。

情感认知方面，学生学习态度积极，对英语学习的意义的认可度高；有自主学习和合作学习的意愿，多数学生认可以小组为单位，通过分工和合作完成学习任务的方式。学生对中国文化的认同度高，表现出较强的文化自信，同时，对了解学习多元文化兴趣较高，有尊重文明多样性和加强文明交流互鉴的意识。

二、教学内容分析

（一）教学内容

教学内容简介：本次课教学内容来自教材《新一代大学英语（综合教程）》第二册中的第 2 单元《艺术与自然》。单元包含两篇课文，分别是《解密〈蒙娜丽莎〉》和《中国艺术中的山水元素》。在 8 个课时的单元课堂学习过程中，本次课 2 个学时（80 分钟）聚焦第二篇课文的内容学习和知识应用。

（1）语言学习

学生在课前通过 U 校园读写平台自主学习课文《中国艺术中的山水元素》，理解主题、熟悉词汇和表达法，尝试分析课文里的长难句，理解语篇结构。学生着重学习三个部分：①影响中国画家对山水主题理解的 4 个因素；②山水含义在中国哲学思想中的体现；③传统中国画家的艺术理念。

学生按照"苏格拉底"阅读圈的活动说明和要求，区分解释型问题（interpretive questions）、字面型问题（literal questions）、评价型问题（evaluative questions）这三种不同类型的问题，提出 2~5 个自己在阅读中发现的、值得探究的问题，用问题来引导深度阅读和思考，提升思维，并促进同伴交流和小组合作学习。

学生在线学习比较和对比议论文写作技巧的微课，熟悉话题式（subject-by-subject）和逐点式（point-by-point）两种结构，结合单元主题从某一角度对中西方画作进行比较和对比，练习写作。

学生按照单元项目要求撰写讲稿，在机评和师评的基础上修改讲稿，制作 PPT，准备单元项目的英文汇报展示。

（2）文化互鉴

学生以中西方名画为例，了解中西方绘画的主要特点和区别，加深对作品创作背景、主题内涵、表达技法、艺术效果等各方面的理解，对比各自的审美倾向和偏好，以及形成的原因。学生在学习语言的同时能够欣赏不同类型和风格的艺术作品，明白"文明能够连接心灵，艺术可以沟通世界"，不同文明应该相互欣赏，互学互鉴。

（3）价值引领

在处理不同文化关系的话题上，著名社会学家费孝通先生总结出了"各美其美，美人之美，美美与共，天下大同"的十六字箴言。"各美其美"说明尊重文化多样性，我们要了解和尊重自己民族的文化，培育好、发展好本民族文化。因为尊重文化多样性是发展本民族文化的内在要求。"美人之美"就是要尊重其他民族的文化。"美美与共，天下大同"，说明尊重文化多样性是实现世界文化繁荣的必然要求。学生通过单元学习，加深对本民族文化的理解，尤其从艺术审美角度理解传统哲学中"天人合一"

的理念以及体现；同时尊重差异，保持世界文化的多样性，共同推动人类文明的发展和繁荣。

（二）教学重点

引导学生通过学习课文，理解中国画中的山水主题，比如哪些因素促成了画家对山水主题的偏好，山水含义在中国哲学思想中的体现，传统中国画家“天人合一”的艺术理念等。学生比较和对比中西方绘画的主题、工具、技法、理念等方面的特点，讲述和呈现多元化文化。

（三）教学难点

组织“苏格拉底阅读圈”小组活动，让学生通过准备、参与、评价、总结活动来加深阅读，用阅读训练思维；指导学生收集和单元主题相关的课外资料，选择合适的比较和对比文章结构框架，撰写文稿，制作 PPT，准备单元项目汇报。

三、课程思政引领的混合式教学设计理念及思路（课前、课中、课后）

大学英语课程具有明显的人文性特征。根据《大学英语教学指南（2020 版）》的表述，其人文性主要体现在两个方面：一方面，跨文化教育是大学英语课程的重要任务。语言是文化的载体，学生通过学习英语，了解不同的社会与文化知识，增进对多元文化的理解，进行文化对比，从而提高跨文化交际能力。另一方面，大学英语课程可培养学生对中国文化的理解和阐释能力，服务中国文化对外传播。

本单元以“艺术与自然”这一话题为切入点，通过多模态语料输入和处理使学生扩展文化视野，理解中西方艺术主题、理念、技法等方面的异同；着重引导学生深刻理解中华艺术审美的内涵，以及优秀传统文化中“尚和合、求大同”的思想精华和时代价值，从而传承中华文脉，增强文化认同和文化自信，厚植爱国情怀。

单元教学以“项目式教学”为设计理念指导，采用了大学英语线上线下混合式教学模式，充分利用 U 校园读写平台、iWrite 爱写作、雨课堂、FiF 讯飞、企业微信等线上平台，将整个单元教学过程分为“场景导入”“理解探究”“分析拓展”“产出评价”四个主要阶段，每个阶段设置一系列线上线下、课内课外相结合的任务链，实现单元项目的产出和评价，完成单元教学，达成知识目标、技能目标、价值目标，详见表 1。

表 1 《艺术与自然》单元教学的 4 个阶段及主要任务链

1. 场景导入	2. 理解探究	3. 分析拓展	4. 产出评价
引言学习： 习近平总书记关于文艺工作的指导论述（英文版）	在线探究： 四幅西方油画名作的特点	观看视频： 国画简介	讲稿写作： 选定比较角度，拟定提纲，撰写初稿，完成项目机评、互评、师评及修改
设置交际场景： 与国外友人讨论中西绘画特点，介绍中国国画	口语练习： 介绍达·芬奇和《蒙娜丽莎》	分组讨论 以中西方名画为例，讨论主题差异及原因	汇报展示： 制作 PPT 准备讲述； 完成课堂展示

表1(续)

1. 场景导入	2. 理解探究	3. 分析拓展	4. 产出评价
课堂活动： 学生尝试完成场景交际任务； 明确单元学习目标； 思考单元项目选题：《从××角度对比中西方绘画艺术》； 了解单元项目具体要求	学习课文：《解密蒙娜丽莎》 画作影响力、特点、技法	“苏格拉底圈”阅读活动：《中国艺术中的山水元素》 影响山水艺术认知的四个要素； 山水在中国哲学思考中的含义； 艺术的目的	多元评价： 结合小组自评、组间互评和教师评价记录小组表现
	结构写作练习： 模仿结构，选取中国国画进行介绍	写作指导： 比较与对比	学习反思： 反思单元学习的收获、挑战及改进计划。

本次课 2 个学时（80 分钟）的教学活动设计重点完成“分析拓展”“产出评价”两个阶段的部分任务。

在课前，学生按照教师布置的学习任务，观看教师上传在 U 校园读写平台的视频，并查找关于中国国画的英文介绍资料，了解关于国画的基本知识及其英语表达；完成课文《中国艺术中的山水元素》相关的讯飞平台口语练习任务；在 U 校园读写平台预习课文，熟悉语言点，在线完成并提交相关练习题；按照各小组的分工，准备“苏格拉底圈”阅读活动；在线学习写作技巧的微课，结合实例了解比较和对比类文章的写作结构框架、分类、常用连接词等。

在课上，教师和学生一起回顾课前在线观看的视频，教师就视频内容提出问题与学生互动，一方面检查学生是否按要求完成了预习作业，另一方面也帮助学生巩固自学的要点，使学生对中国的传统艺术形式——国画有更多的知识积累。教师组织学生分组就中西方名画《富春山居图》《桃源问津图》《吹笛少年》《西斯廷圣母》进行主题上的对比，请学生指出存在的差异，并尝试分析原因；让学生明白，艺术作品中的主题差异反映的是社会和文化等方面的区别。通过对比分析，学生进一步了解了中西方文化异同。教师通过“雨课堂”发布随堂小测试，再现学习内容要点，检验学生在课前预习时对知识的整体把握情况。教师组织各学习小组以“苏格拉底圈”的形式进行阅读活动，在讨论互动的过程中加深文本解读，培养学生的思辨能力，提升合作学习效果。教师在小组学习基础上，再以思维导图为载体，突出课文的要点，引导学生进行基于文本和超越文本的探索，让学生理解中国哲学对于山水含义的理解。另外，教师在课上继续帮助学生强化语言技能。学生课前学习了比较与对比文章的写作指导微课，课上教师就视频主要内容与学生互动，强调要点，并引导学生将技能应用到单元项目的文稿写作中。以前期的语言、内容、技能输入为基础，教师指导学生完成单元项目。教师要具体讲解单元项目要求，组织学生以小组为单位进行选题：从××角度对比中西方绘画艺术。教师细化文稿写作框架，强调各部分写作要点，特别提醒学生关联和应用前面的所学内容，提升项目完成质量。在完成过程中，学生要积极发挥学习主动性，收集中西方绘画艺术相关资料，拓展知识，提高审美，加深对中国传统艺术的理解，并关联传统元素的现代创新呈现，分析一以贯之的中国哲学理念传承，尝试讲述文艺领域的中国故事。

课后，学生巩固课上所学语言点知识，完成补充练习题。“苏格拉底圈”评价小组完成评价表格，并准备点评汇报。学生以小组为单位选定单元项目题目，撰写汇报文稿，制作 PPT 文件，演练项目汇报。学生通过学习和实践提高跨文化交际能力，实现文化互鉴。习近平总书记强调，“文化能够连接心灵，艺术可以沟通世界”，我们应以这一重要论断作为指导纲领，体现在本单元的教学活动中。

四、教学方法、手段和过程

（一）教学方法

（1）项目式学习（Project-Based Learning，PBL）。“项目式学习”在国外实施多年，取得了丰富的教学成果。这种教学法以某一问题或项目为导向，通过让学生展开一段时期的调研、探究，致力于用创新的方法或方案，解决这个复杂的问题或者完成具有挑战性的项目，从而在这些真实的经历和体验中习得新知识和获取新技能。在 PBL 教学模式中，教师已由传统教学的单一的知识讲授者转变为教学组织者、资源提供者、学生能力发展的促进者和自主学习的指导者。新的教学模式下的师生关系是协作关系，教师设计并与学生共同参与和体验课程。学生在这种教学模式下，需要增强参与意识，从关注理论学习转变为关注理论的实际运用，从注重倾听转变为善于交流，乐于合作，勇于承担责任，从而培养自己的团队意识、创意思维、创新能力、自主学习能力及批判思维的能力。

（2）“苏格拉底圈”讨论式教学法。“苏格拉底圈”讨论式教学法是一种以引发启发性问题和鼓励探究性对话为核心的教学方法，教师通过帮助学生思考、提出问题以及相互交流，促进他们进行深度学习并培养他们的批判性思维能力。该教学法适用于英语阅读教学，通过提出一系列问题来引导学习者思考文本中的观点、论据和含义，促进学生对文本的深层理解。课前教师对学生进行方法培训，引导学生阅读文本，分类提出问题。课堂上，教师组织内圈和外圈，内圈学生负责引领讨论并提出问题，外圈学生则积极参与观察、评估。内外圈学生可互换角色。在讨论互动过程中，学生们能够更好地理解和分析文本，进行深入思考，并培养批判性思维和表达能力。总之，“苏格拉底圈”讨论式阅读教学法通过鼓励深入思考、批判性思维和主动参与，帮助学习者建立深层次的理解，提高阅读能力和综合语言学习效果。

（二）教学手段

课程采用了融合线上和线下教学的混合模式，通过多个平台和工具共同构建学习者友好的学习环境。其中，U 校园读写平台提供线上学习平台，学生可以获取教学内容、技能发展微课以及其他补充习题和测验。爱写作（iWrite）平台被用来对学生的作文进行纠错和评价。雨课堂增强了课堂互动性，教师可以发送习题，开启弹幕，组织课堂教学活动，并及时收集反馈和统计测试结果，方便教师有针对性地进行讲解。讯飞（FiF）平台辅助学生进行口语练习。企业微信社交软件被用来管理教学班级，指导小组活动，或与学生一对一交流。教师综合运用线上和线下相结合的教学方法，构建一个互动性更强、效率更高的大学英语课程教学模式，帮助学生提升语言技能和综合应用能力。

（三）教学过程

教学步骤流程见图 1。

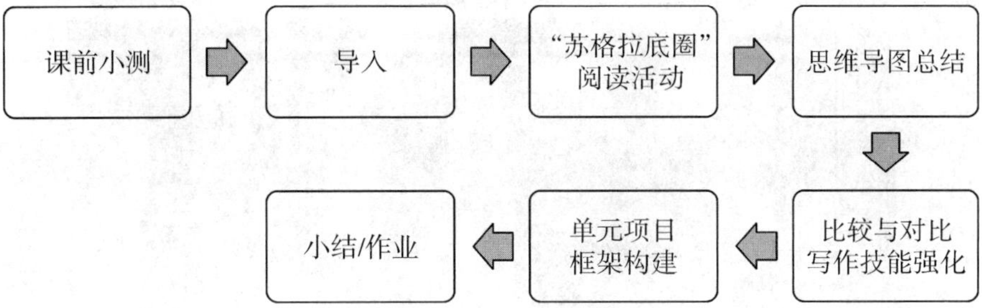

图 1　教学步骤流程

1. 课前小测（8 分钟）

在单元学习第二阶段“理解探究”部分，学生以西方名画《最后的晚餐》为例，学习了如何介绍一幅艺术作品的基本情况，如特点、技法、影响力等。结合前面所学内容，教师课前在 U 校园读写平台发布英文短视频《国画》，要求学生提前观看，理解视频内容，记录关键信息和词汇表达。课上教师通过雨课堂发布随堂小测（见图 2），就国画的主题分类、技法分类、文房四宝等要点设置填空题，检查学生对视频内容的学习掌握情况。

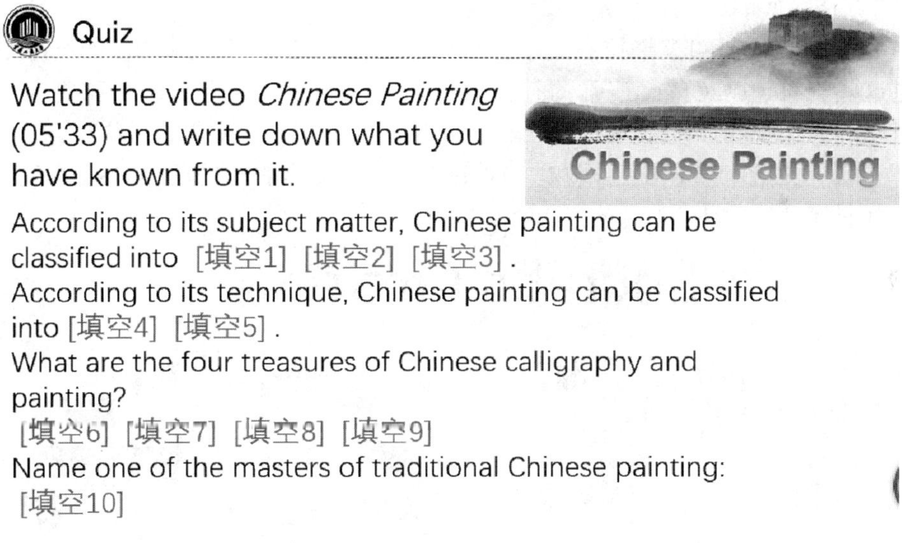

图 2　通过“雨课堂”发布的课前小测页面

小测之后，教师就学生提交的答案进行反馈，和学生就视频内容进行口头交流，比如概述国画的基本特点，介绍国画大师和其代表作等，强化学生对内容的理解和语言表达，同时引导学生感受博大精深的中华艺术。

2. 导入（7 分钟）

教师向学生展示四幅画作图片（见图 3），请学生区分西方油画和中国国画，并特别提醒学生注意画作的主题差异。

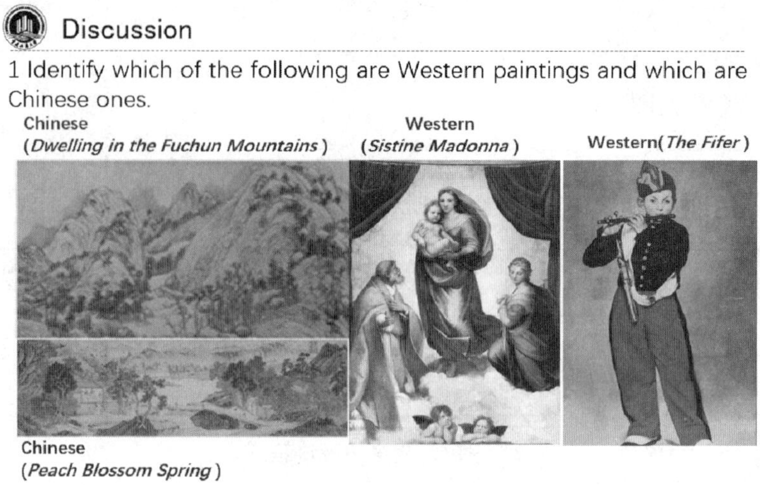

图 3　西方油画和中国国画的主题差异

这个问题比较容易回答，学生有兴趣进行互动反馈。接着教师进一步提问：Are there different preferences for the subject matter in Western and Chinese painting? Why or why not? 引导学生分析主题偏好存在差异的原因。学生会自然联系到西方社会的宗教、政治背景，同时也开始思考山水主题在中国画中具有的重要意义——它不仅是一种图像表达，更是表达审美情感、抒发情绪和追求内心境界的重要方式。它体现了中国人对自然的热爱、对生命的认知和探索，同时承载了丰富的文化、哲学和审美传统。

3. “苏格拉底圈” 阅读活动（25 分钟）

（1）课前教师把 “苏格拉底圈” 阅读活动的简介和规则传到 U 校园读写平台。学生通过这些资料，以及自己搜索的补充信息，来了解活动的组织形式和要求，并以此引导自己的课文预习。重点在于充分解读文本，并提出质量较高的问题。

（2）课堂上教师带领学生回顾 “苏格拉底圈” 阅读活动的起源、意义、组织形式等要点（见图 4）。

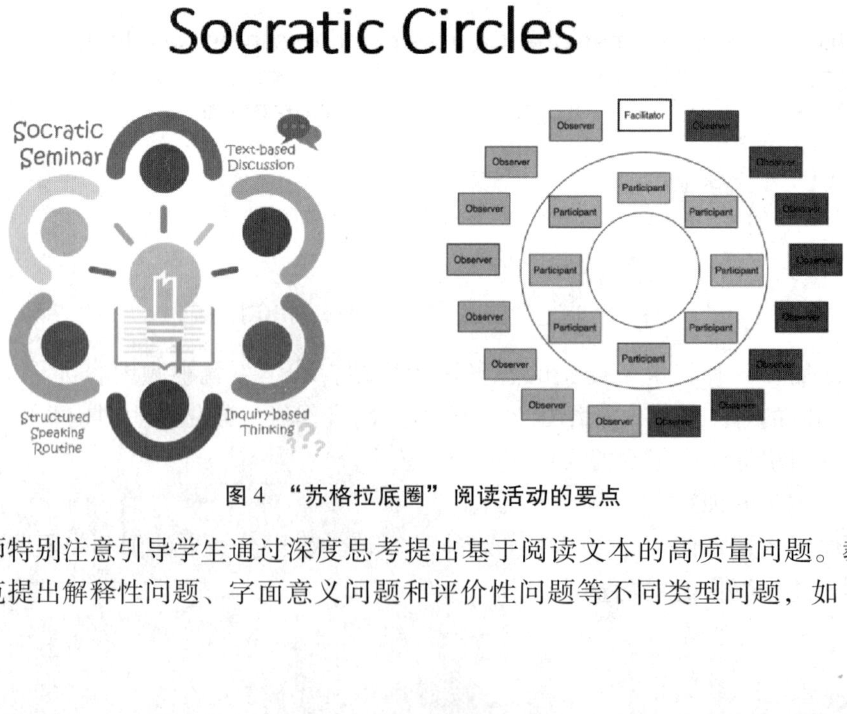

图 4　“苏格拉底圈” 阅读活动的要点

教师特别注意引导学生通过深度思考提出基于阅读文本的高质量问题。教师结合文本示范提出解释性问题、字面意义问题和评价性问题等不同类型问题，如（解释性问题）How do you interpret the spirit of mountains according to Chinese philosophical thinking?（字面意义问题）What is the goal of art as perceived by Chinese artists?（评价性问题）Do you agree that natural environment shapes the culture and traditions and molds the minds of local people? 让学生理解各类型问题的定义，然后提出自己的问题。当学生发现提出问题并不容易时，教师可以引入一些思维模式来启发学生的思路，比如介绍“六顶思维帽”（见图5），让学生学习从不同的角度来看待问题，逐渐形成多元化的视角和丰富的理解。

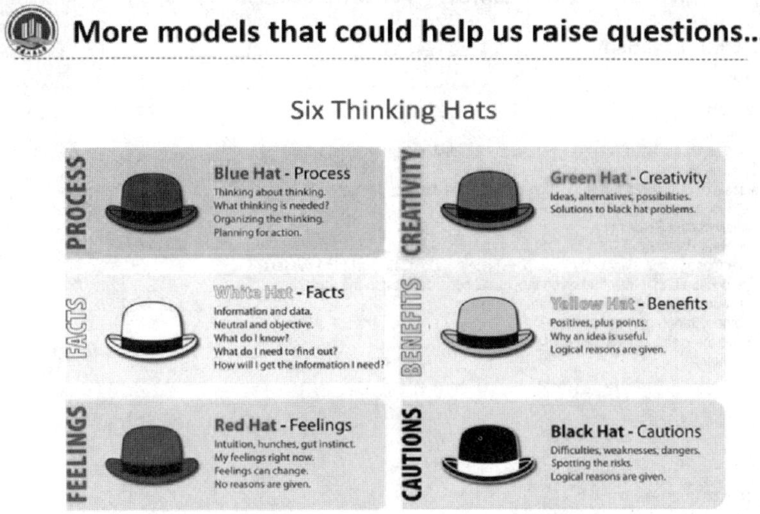

图5　用“六顶思维帽”来启发思维

教师还可以发放“研讨问题辅助表”，列举各类型问题的常见提问方式，让学生仿照句型结合课文来提问。总之，引导学生提问和讨论是为了让学生能够深入思考和分析文本，培养学生的阅读理解能力、批判性思维和表达能力，激发学生形成观点以及展开富有意义的讨论。

（3）学生按照规则组织“苏格拉底圈”阅读活动（见图6）。内圈学生主要参与讨论，在小组内密集交流并深入探究文本问题，并就相关问题展开对话。外圈学生是观察员，围绕内圈的讨论进行观察和记录。他们的角色是注意、聆听和观察内圈学生的对话内容、思考方式和合作方式。

图6　学生参与“苏格拉底圈”阅读活动

（4）外圈学生进行反馈和评论。外圈学生参照教师发放的《“苏格拉底圈”讨论同伴互评表》（见图7），从“分析推理”“讨论表现”“交流效果”提供观察和记录的反馈。学生在进行评价的时候不仅练习了口语表达，也更加清楚讨论的标准，还能相互学习启发思路。教师总结讨论的重点，并引导学生从活动中获得新的理解，提出自己的观点。

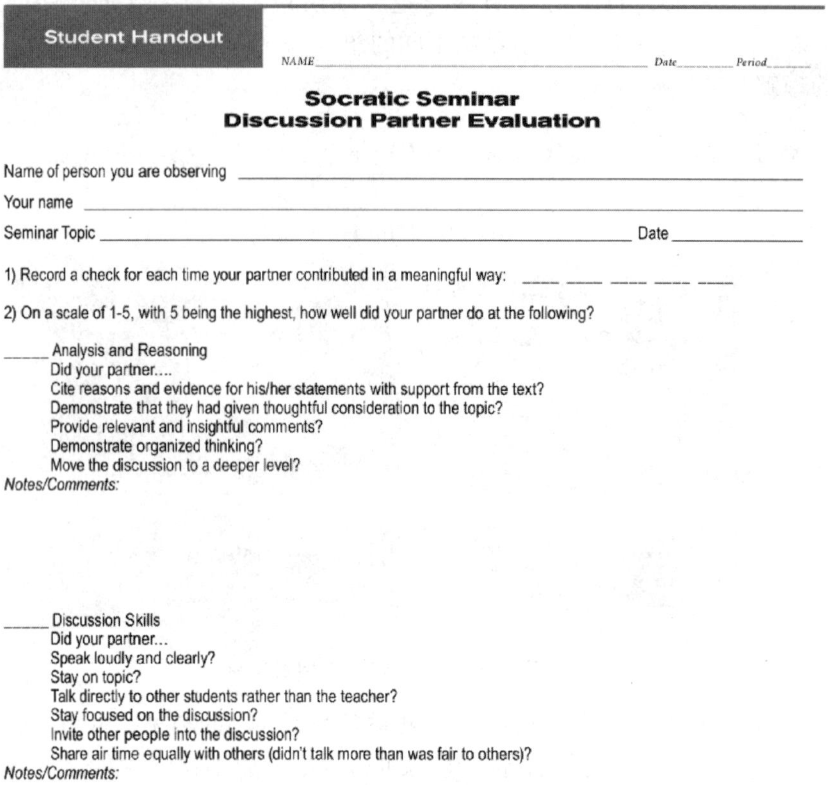

Student Handout

NAME________________ Date________ Period________

Socratic Seminar
Discussion Partner Evaluation

Name of person you are observing ________________

Your name ________________

Seminar Topic ________________ Date ________________

1) Record a check for each time your partner contributed in a meaningful way: ____ ____ ____ ____ ____

2) On a scale of 1-5, with 5 being the highest, how well did your partner do at the following?

_____ Analysis and Reasoning
Did your partner....
Cite reasons and evidence for his/her statements with support from the text?
Demonstrate that they had given thoughtful consideration to the topic?
Provide relevant and insightful comments?
Demonstrate organized thinking?
Move the discussion to a deeper level?
Notes/Comments:

_____ Discussion Skills
Did your partner...
Speak loudly and clearly?
Stay on topic?
Talk directly to other students rather than the teacher?
Stay focused on the discussion?
Invite other people into the discussion?
Share air time equally with others (didn't talk more than was fair to others)?
Notes/Comments:

图 7　“苏格拉底圈”讨论同伴互评表

4. 思维导图总结（15分钟）

课文的要点之一是山水精神含义在中国哲学中的阐释。教师以“山的含义”为例，和学生合作绘制思维导图（见图8），学生依照样例定位关键信息节点，绘制“水的含义”思维导图。

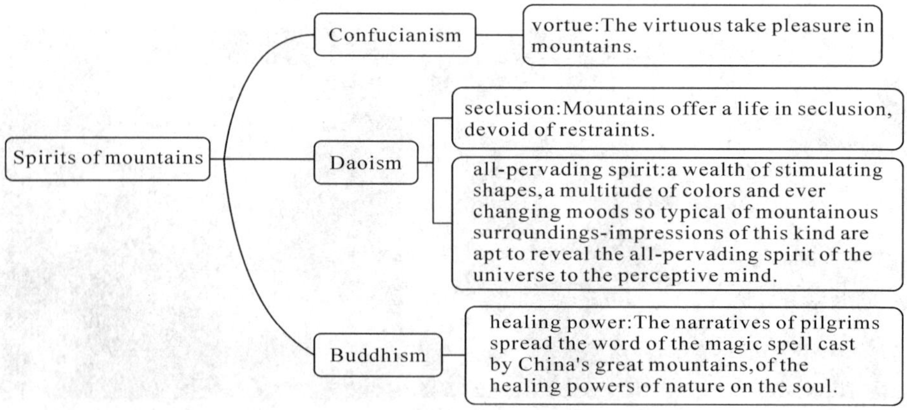

图 8　师生合作绘制的思维导图“山的含义”

运用思维导图这个高效而有趣的可视化工具来梳理课文要点，可以帮助学生提取课文的核心概念、重要观点和关键细节，提升学生对课文内容的记忆和理解效果。

5. 比较与对比写作技能强化（10 分钟）

按照单元项目的要求，学生需要在某方面对中西方绘画进行对比。教师要强化学生写作比较与对比文章的技能，帮助学生更好地完成讲稿撰写。课前，教师在 U 校园读写平台上传写作技能讲解微课，要求学生观看学习，记录要点。课堂上，教师用提问的形式帮助学生回顾要点，并以茶和咖啡为例，讲解逐点比较法（point by point）和主题比较法（subject-to-subject）的写作结构异同，列举常见的连接词，强调写作中连接词的合理使用，再过渡到本单元的项目题目上，以中西方绘画为题，选取某一方面进行比较。

6. 单元项目框架构建（10 分钟）

经过前面教学活动的语料积累、内容拓展、技能强化，学生进入单元项目成果产出阶段。学生以小组为单位，分五个步骤完成项目：定题、收集资料阐述观点、撰写修改讲稿、制作 PowerPoint 文件、汇报。课堂上教师讲清项目完成要求。各组组长按照 5 分钟的半定题演说汇报要求，组织小组成员选定对比和比较的视角，确定题目 A Comparison Between Chinese and Western Paintings - On the _____ （Subject Matter, Painting Techniques, Painting Tools, Art Perceptions…）。学生之间，以及学生和老师之间，可以就选题进行讨论。教师以一系列问题引导学生围绕选题整合内容，如：What are classical Chinese/Western paintings like? What are the similarities/differences between classical Chinese and Western paintings in this aspect? Why do such similarities or/and differences exist between classical Chinese and Western paintings? 等。学生在回答这些问题时，应将单元内容及课堂上的补充知识融入答案，并且在课后收集阅读资料，进一步加深对主题的理解，形成自己的观点，提高论述深度。这个过程旨在进阶思维层次，引导学生从布鲁姆的认知分类体系（Bloom's Taxonomy）中的较低层次——记忆、理解逐步过渡到较高层次——应用、分析，进而逐步实现更高层次——综合以及评估。

7. 小结/作业（5 分钟）

教师回顾中国画简介视频、“苏格拉底圈”讨论活动、思维导图绘制、对比和比较写作技能要点等，总结本次课的主要内容。就单元项目的准备，布置如下课后任务：

（1）按小组选题和分工收集资料，拟出提纲。

（2）撰写讲稿，提交 iWrite 智慧批改平台，数次修改后导出改稿，提交给教师修改。

（3）根据讲稿设计制作 PowerPoint 文件，演练定时课堂演说。

（4）组织小组展示，小组成员按“课堂演说评分标准表”从内容、语言、演示三个方面进行组内评价，反馈、完善后准备进行班级展示。

五、教学效果及成效

本单元教学以“各美其美，美美与共”的中西方文化互鉴精神为课程思政着眼点。第一篇文章《解密蒙娜丽莎》，以高知名度的西方名画为题，讲述画作的影响力、效果特点以及采用的独特绘画技法；第二篇文章《中国艺术中的山水元素》，分析中国文人墨客对山水主题情有独钟的原因，展示了中国传统艺术的审美特征，以及其中蕴含的对历史、文化、社会、哲学等的感悟和理解。在单元教学中，以项目产出为导向，分“场景导入”“理解探究”“分析拓展”“产出评价”四个阶段，每个阶段下细分若干子任务，围绕“语言”“内容”“思想”三个方面进行产出项目所必需的脚手架搭建，最后完成项目并进行展示。单元教学结束后的匿名问卷调查中，学生反馈对学习过程中自己的投入度整体感觉良好，对教师的教学表示满意（见图 9）。学生的学习收获显著，夯实了语言技能，拓展了知识内容，深化并提升了思想意识。

B2U2《艺术与自然》学习反馈问卷

第1题：在B2U2《艺术与自然》单元学习中，我对自己的学习投入很满意。 [单选题]

选项	小计	比例
非常符合	11	23.4%
符合	27	57.45%
一般	9	19.15%
不符合	0	0%
完全不符合	0	0%
本题有效填写人次	**47**	

表格 饼状 圆环 柱状 条形 折线

第2题：在B2U2《艺术与自然》学习中，我对老师的教学很满意。 [单选题]

选项	小计	比例
非常符合	22	46.81%
符合	18	38.3%
一般	7	14.89%
不符合	0	0%
完全不符合	0	0%
本题有效填写人次	**47**	

表格 饼状 圆环 柱状 条形 折线

图 9　学生对自己学习投入度和教师满意度的反馈

1. 语言表达能力提高

学生通过这个单元的学习扩展了和绘画艺术这一主题相关的词汇量，提高了语言表达能力（如图 10、图 11、图 12 所示）。他们运用所学的描述绘画作品的内容、形式和情感，表达自己对作品的评价和观点。从讲稿撰写到展示汇报，学生围绕主题的书面表达和口语表达都能反映出他们语言知识和技能的进步。

第8题：我掌握了更多与中西方艺术作品相关的词汇及短语。 [单选题]

选项	小计	比例
非常符合	11	23.4%
符合	27	57.45%
一般	9	19.15%
不符合	0	0%
完全不符合	0	0%
本题有效填写人次	47	

表格 饼状 圆环 柱状 条形 折线

第9题：通过结构写作练习，我学会了用英语简要介绍一幅艺术作品。 [单选题]

选项	小计	比例
非常符合	8	17.02%
符合	23	48.94%
一般	15	31.91%
不符合	1	2.13%
完全不符合	0	0%
本题有效填写人次	47	

表格 饼状 圆环 柱状 条形 折线

图 10　学生对语言表达能力提升的反馈

图 11　提交在 iWrite 智慧写作平台上的学生讲稿

图 12　学生做项目展示汇报

2. 艺术欣赏水平提升，跨学科知识融合

通过对比中西方绘画作品，学生能够逐渐掌握艺术欣赏的眼光和能力，分析不同文化背景下的绘画风格、主题和表达方式，并从中获得审美享受。不仅如此，通过学习、了解绘画作品，学生能更多接触到社会、历史、哲学等多个学科的知识，并将这些知识融入对绘画作品的理解和解读中，培养跨学科思维和能力。

3. 跨文化理解加深，文化自信进一步增强

通过比较中西方绘画，学生能更深入地了解中西方绘画各自独特的审美观念、表现方式和风格，以及不同文化的特点。他们可以从作品中感受到不同的价值观、信仰和历史背景，拓宽对多元文化的理解和尊重，更好地领略、接纳并尊重不同文化背景下的艺术表达。通过中西方绘画对比，学生也更好地认识到本国传统文化的独特之处和价值，从而在欣赏西方绘画的同时，发掘和弘扬中国绘画的独特魅力，以及中华文化的深厚底蕴。比如当问及"对中国的传统艺术和审美的看法"时，某一学生回答"中国传统艺术和审美源远流长，有着独特的魅力。从中国绘画、书法、雕塑、音乐、戏剧等多个方面来看，这些艺术形式都深受人们喜爱，并且具有悠久的历史和文化传承。中国的传统审美观念强调人与自然的和谐相处，注重意境的表现和情感的抒发。这种审美观念已经成为了中国文化独特的象征之一，并且在当今社会仍然得到了广泛的认可和推崇。同时，随着时代不断变迁，越来越多的现代元素正在融入中国传统艺术中。这种融合不仅丰富了传统艺术形式，也让它们更好地适应了当代社会的需求"（如图 13 所示），反映出自己的认真思考和思辨。在跨文化交流中，学生形成自己的态度（如图 14 所示），有望更加积极地表达自己的文化观点，并倾听并包容其他文化的声音与观点，以建立和谐、开放的文化对话平台，推动各文化之间的互学互鉴，促进文明的多样性和共同繁荣。

4月21日 11:15	中国传统艺术具有韵味
4月21日 11:15	中国传统艺术有中国民族的特色，中国人的思想决定了中国人的审美
4月21日 11:15	中国传统艺术是很有灵气的，在世界艺术里独具一格。
4月21日 11:15	中国传统艺术融合多家思想，将思想的内容与自然景观相结合，为人们提供了灵魂的寄托。
4月21日 11:15	在中国传统哲学和艺术思想中，理性与感性、精神与物质、形而上与形而下，从来都是彼此依存、相互联系的，二者总是在不同层次上处于高度的统一之中
4月21日 11:18	Traditional Chinese art has a long history and advanced aesthetics.
4月21日 11:21	Traditional Chinese art is historical and diverse, and it has great value for inheritance
4月21日 11:22	中国的传统艺术和审美看法都有自己的特点
4月21日 12:55	中国传统艺术和审美与中国自古以来的国情与文化息息相关
4月21日 13:54	传统艺术博大精深
4月21日 15:34	天人合一，中庸，追求完美
4月21日 19:53	艺术之艺术，词藻之神采，以及文学之光华皆寓于纯朴之中
4月21日 19:54	中国传统艺术和审美源远流长，有着独特的魅力。从中国绘画、书法、雕塑、音乐、戏剧等多个方面来看，这些艺术形式都深受人们喜爱，并且具有悠久的历史和文化传承。在中国传统审美观念中，强调自然与人的和谐相处，注重意境的表现和情感的抒发。这种审美观念已经成为了中国文化独特的象征之一，并且在当今社会仍然得到了广泛的认可和推崇。同时，随着时代不断变迁，越来越多的现代元素正在融入到中国传统艺术中。这种融合不仅丰富了传统艺术形式，也让它们更好地适应了当代社会的需求。

图 13　学生对中国的传统艺术和审美的看法

第11题：通过单元学习，我明白了"文明能够连接心灵，艺术可以沟通世界"，不同文明应该相互欣赏，互学互鉴。 [单选题]

选项	小计	比例
非常符合	13	27.66%
符合	25	53.19%
一般	9	19.15%
不符合	0	0%
完全不符合	0	0%
本题有效填写人次	**47**	

表格　饼状　圆环　柱状　条形　折线

图 14　学生对跨文化交流的态度

4. 项目式学习和"苏格拉底圈"讨论活动提高了学生的深入研究和调查能力、批判性思维能力、团队合作与沟通能力等综合能力

"苏格拉底圈"讨论活动要求学生提出高质量问题，并进行基于文本并超越文本的讨论互动。学生需要深度研读，并加强组内和组间、生生和师生的沟通交流。项目式

教学鼓励学生主动研究和调查中西方绘画作品，包括其历史背景、艺术效果、创作方法、表达内涵等。学生需要收集和整理相关信息，评估和比较不同的绘画作品，从多个角度思考和分析问题。这样的学习过程不单指向语言教学，更是提升学生综合能力的实践。在谈及自己的单元学习收获时，学生的反馈也是多样化的（如图 15 所示）。

4月21日 11:14	了解了中西方绘画差异
4月21日 11:14	明白了中国传统绘画与西方传统绘画的区别
4月21日 11:14	学会了如何介绍一幅作品，以及了解了中国传统艺术与西方之间的异同
4月21日 11:14	更了解如何用英语表达中西方文化差异
4月21日 11:14	从苏格拉底讨论学习中了解到提问题的技巧
4月21日 11:14	学习了中国艺术和审美特点。
4月21日 11:15	我在这个单元的学习中拓展了词汇量。
4月21日 11:15	能更理解艺术作品想表达的想法
4月21日 11:15	自己做ppt讲ppt的能力有提升
4月21日 11:15	学会了苏格拉底讨论圈的讨论方式，对问题有了多种思考角度，同时，对中西方文化的差异有了深刻的理解。
4月21日 11:15	学到了很多新单词，看到了别人讲ppt肢体语言这很值得我学习
4月21日 11:18	In this unit, I learned more than 100 words, some phrases and some sentence patterns.
4月21日 11:21	I understand the similarities and differences between Chinese and Western painting techniques

图 15　学生列举单元学习收获

六、教学反思

（1）以项目产出为驱动的学习过程能够激发学生的主动学习兴趣和积极性，提高他们的语言综合应用能力、创造力和批判性思维能力。通过实际参与和探究，学生能更加深入地理解和欣赏中西方绘画，并形成更为完善的知识结构和认知模式。项目式教学要求学生组成小组合作完成任务。学生需要共同商讨并分工合作，进行资源分享和协调。这有助于培养他们的团队合作能力和沟通技巧。学生小组进行分工时一般倾向于扬长避短，从而有利于提高项目产出的整体质量。但这样的安排可能存在一个弊端，即英语基础稍弱的学生会绕开语言强化环节，比如不参与文稿写作或是口头汇报，转而以设计制作 PPT 作为替代贡献，导致自己参与完学习项目后发现对英语水平提高帮助不大。这和大学英语课程提升语言综合能力的目标有所背离。要解决这个问题，教师需要加强评价模式的设计和实施，不仅要考查学生在小组项目中的个人贡献，还应关注学生的语言活动参与度，特别在学生的电子档案袋学习记录中体现学生的语言应用细节，实现以评促学。

（2）“苏格拉底圈”阅读活动是一种以小组讨论为中心的学习方法，能提高学生的阅读理解和批判性思维能力。在本单元教学实践活动中，学生反映出了参与的兴趣和提高表现的努力。他们积极参与讨论、发表自己的见解，并与其他成员展开互动和合作，同时倾听和尊重他人的观点，形成了良好的合作氛围。在实施过程中发现，本单元的高难度文本对学生形成了不小的挑战。文章生词量大，包含一些绘画专业术语，以及多层次的观点和论证，对学生的阅读水平和理解能力提出了较高的要求。另外，课堂活动时间有限，需要内圈学生快节奏地整合各自的问题，准确表达，推动讨论进程；同时，作为观察者的外圈学生也需要紧跟讨论思路，记录表现，形成自己的评价。尽管苏格拉底圈英语阅读活动存在一定的挑战和难度，但它也是一种极具价值和有效果的学习方式。后续教学中，教师应进一步引导学生通过不断锻炼和提升自己的阅读、思考、表达能力，逐渐克服困难，让学生更深入地理解课文，并提升批判性思维能力。

第六节　善良与冷漠

中心物恺，兼爱无私

——新一代大学英语 B2U4《善良与冷漠》

课程基本信息

课程名称	大学英语 II	课程类型	通识教育必修课程
学时学分	64 学时 4 学分	教学对象	非英语专业本科大一学生
教学单元主题	善良与冷漠		
课内/课外学时	8 学时/12 学时		

一、教学目标与学情分析

（一）教学目标

1. 知识目标

学生能够听懂一般性话题的社会新闻报道；理解“旁观者效应”产生的原因；探讨人们在紧急事件中愿意为他人提供援助的原因、所需的心理支持以及行为鼓励。

2. 技能目标

学生能够掌握大学英语四级考试新闻听力篇章的结构；从不同角度讲述某一事件发生的过程，完成不少于 200 个单词的英语写作，优化写作结构，提高强动词的使用效果；分析“旁观者效应”产生的原因并提出应对方式。

3. 价值目标

学生通过比较和对比中西方热点事件中的旁观者反应，分析现象背后的规律性心理原因，从而提出自己观点，鼓励自己及他人在面对紧急情况时能够相互关爱，克服疑虑，尽可能伸出援手，为共建和谐友爱的社会出一份力量，从细微处践行社会主义核心价值观。

（二）学情分析

大学英语课程面向非英语专业本科一年级学生，班级规模 40 人左右。学生英语基础总体较好，属于中等偏上水平，但存在参差不齐的情况，个体差异较为明显，学习目标不尽相同。

在知识技能方面，学生沿用了高中英语学习方法，重视词汇短语的积累，对语篇的逻辑结构和连接转换把握不足；习惯于阅读等输入性技能的练习，对口语和写作输出性技能的练习有所欠缺；议论文写作中主观表达偏多，论证的客观性不足，写作技巧需提高；就某一话题进行探讨时涉及的语料比较有限，深度不够；能熟练使用在线学习平台和工具，如爱写作（iWrite）、U 校园读写平台、雨课堂、讯飞（FiF）、企业微信等，进行线上线下混合式学习。

在情感认知方面，学生学习态度积极，对英语学习意义的认可度高；有自主学习和合作学习的意愿，学习方法还有待进一步改进；公民意识较强，关心时事，参与讨论社会事件的兴趣浓厚；有自己的是非判断标准，逐步形成价值观，但对问题的理解尚不全面。

二、教学内容分析

（一）教学内容

教学内容简介：本课时教学内容来自教材《新一代大学英语（综合教程）》第二册中的第 4 单元善良与冷漠的第一篇课文《旁观者效应》。作者在文章开头设置了三个不同的事件场景，引起读者思考自己可能的反应。然后告诉读者，研究人员在上述场景中发现“旁观者效应”后面有其群体行为机制规律。接着描述了基蒂 · 吉诺维斯案件过程，揭示引起旁观者反应的两个重要因素。最后讨论研究结果对避免“旁观者效应”的积极意义。

（1）语言学习

学生通过阅读课文，理解语篇结构，着重学习三个部分：①讲述三个不同场景下的旁观者反应；②描述紧急事件发生的过程；③分析旁观者反应产生的心理因素。

学生结合课前案例的新闻报道掌握新闻听力篇章的基本结构，练习大学英语四级考试中的新闻听力部分。

学生在线学习提升记叙文写作技巧的微课，练习范例中所强调的 Scenes-Thoughts-Emotions 三要素融合的结构写作，提高强动词的使用效果。

（2）文化互鉴

学生对比不同事件场景中的旁观者反应，了解国内外心理学家的相关实验研究，避免得出某地的民众天性冷漠这样有失偏颇的错误结论，转而探索“旁观者效应”的普遍性深层原因。

（3）价值引领

孔子曰：“中心物恺，兼爱无私，此仁义之情也。”（《庄子 · 外篇 · 天道》）表明孔子提倡仁义，认为仁义就是使天下各物安乐，兼爱大众，对人没有私心。结合传统价值观和时代精神，本单元学习旨在进一步增强学生的公民意识，使其思考大学生应尽的社会责任，继承和发扬传统美德，更好地践行“和谐”“友爱”的社会主义核心价值观。

（二）教学重点

引导学生通过理解课前案例和基蒂 · 吉诺维斯案件的相关语料，思考和分析“旁观者效应”产生的心理机制，并据此提出解决问题的可行性措施；讲解新闻报道的一般结构，使学生能够识别新闻听力的重点信息；分析记叙类作文的写作结构，巩固强动词的使用。

（三）教学难点

学生基于语料输入形成和表达自己的观点，增强观点的说服力。教师用新闻听力语篇知识促进学生的听力理解能力，提高听力考试的答题准确度，提升学生记叙类作文写作的结构和语言表达能力。

三、课程思政引领的混合式教学设计理念及思路（课前、课中、课后）

大学英语课程兼具工具性和人文性的特点，课程目标不仅限于培养学生的外语能力，增强跨文化交际意识和交际能力，更应帮助学生增强家国情怀和融通中西的能力，以实现立德树人的根本目标。

本单元以倡导和践行“和谐”“友爱”的社会主义核心价值观为思政着眼点。课堂上就课前案例提出一系列问题让学生思考，比如：知晓该事件后你的第一反应是什么？愤慨或者失望？到底是什么原因促成了人们在紧急情况下的反应，是不是自私冷漠的人类天性？

学生带着以上问题在单元学习中寻找答案，了解国外研究者进行的实验研究：当模拟路人呻吟求助时，周围的陌生人在不同情况下是如何反应的。事实上，网络上时有出现的地域歧视或者地域攻击是“社会刻板印象”的一种体现，是从众心理和集体无意识的结果，不利于建设友爱的和谐社会，应该理性避免。教师可以让学生将自己代入场景，想想自己在遭遇紧急情况时可能产生的选择和应对，进一步思考行为背后的心理机制，有针对性地提出解决方案。从讨论到实践，学生作为当代青年，需要强化自己的公民意识和责任。正如鲁迅先生所说，“愿中国青年都摆脱冷气，只是向上走。不必听自暴自弃者流的话。能做事的做事，能发声的发声。有一分热，发一分光。就令萤火一般，也可以在黑暗里发一点光，不必等候炬火”（出自《热风·随感录四十一》）。让学生明白，我们在网络空间当“键盘侠”相互指责对社会无所裨益；而应从自身做起，必要时伸出援手，表达一点关爱，提供一些帮助，共建和谐友爱社会，体现出我国青年的时代精神风貌。

本单元的教学设计遵循大学英语线上线下混合式教学模式，充分利用U校园读写平台、爱写作（iWrite）、雨课堂、讯飞（FiF）、企业微信等线上平台，将整个单元教学过程分为“场景导入”“理解探究”“分析拓展”“产出评价”四个主要阶段，每个阶段下设置一系列线上线下、课内课外相结合的任务链，实现单元项目的产出和评价，完成单元教学，达成知识目标、技能目标、价值目标，详见表1。

表 1　单元教学的 4 个阶段及主要任务链

1. 场景导入	2. 理解探究	3. 分析拓展	4. 产出评价
观看在线视频： 相关报道	提升新闻听力技巧： 用结构凸显关键信息	在线探究： 收集三个实验的相关资料，尝试解读	撰写意见贴初稿： 学习微课《如何写好议论文》； 拟定提纲，融入第 2、3 部分所学内容，撰写初稿
设置交际场景： 课前案例中的事件引起了公众广泛关注，你的看法是什么？	观看在线视频： “旁观者效应”心理实验（场景、扮演人状况、路人反应、研究结论）	总结实验报告模板： 用框架模板整理实验报告的必要信息	动态多元评价： 完成项目机评、互评、师评及修改，鼓励在线发布
课堂活动： 尝试完成场景交际任务； 明确单元学习目标； 了解单元项目要求	学习课文：《旁观者效应》 区分三个场景下的反应； 叙述基蒂案件过程； 分析心理因素	学习课文：《陌生人的善意》 人和动物在给予同类个体帮助时的区别； 人们愿意提供无偿援助的原因	课堂互动： 小组角色扮演（场景应用）：帮还是不帮？
	结构写作练习： 模仿结构，换角度记叙基蒂案件	练习观点表达： 助人是否是人类天性？	学习反思： 反思单元学习的收获及不足

单元学习的课内时长为 8 个学时，本次教学 2 个课时（80 分钟）聚焦第 1、2 阶段，即“场景导入”和“理解探究”阶段。

在课前，教师布置学习任务，让学生在 U 校园读写平台观看导入视频，概览单元学习内容；上网搜索该课前案例的相关新闻报道，了解事件基本情况和公众对于事件的各种反应和评论，思考如果自己是现场目击者会有怎样的反应；观看“旁观者效应”心理实验的简介视频，理解大意；在 U 校园读写平台预习《旁观者效应》一文的单词和课文，在笔记本上积累表达，标注疑难点，在线完成并提交相关练习题。教师在 U 校园监督在线作业的完成情况。

在课上，教师介绍单元内容中的模拟交际场景，请学生尝试用口语表达自己对课前案例的看法。学生经过独立思考，已形成一些个人见解，但在语言形式、内容深度、技能运用方面均存在明显缺口。学生弥补缺口的意愿形成学习驱动力。教师列出单元学习目标，明确指出单元项目要求。以课前案例相关的英文新闻报道为例，教师呈现新闻听力语篇的“倒金字塔”结构，强调要在新闻导语中捕捉关键信息，提高答题正确率。针对学生的课前作业，教师随机抽查笔记本记录，同时进一步了解学生的自学疑难点。教师用雨课堂互动界面发送随堂习题到学生手机端，检查学生对基本语言点的掌握情况，根据平台统计的习题错误率进行点评和反馈，纠正普遍错误。进入语篇学习阶段，就三个不同的紧急事件发生场景下的旁观者反应，教师用企业微信投票功能发起互动，了解学生做出各种决定的比例，进行对比，并请学生讨论影响其决定的因素。接着用思维导图呈现基蒂案件的细节，凸显一系列动词的使用。基于这部分引入结构写作的框架，教师应为学生的课后写作练习搭建“脚手架”。然后学生结合课前观看的视频，理解出现“旁观者效应”背后的心理机制。学生分组讨论怎样才能够克服顾虑，避免掉入“无意识群体行为”的陷阱，鼓励自己和他人在紧急情况下勇敢地伸出援手，实现“知行合一”。

在课后，学生复习课堂学习内容，整理笔记，完成词汇和语法补充练习，在讯飞平台上进行相关口语练习。根据课堂上所讲的结构写作的框架从旁观者的角度叙述基蒂案件，涵盖场景、想法和情感三方面，文稿提交爱写作平台进行反复修改。预习本单元第二篇课文《陌生人的善意》，并思考单元项目的写作提纲。

四、教学方法、手段和过程

（一）教学方法

1. 产出导向法

产出导向法（Production-oriented Approach，POA）是以文秋芳教授为首的中国外语教学专家团队研创并发展的外语教学理念，具有更强本土学情针对性。单元教学流程涵盖“驱动—促成—评价”三个阶段，这三个阶段都以学生为主体，同时强调教师的中介作用，具体表现为“引领”“设计”“支架”作用。在“驱动”阶段，强调交际场景的真实性，学生尝试进行有意义的交流，在尝试过程中意识到自己语言、内容、思想等方面不足，从而产生学习动力，并明确进步方向。在“促成”阶段，单元项目被细分为二至三个子任务，学生完成任务链，进行有意识的语言输入，在完成项目的过程中学习语言。在“评价”阶段，结合机评、自评、同伴互评、师评等，实施多元动态评价，促进语言学习效果。

2.“5E”教学模式

“5E”教学模式是美国生物学课程研究开发的一种基于建构主义教学理论的教学模式，是一种致力于引起学生学习兴趣的有效的教学模式和教学方法。“5E”教学模式共分五步，分别是吸引（engagement）、探究（exploration）、解释（explanation）、迁移（elaboration）和评价（evaluation）。本课程通过创设问题情境来吸引学生的注意，激发学生的学习兴趣。在探究的过程中，学生是主体。教师注意观察、倾听，并进行适当的提示和指导，以了解学生探究的进程和深度；分析课文重点部分，与学生进行互动阅读，帮助学生更加深入地理解篇章，深入完成解释过程。学生学以致用，完成教师布置的课后写作任务，对知识进行迁移和应用。单元学习采用非正式评价，贯穿整个学习过程。

（二）教学手段

大学英语课程采用线上线下相结合的混合式教学，综合使用线下多媒体教室与线上多个平台，为学习者构建语言学习环境：使用U校园为学生提供教学内容的线上学习渠道，课程组自制的技能发展微课和其他补充习题、测试也汇总在平台上；使用爱写作对学生习作进行纠错和评价；使用雨课堂增强课堂互动性，比如发送课前测试等，平台能即时反馈测试结果统计结果，便于教师有针对性地进行讲解；使用讯飞平台帮助学生进行口语练习；使用企业微信管理教学班级，指导小组活动，或者进行一对一交流。

（三）教学过程

本次课包含两个课时，时长共 80 分钟，教学步骤流程如图 1 所示：

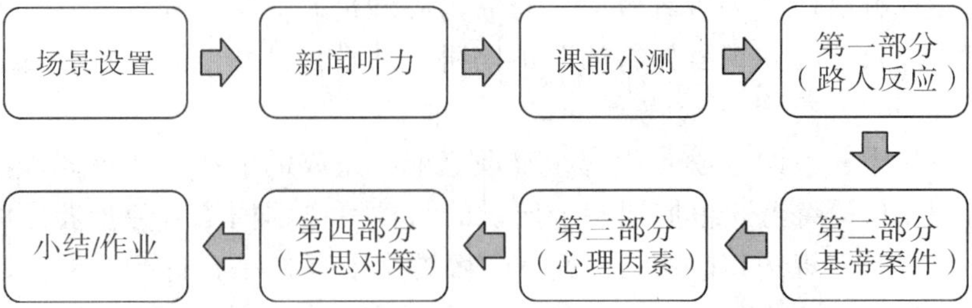

图 1　教学步骤流程

1. 场景设置（5 分钟）

课前，教师布置学生在 U 校园读写平台单元 iPrepare 板块观看 Scenario 导入视频，概览本单元的主题和学习内容。学生根据学习内容在线搜索“小悦悦事件”的相关新闻报道，知晓事件的来龙去脉，并阅读相关的网民跟帖及专业点评，在此基础上形成自己的看法。

课上，教师在进行单元学习开场白后，提出课前案例作为导入话题，设置交际场景：You are at the university cafeteria when you hear the news about Yueyue. Together with you are a group of international students. They are shocked and outraged by the incident. How do you explain to them? 为了帮助学生打开思路，教师进一步提出问题引导学生：① How do you feel? Angry? Outrageous? ② Why are the passers-by so cold? ③ Are only Chinese people cold-hearted? What about people in other countries? ④ Are people kind or cold-hearted by nature?

学生尝试在此场景下表达观点，刚开始可能对自己的交际表现并不完全满意，感受到存在于语言、内容、思想各方面的缺口。意识到缺口可以刺激学生产生弥合缺口的意愿，因而产生对知识的好奇心和学习的动力。教师随即列出单元学习目标和本次课任务，尤其明确单元项目（to write an opinion post：helping in emergencies）的内容和要求，以便学生在学习过程中进行有针对性的输入和准备。

2. 新闻听力（15 分钟）

大学英语四级考试对学生来说还存在不小的挑战度。虽然大学英语不以应试为目的，但在考试中取得好的成绩仍然对学生具有现实意义，是不少学生的主要学习动机。学生对四级听力题型比较熟悉，新闻听力部分在听力理解题型中属于难度偏高、容易失分的环节，这里结合单元学习内容进行提高学生的听力技能的强化练习。

（1）新闻报道示例

教师选取中国日报网对于事件的相关报道为例，提醒学生关注新闻报道的语言表达，进一步扩展知识，并要特别注意分析新闻报道的一般性结构。

（2）新闻报道结构

教师讲解新闻报道的“倒金字塔结构”：新闻导语包含新闻主要情节及主旨，是核心信息所在；新闻主题是导语的展开和补充，包含次重点信息和补充信息。同时复习新闻六要素（5W1H），其中 who，when，where，what 常出现在导语中，而 why 和 how 常位于主体部分。学生基于常见结构，更能准确定位新闻六要素，有重点地听音，选定正确答案。

（3）听力答题技巧

教师以四级真题中的一篇新闻听力为例，和学生一起基于新闻报道的“倒金字塔结构”分析新闻导语和主体里的要素，结合听力解题技巧确定选项。课后，教师在U校园上布置类似练习，让学生进一步练习技巧，提高答题正确率。

3. 课前小测（7 分钟）

课前小测旨在对学生的课前预习进行检查和反馈。教师课前准备好课文的概要填空题，用雨课堂发送到学生端，学生在手机上作答，限定时间5分钟（如图2所示）。

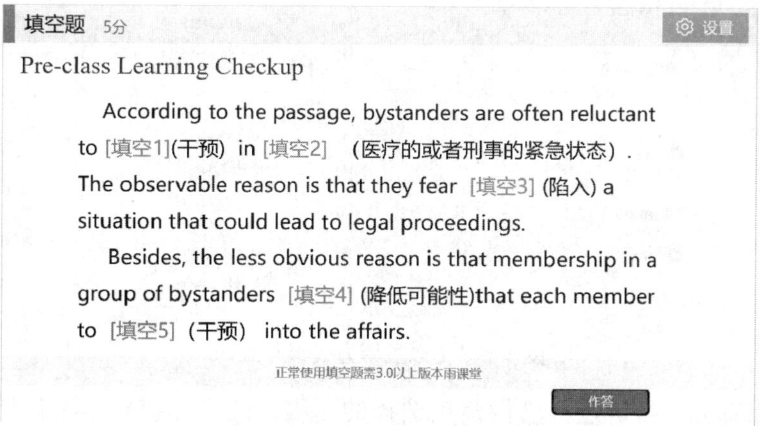

图2 雨课堂的课前小测页面

测试结束后，教师根据统计的各题正确率进行反馈和纠正。习题难度不高，意在帮助学生回顾篇章大意和重点词汇短语，同时也提高学生的课堂参与度，以及督促学生进行有效的课前预习。

4. 第一部分（路人反应）（18 分钟）

（1）视频导入话题

提前布置学生在U校园读写平台观看题为 Indifference：Why people don’t help in emergencies 的视频，要求学生理解视频大意，完成填空练习。视频讲述的是国外心理学研究者的对比试验研究，展示了旁观者看到路上有人求助时，在周围有人和没人的情况下不同的反应。在课上教师简要概述视频内容，引入“旁观者效应”的概念。学生了解到国外学者对于这个课题的研究，知道出现这类社会现象立马哀叹“中国人太冷漠了”显然有失偏颇。接下来，教师基于视频提出三个问题：①Why did nobody come to help when noticing Peter lying on the ground for over 20 minutes？②What are the two conflicting rules that may influence bystanders’ decision on whether to help？③Why did the woman not help Ruth at the beginning but later give her a hand？通过回答这些问题，学生进一步思考促使旁观者作出各种行为决策的心理机制，以及怎样的激励会帮助旁观者作出伸出援手的决定。

（2）投票并讨论自己在三场景中的决定

学生基于课前的课文预习，通过精读和对比厘清作者描述的三场景有何异同。在课上，教师用企业微信班级群里的投票功能，让学生选择在各个场景下是否愿意介入，增强课堂互动性。学生积极参与投票（如图 3 所示），并将统计数据与课文里的实验数据进行比较和对比。

图 3　学生以投票方式参与互动

教师抽取部分学生讲述自己做某项选择的原因，鼓励和引导学生使用课文里新学的表达方式，比如 intervene in，legal proceeding，psychological factor 等。学生在口语练习中逐步将语料输入向输出转化，同时也对自己在真实场景中的反应进行分析和解读。

（3）课文第一部分深度阅读

教师用图表来引导学生对课文第一部分（第 1~5 段）进行深度阅读（见图 4），在互动阅读过程中完成图表填写。

Situations	Bystanders'reactions
Time: 1) a pleasant / sunny fall afternoon　Place:2) a parking lot A man and a woman are wrestling with each other.	
Situation One: • Perception of their relationship:3) strangers • Number of witnesses:4) one	The bystander offered 5) assistance to the young woman 6) 65 percent of the time.
Situation Two: • Perception of their relationship:7) a couple • Number of witnesses:8) one	The rate of bystander assistance dropped down to 9) 19%.
Situation Three: • Perception of their relationship:10) a couple • Number of witnesses:11) a few	Bystanders are 12) much less likely to assist when other witnesses are present than when 13) they are alone.

Conclusion:Membership in a group of bystanders 14) lowers the likelihood that each member of the group will 15) become involved.

图 4　三场景重点信息梳理

图 4 可以清晰直观地呈现三场景的各自特点和异同，以及实验研究中路人在各场景下的反应。基于实验过程描述，学生得出关于“道德分散现象”的结论，即身处群体中更容易导致个体降低在紧急事件中的参与意愿。这一结论其实是反直觉的，与大众一般认为的“人多壮胆”形成对比。学生由此明白，对社会事件的理解不能依赖直觉，流于表面，自己应多了解一些知识，增强自己的思辨能力，形成自己的独立见解尤为重要。

5. 第二部分（基蒂案件）（20 分钟）

（1）完成案件叙述的思维导图

心理学家们关于“旁观者效应”的研究很大程度上是受到了 1964 年发生在美国的一桩臭名昭著的凶杀案的刺激。纽约市一名年轻女子基蒂·吉诺维斯凌晨在自家门前被黑人男子温斯顿·莫斯利袭击并杀死。犯罪过程持续半个多小时，凶手三度追杀受害者，其间共有 38 人耳闻或目击，但无人报警或伸出援手。基蒂的死亡触发了美国民众史无前例的怒火，也催生了后来一系列的社会改革。课文第二部分（第 6～16 段）叙述了这一案件发生的过程。学生在学习这一部分时有两个学习要点：记叙的结构及强动词的使用。教师使用思维导图（见图 5）来分析这部分课文，能够有效地凸显上述两个学习要点。三次袭击发生时凶手的动作，受害人和旁观者的反应都直观地呈现出来。学生在填空时会将注意力放到一系列强动词上，如 grab，scream，stab，shout，等等，感受到动词的表现力。

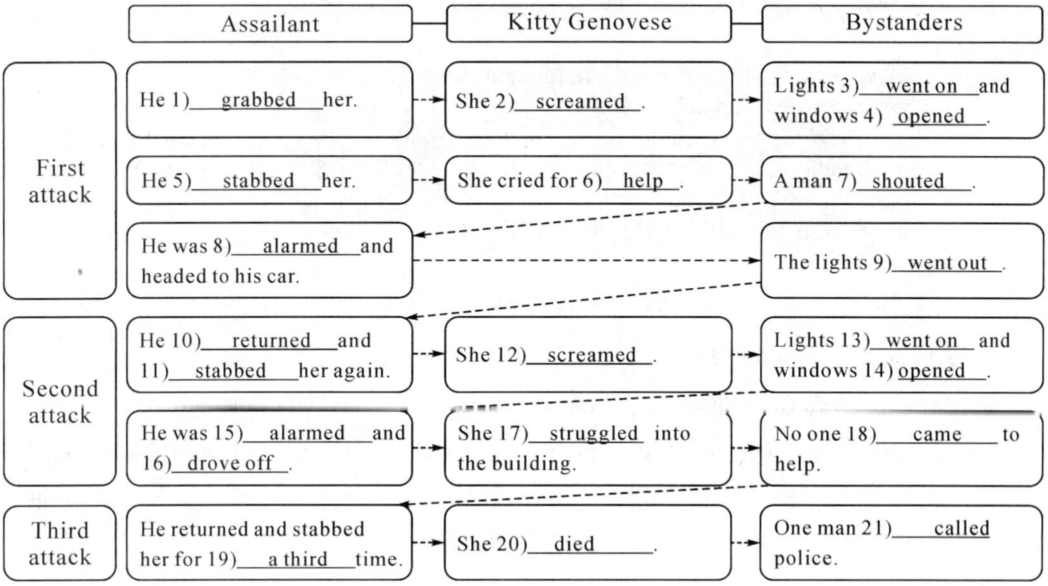

图 5 “基蒂案件”的思维导图

（2）结构写作练习

学习了课文第二部分的记叙结构后，教师指导学生练习结构写作。课前学生在 U 校园读写平台观看微课视频：如何从旁观者的角度来描述某一事件，并记录微课要点。课上，教师以课后短文为例，请学生分析短文的记叙结构。通过课堂互动讨论，学生明白 Scenes-Thoughts-Emotions 是贯穿文章的主线要素。在叙述事件中，旁观者的内心活动以及情感是重要的部分。课后，教师让学生上网搜索更多关于“基蒂案件”的信息；然后让学生假设自己是一名旁观者，基于已有事实进行合理想象和推测，模仿范例短文的结构写一篇记叙文，融入旁观者的内心活动和情感描写，注意强动词的使用。学生完成草稿后提交到爱写作平台进行多次修改，为后续的单元项目作准备。

6. 第三部分（心理因素）（8 分钟）

学生浏览复习课文第 17~22 段，聚焦影响旁观者反应的两个最重要因素：事件情形的模糊性和道德分散效应。教师在课上组织学生两两结伴，学生 AB 各拿一张提示卡（如图 6 所示），就卡上的要点向同伴进行转述和阐释。在这个过程中，学生可以就不清楚的地方提问和解释，加深对两个重要因素的理解。学生就问题“在紧急事件发生时人们为什么不愿意伸出援手”进一步提出课文内容以外的原因，提高自己的思辨水平和表达能力。

Additional oral activity

Why People Do Not Help in Emergencies
Factor 1: Level of Ambiguity involved in the situation
- difficulty in interpreting
  – a person lying face down
  – a man attacking a woman
- crowd makes it more difficult to interpret

cue card for student A

Why People Do Not Help in Emergencies
Factor 2: Moral Diffusion
- What does moral diffusion mean?
- Relationship between size of crowd and probability of intervention
- How can we escape from moral diffusion?

cue card for student B

图 6　学生口语活动提示卡

7. 第四部分（反思对策）（5 分钟）

研究和分析“旁观者效应”的目的在于避免“事不关己高高挂起”的冷漠风气，构建和谐温暖的社会。这也正是单元学习的价值塑造导向所在。教师向学生展示“重庆好人”的图片和事迹（如图 7 所示），告诉学生，社会并不冷漠，当发生紧急情况时，更多身边的人没有选择无视或者躲避，而是挺身而出，竭尽所能为他人提供无私的帮助。

老人发病倒地 重庆街头上演感人一幕

播报文章

人民资讯
2021-05-20 13:24 | 人民科技官方账号
关注

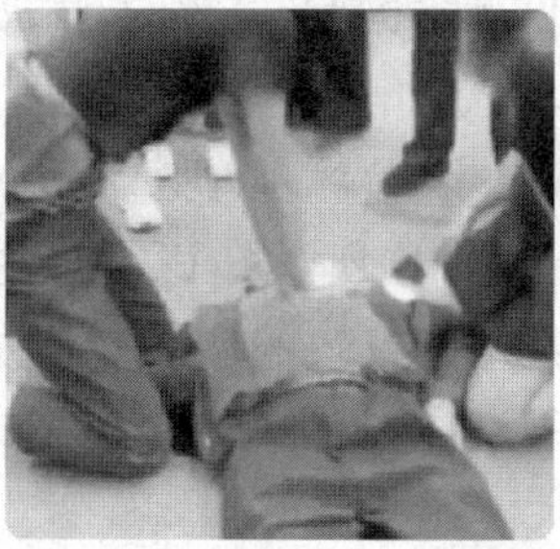

近日，重庆綦江城区街头上演了感人一幕，一名81岁高龄的老人突发疾病倒地，很快失去意识。围观人群纷纷拨打120急救电话，就在大家焦急等待救护车到来的时候，恰好路过的年轻护士张晓庆和她的同伴经过，开始对老人进行施救。张晓庆和同伴为老人进行大约四五轮胸外按压，之后另一位医生也赶到现场，并和张晓庆交替为老人进行胸外按压，大约两分钟过后，救护车赶到了现场，将老人送往医院抢救。记者发稿时了解到，这名老人已经于当天晚上抢救无效离世，但张晓庆和同伴这种见义勇为的精神确实值得点赞。（总台央视记者 陈杨 刘雨）

图 7　在紧急事件中救人的新闻报道

然后教师向学生提问：怎样才能让更多人愿意伸出援手帮助他人？学生根据前面所学，回答中有的旨在消除路人疑虑，阻断道德分散意图；有的从美国的《善良的撒玛利亚人法》谈到我国法律的改革，即《中华人民共和国民法典》第一百八十四条规定，因自愿实施紧急救助行为造成受助人损害的，救助人不承担民事责任；也有的谈到对公众的宣传教育；等等。这个过程强调“知行合一”，让课内所学所思能够对学生的真实社会生活产生实践指导意义。

8. 小结/作业（2 分钟）

总结本次课新闻听力、课文阅读、记叙文写作三个部分的要点：①用 5W1H 的新闻要素框架来识别新闻报道关键信息；②掌握课文中“路人反应”“基蒂案件”“心理因素”“反思对策”四个部分的主要内容；③学习换角度叙事，练习 Scenes-Thoughts-Emotions 相融合的结构。

布置每个部分下的练习和作业，明确作业要求：①完成 U 校园上的四级新闻报道听力练习题。②复习课文，完成活页上的补充语言练习。③上网搜索更多关于“基蒂案件”的信息。然后假设自己是一名旁观者，基于已有事实进行合理想象和推测，模仿范例短文的结构写一篇记叙文，融入旁观者的内心活动和情感描写，注意强动词的使用，完成草稿后提交到爱写作平台进行多次修改。④预习 B2U4 iExplore2 课文，在讯飞平台完成口语练习，在 U 校园上完成阅读理解练习。⑤构思单元项目 opinion post：Helping in Emergencies，拟出提纲，并思考如何将本课所学融入单元项目写作中。

五、教学效果及成效

学生以线上线下相结合的方式完成前述场景导入、理解探究、分析拓展、产出评价四个阶段的单元学习，知识、技能缺口获得弥合，价值塑造进一步提升，从而实现单元学习目标。学生积累了与单元主题相关的语言表达，对旁观者心理反应有了更深刻的认识，也能够对人们不求回报帮助他人的原因进行解释。以某班学生为例，单元学习效果反馈问卷的答案反映出学生对学习内容掌握较高的自评满意度。比如，大约90%的学生认为自己通过学习，能够描述紧急事件中的路人心理反应，能够解释人们愿意为陌生人提供无偿帮助的原因，能够讨论人们不愿涉入紧急事件的原因及如何鼓励人们伸出援手（如图 8 所示）。

根据产出导向法，单元项目产出是学习的驱动起点和落地目标。学生需要通过各阶段的学习、子任务的完成来吸收内化所学知识，与同伴协作，完成项目产出。在本单元的混合式学习中，学生前期进行有效的阅读、听力学习等输入，强化写作技能，进行阶段性结构写作（如图 9 所示），最后高质量完成单元项目写作目标（如图 10 所示）。

Through the study of this unit, can you describe bystander's psychological reactions to an emergency? [单选题]

选项	小计	比例
1. yes, definitely	9	26.47%
2. yes, to some degree	22	64.71%
3. emm, hard to say	2	5.88%
4. no, to some degree	1	2.94%
5. no, absolutely	0	0%
本题有效填写人次	34	

Through the study of this unit, can you explain why humans are willing to help others, even strangers, for no reward? [单选题]

选项	小计	比例
1. yes, definitely.	9	26.47%
2. yes, to some degree.	21	61.76%
3. emm, hard to say.	4	11.76%
4. no, to some degree.	0	0%
5. no, absolutely.	0	0%
本题有效填写人次	34	

Through the study of this unit, can you tell why many people do not help in emergencies and explain how to encourage them to help? [单选题]

选项	小计	比例
1. yes, definitely.	10	29.41%
2. yes, to some degree.	22	64.71%
3. emm, hard to say.	2	5.88%
4. no, to some degree.	0	0%
5. no, absolutely.	0	0%
本题有效填写人次	34	

图 8　学生对于单元学习情况的反馈

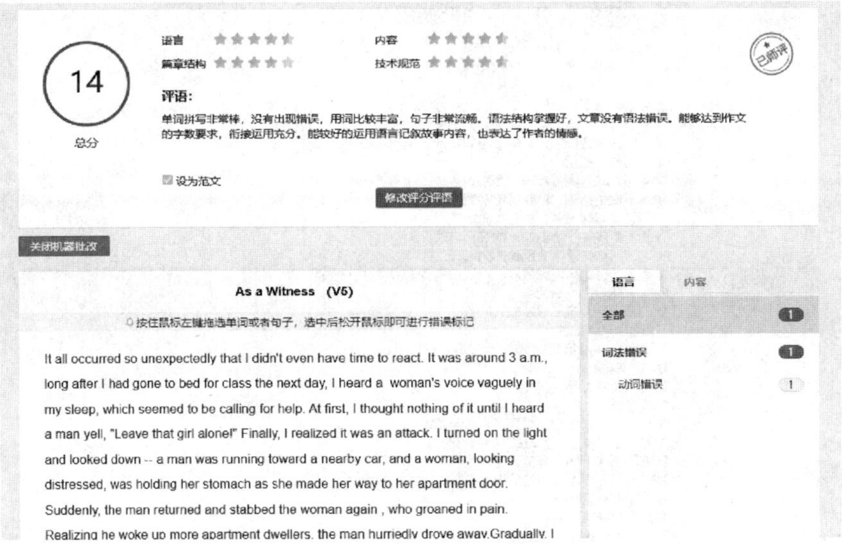

图 9　学生提交在 iWrite 平台的阶段结构写作示例

图 10　学生提交在 iWrite 平台的单元项目写作示例

单元教学效果不仅限于学生的语言知识方面，学生的收获也体现在技能的提升上，比如“专项训练中的做题技巧”“如何做报告”等。更重要的是，学生认识到“我们应该去多帮助别人”，“要有同情心、同理心”等（见图 11）。对于青年大学生的社会责任感，学生也具有清晰的认识，表示“应该用爱国主义情怀和民族精神激发社会责任感，从远大理想着眼，从养成教育入手，培养社会责任感树立正确的价值观，形成正确的社会责任”等（见图 12）。当然，这只是比较直观的表现形式之一。课堂上谈及“重庆好人”的感人事迹，学生表现出积极的反馈。在进行英语情景小品表演时，学生能够综合运用所学，来审视身边的真实事件，并作出自己的决定和应对（见图 13）。学生的认知、情感、行为往往是彼此融通、不可分割的。正向情感体验不仅能促进学生的认知，也对其行为有必然的指导作用，实现知、情、行的有机统一。

本单元的教学和学习中，你的收获有哪些？请列举一下。
学会了许多新单词
要有同情心、同理心
在专项训练中学习了一些做题技巧
单词 语法 关于kindness 和bystander effect 的深入了解
态度上认真了一点
发音，阅读，听力等方面都有所上升
学习了很多新词汇，锻炼了英语口语，学到了很多新的英语表达方式
学习了相关知识
学到了新的单词，知道了旁观者效应，还写了小作文
了解了相关话题，学到了更多词汇
学习到了如何做调查问卷与分析结果
学会了更多关于帮助他人的描述方法
学习了一些关于社会现象的内容
学到了什么是旁观者效应，也认识到我们应该去多帮助别人
对文章理解比较透彻
我们要做一个乐于帮助他人的人
了解了旁观者效应
kindness and indifference bystander effect
朗读，单词
口语以及听力得到提升
单词短语
了解了旁观者效应，学到了很多新知识
学习到了一些关于善意的有关单词
社会问题的理解，调查问卷的构思和分析
我的收获是学习英语的积极性更大
学习了很多新单词
学会了写英文读后感
对于如何作报告有了更加深层的理解
学会了单词，还有做报告
喜提VIP座位一次
对旁观者的心理状态更了解了
人们应该对于帮助别人的态度

图 11　学生反馈的单元学习收获

你怎样理解青年大学生的社会责任感？
Every college student should have a strong sense of social responsibility and try their best to help people around them
胸怀天下，敢于担当
是现在社会的新生动力，应该为民族复兴梦而奋斗。
作为一名大学生，我们应该用爱国主义情怀和民族精神激发社会责任感，从远大理想着眼，从养成教育入手，培养社会责任感树立正确的价值观，形成正确的社会责任感。
要树立正确的人生观，价值观。在自己能力范围内帮助他人。
大学生是社会未来的顶梁柱，应努力学习 为社会发展和进步做出贡献
我认为大学生应该有很强烈的社会责任感，主动承担责任，帮助他人
大学生社会责任感的强弱不仅关系到大学生的成功，也关系到国家的兴衰和国家的兴衰。
以道德伦理要求自己，为改善社会中的不公现象贡献出自己的绵薄之力，而不是认为自己的力量微不足道反而不去有所作为。
Young people in the new era should strive bravely for the vanguard, live up to their youth, the times, and the people
社会责任感应该是每个人都应具有的，而作为青年我们更应该担当起这份责任，将爱传递给社会
大学生应该有社会责任感
做一件小事也是向社会做贡献
我们应该改变逐渐冷漠的社会，成为一股善意的新流
青年大学生要增强社会责任感，青年大学生的社会责任感在社会中有重要意义。
Young college students are the mainstream of society and should pay attention to cultivating their own moral character
是提升自我，关注社会，以家国为己任，担当好社会之强力
我认为大学生的社会责任感应该和国家的繁荣昌盛结合起来，少年强则中国强，在学校生活中，也应该积极向上，在能帮助别人的时候，尽力而为，共同维护社会秩序

图 12　学生对“青年大学生的社会责任感”理解

图 13　英语小品：帮还是不帮？

六、教学反思

本单元通过学习和探讨“善良与冷漠”这一主题，引导学生思考自己的人生价值观，培养学生兼爱无私的品格，激发学生关注他人、关心社会的意识和行为。教学内容涉及人文、社会、心理等多方面的知识，需要学生进行思辨和探究。本单元教学强调以项目产出为导向，利用线上线下文本、视频、图片等多媒体资源和输入方式，搭建支架引导学生进行有意识、有选择的输入学习，提高学习的有效性。教学过程采用了“5E”教学模式，按照吸引、探究、解释、迁移和评价的步骤来推进流程。教学过程中贯穿讨论式教学方法，通过师生之间、同伴之间的互动和交流，引导学生深入思考冷漠和善良的主题，发表自己的观点，以此来激发学生的参与。

但是，在教学过程中也存在一些问题。比如，在强调完成交际任务的同时，语言知识巩固环节还可以进一步加强。针对本教学单元，教师可以布置一些多元化的任务，比如在课堂活动中添加小组共同绘制语义图，教师给出关键词，学生进行头脑风暴列出关联词汇，然后分类标记，讲述关联，这样可以帮助学生更好地理解和应用所学知识，提高学生的语言基础。

另外，以评促学、以评为学的动态评估体系需要完善。在单元学习的过程中，有学生自评、同伴互评、平台机评和师生合作共评。评价的目的不在于以静态的标准衡量学生已经到达的程度，更应着眼于可发展的潜力，促进合作学习过程中的同伴相互调节以及自我调节，以可能性为引导不断拓展学生的知识面。

第七节　商业与繁荣

踔厉奋发，笃行不怠

——新一代大学英语 B2U5《商业与繁荣》

课程基本信息

课程名称	大学英语 II	课程类型	通识教育必修课程
学时学分	64 学时 4 学分	教学对象	非英语专业本科大一学生
教学单元主题	商业与繁荣		
课内/课外学时	8 学时/12 学时		

一、教学目标与学情分析

（一）教学目标

1. 知识目标

学生就商业主题扩大词汇和短语积累；了解市场主导的概念，包括市场份额、竞争优势和市场壁垒等方面的知识；理解企业文化的重要性以及它对企业组织行为和绩效的影响；探讨中西方商业成功的内外因素。

2. 技能目标

学生能够综合运用听力技巧，听懂关于企业市场份额变化分析的英文报道，把握视听材料的大意，抓住关键细节；能够结合课文篇章分析和结构讲解，巩固论证方法的使用，提高四六级常见题目（On the Importance of...）的写作技巧；能够基于单元主题学习和知识拓展，以有代表性的中西方企业为例，用英语讲述对商业成功的内外因素的分析。

3. 价值目标

教师通过学习关于商业成功的实例，引导学生注重竞争和创新，强调踔厉奋发、笃行不怠，培养学生积极进取的意识、刻苦耐劳的品质，使学生以勇于创新、追求卓越的精神不断努力来提升自己，回应社会主义核心价值观中“富强”的实践要求。通过中西方商业文化的比较与交流，学生学习将文化元素融入商业实践中，探索新的商业模式和市场机会，促进跨文化的商业创造和融合。

（二）学情分析

本课程面向非英语专业本科一年级学生，班级规模 40 人左右。学生的总体学习能力较好，但因为以自然班级为单位教学，学生的英语基础差异较大，以高考英语成绩为例，跨度覆盖及格线以下至接近满分的分数。

在知识技能方面，学生自觉词汇量不足，因而比较重视词汇短语的积累。学生在阅读中习惯英译汉的理解思维，常常忽略语篇的逻辑结构、衔接和整体理解。在口语表达方面，学生因为缺乏口语训练和实践机会，因而其口语流利度不够，自信心不足。在写作方面，学生的问题表现为语法错误较多、句子结构混乱以及表达不清晰，论证逻辑有待提高。

情感认知方面，学生学习态度积极，对英语学习意义的认可度高。因为所教班级属于财经类专业，学生对商业话题有一定知识基础，参与话题学习时兴趣较强。部分基础稍薄弱的学生对英语学习信心不足，觉得自己的语言能力不够强，表达不够主动，这影响了他们的学习效果和进步。学生有自主学习和合作学习的意愿，但有意识改进学习策略的意识不强。

二、教学内容分析

（一）教学内容

教学内容简介：本次课的主要教学内容来自教材《新一代大学英语（综合教程）》第二册中的第 5 单元《商业与繁荣》的第一篇课文《商业战略的目的：不战而赢》。作者以国家为类比，强调商业战略的目的须为“必以全争于天下”，争夺市场份额，获得市场主导。作者以成功企业为例，讲述了市场主导对于企业生存和兴旺发展的重要意义。

（1）语言学习

学生以《孙子兵法》中关于策略的名句为例，欣赏文言文翻译佳作，提高对翻译技巧的运用能力。学生通过阅读课文，重点理解学习文章中使用的类比、例证、驳论等论证手法和技巧。学生学习半命题作文（On the Importance of...）的写作技巧，按照范例中所给的“concept-importance-benefits（with examples）-conclusion”主体结构来模仿写作，提高四六级常见作文题目的写作水平。

（2）文化互鉴

学生鉴赏《孙子兵法》中的名句，思考中国传统智慧在现代商业领域的应用和传承。学生了解中西方企业的商战实践，分析成功的原因和面临的挑战，学习借鉴彼此的经验和优势，启迪创新思维，激发奋斗动力，促进跨文化商业融合和发展。

（3）价值引领

课程通过商业主题的教学，激发学生对于竞争和创新的关注，强调踔厉奋发、笃行不怠，勇于创新，不断积极进取、追求卓越，培养学生对于自我成长的责任感和自律精神。这些努力和追求与社会主义核心价值观中的富强观的实践要求是相一致的。同时，通过比较和交流中西方商业文化，学生可以深入了解不同文化对商业行为和价值观的影响。课程鼓励学生将跨文化的视角融入商业实践中，培养开放的心态和合作精神，使其成为有思辨力、创新力和跨文化意识的商业人才，为社会主义富强的实践做出贡献。

（二）教学重点

教师组织学生以“阅读圈”为形式进行合作式学习，通过一系列任务的完成使学生理解文章的论证逻辑，并拓展和加深主题学习，将所学运用于真实案例的讨论，提升学生写作与讲演的语言输出水平。

（三）教学难点

学习课文中所使用的多种论证手法和技巧，如类比、例证、驳论等，并按照范例中所给的“concept-importance-benefits（with examples）-conclusion”主体结构来练习写作四六级常见作文题目（On the Importance of...）。让学生从中西方商业文化互鉴的角度扩大全球视野，用英语讲好商业领域的中国故事。

三、课程思政引领的混合式教学设计理念及思路（课前、课中、课后）

本单元以倡导和践行社会主义核心价值观中的“富强”为思政出发点，强调竞争和创新对于商业成功的重要性，引导学生培养积极进取的意识和刻苦勤劳的品质，以勇于面对挑战、追求卓越的精神不断努力来提升自己，并将跨文化的视角融入商业实践中，培养开放兼容的心态和合作精神，将个人成长与国家发展相统一，逐步成为有思辨力、创新力和跨文化意识的商业人才。

本单元的教学以前述的知识目标、技能目标、价值目标为导向，充分利用各类线上平台，如U校园读写平台、爱写作（iWrite）、雨课堂、讯飞（FiF）、企业微信等，整合线上线下资源和活动，设置形式多样的系列任务，以任务驱动学生完成学习过程。整个单元教学课内时长为8个学时，教学过程分为“概览与目标”“理解与应用”“分析与拓展”“展示与评价”四个主要阶段。按照布鲁姆的“教育目标分类法”认知过程的不同层级，每个阶段的任务设计尽量凸显认知领域的侧重点。学生围绕目标提升语言技能、丰富主题内容，以小组为单位设计构建单元项目，最后完成项目的展示和评价，达成单元学习目标（详见表1）。

表 1 《商业与繁荣》单元教学的四个阶段内容

1. 概览与目标	2. 理解与应用	3. 分析与拓展	4. 展示与评价
导入视频： 单元主题和内容概览	典籍名句翻译： 鉴赏《孙子兵法》中关于策略的名句的英文翻译，提升翻译技巧	在线探究： 了解不同类型的企业文化以及代表企业	准备演说： 学习微课《如何准备PPT演说》， 撰写初稿并修改， 制作PPT文件
了解单元项目内容和要求： Giving a presentation: Achieving business success	学习课文：《商业战略的目的：不战而赢》 分析文中使用的类比、例证、驳论等论证方法	学习课文：《激情饱满者：经营就像生活》 解读课文，思考企业文化对企业成功的影响	项目展示： 课前演练， 分组上台演说 Achieving business success
课堂活动： 尝试完成场景交际任务，思考完成计划和步骤	视频：星巴克在中国 理解试听材料大意，分析星巴克的优势和挑战	写作练习及反馈： On the Importance of…	多元评价： 讲稿机评、互评、师评，演说互评、师评
	对比中西方企业： 选取代表性企业，讲述其市场策略	小组讨论： 举例说明市场主导和企业文化之间有何关联	学习反思： 提交问卷反馈，反思学习收获和不足

本次课程 2 个课时（共 80 分钟），主要完成第 2 阶段“理解与应用”的学习任务。

课前教师让学生预习课文《商业战略的目的：不战而赢》，预习任务包括：①在讯飞口语 app 上跟读课文，提升朗读准确度和流利度；②结合 U 校园读写平台预习单词和课文，学习结构写作微课，做好预习笔记，完成线上练习。各个学习小组按“阅读圈”活动形式进行合作式学习，每个组员领取角色分工（例如词汇、篇章、实际生活关联、文化连接、总结概括等），完成自己角色的任务，准备进行相应的课堂互动。

在课上，教师简要介绍单元学习的主题，列出单元学习目标，明确指出单元项目要求，提示学生在学习过程中注意积累中西方企业的商业案例材料，梳理信息形成连接市场主导和企业文化的思路，以便构建单元项目。教师简介中国古代关于战争和战略的经典著作《孙子兵法》，引导学生鉴赏书中名句的英文翻译，理解翻译技巧，并指出其中的智慧和原则对当今的军事、管理和领导思想仍有深远的影响。教师请学生参与互动，帮助学生巩固词汇理解和运用；在篇章理解中强调类比、例证和驳论等论证方法，在课文内容基础上适当拓展，引入中国优秀企业的案例，彰显改革开放以来我国企业自强不息、勇于创新，在经济领域取得了令人瞩目的成就；在实际生活关联中引入试听材料，用案例让学生了解企业在市场竞争中的策略、创新和变革；在文化连接中强调中西方商业文化互鉴，让学生选取有代表性的中国品牌和国外品牌，对比讲述企业在市场竞争中各自的策略、方法和全球化视野。

在课后，学生复习课文内容，整理笔记，完成词汇和语法练习。在 U 校园读写平台观看单元结构写作的讲解微课，完成定时四六级写作练习（On the Importance of Co-operation）。结合企业实例对比中西方企业在市场主导方面的策略和表现。预习本单元第二篇课文《激情饱满者：经营就像生活》，完成 U 校园读写平台上的词汇练习。

四、教学方法、手段和过程

（一）教学方法

1.“阅读圈”合作学习模式：

“阅读圈”合作学习模式是一种通过小组合作的方式来促进学生阅读和交流的学习模式。在这种模式下，学生们被分成小组，在指导教师的引领下，共同就某一阅读材料进行探索、解读和讨论。这种学习模式旨在提高学生的阅读理解能力、批判性思维和合作能力。

在“阅读圈”中，学生们扮演不同的角色，每个角色都有具体的任务和责任。常见的小组分工基本角色包括讨论组长（discussion leader，负责针对阅读材料进行提问，组织小组成员进行讨论）、词汇大师（word master，负责解决阅读材料中重难点或具有重要或特殊意义的单词和短语，并阐述原因）、篇章解读者（passage person，负责探寻并阐释阅读材料中具有重要或特殊意义或写得好的文字段落，带领组员感受文字的力量）、实际生活联结者（connector，负责从阅读材料中找出与生活相关的现象）、文化连接者（culture collector，负责寻找并对比阅读材料中出现的与中国文化的异同之处）、总结概括者（summarizer，负责对阅读材料进行总结），等等。

“阅读圈”不仅强调个人的阅读能力，更注重团队协作和合作学习。在小组讨论中，学生们需要倾听他人的观点，表达自己的想法，并能够达成共识。这样的合作学习模式有助于激发学生的思考和批判性思维，提高他们的阅读理解能力和表达能力。

2. 任务型语言教学

任务型语言教学是以任务为中心的语言教学方法，旨在帮助学生运用语言解决实际问题并完成具体任务。任务型语言教学注重学生的实际应用能力和交际能力的培养，通过真实场景的任务情境，促使学生主动运用学习到的语言知识和技能。

任务型语言教学强调学习的实际意义和现实应用。所设置的任务涉及学生在真实生活中可能遇到的情境，让学生明确任务的目的和意义，从而激发学生的学习兴趣和积极性。学生需要通过完成任务来进行交流和沟通，培养自己的语言表达能力和交际能力。在任务型语言教学中，学生通常以小组形式合作完成任务。通过小组讨论和合作，学生能够互相交流，通过合作解决问题，提高完成任务的质量。完成任务后，学生进行反思和总结，分享学习收获和遇到的困难和挑战，并从中提取出重要的语言知识和技能。

综上，任务型语言教学能激发学生的积极性和主动性，提高学生的学习动机和自主学习能力。通过任务型语言教学，学生能够更好地理解语言的实际应用和交际功能，提高实际应用能力和交际能力，从而在真实的语境中运用语言解决问题。

（二）教学手段

大学英语课程采用线上线下相结合的混合式教学，充分发挥线上学习和线下面授的优势，提供更灵活、多样化的学习方式和学习资源。例如，U 校园为学生提供教学内容的线上学习渠道，课程组自制的技能发展微课和其他补充习题、测试也汇总在平台上；爱写作（iWrite）智慧写作平台可以帮助学生对习作进行纠错和评价，支持反复修改和提交；雨课堂可以增强课堂互动性，比如发送课前测、收集反馈形成词云等，平台能即时统计测试结果，便于教师有针对性地进行习题讲解；讯飞平台帮助学生进行口语练习，提升学生的口语表达准确度和流利度；企业微信常被用来管理教学班级，指导小组活动，或者进行一对一交流。混合教学模式能更好地支持学生的个性化学习，提供多样化的资源，丰富教学形式，促进师生之间或者生生之间的交流互动，提高学生的自主学习能力和合作学习效果。

（三）教学过程

本次教学课内时长 80 分钟，按教学目标设计步骤流程共九个，其中第 3~9 个步骤结合“阅读圈”合作学习任务来进行（见图 1）。

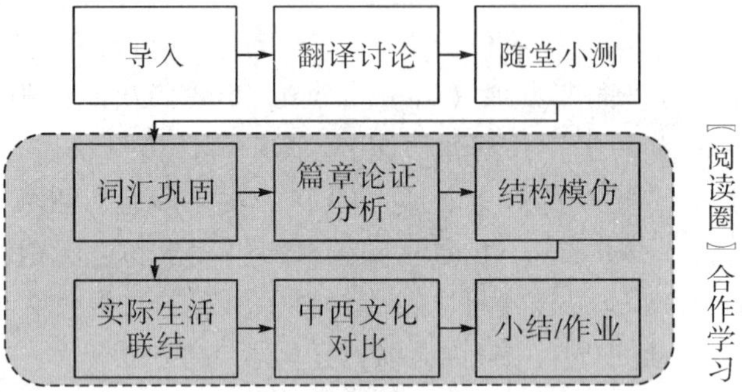

图 1　教学步骤流程

1. 导入（2 分钟）

学生课前在 U 校园读写平台观看单元学习导入视频，对本单元《商业与繁荣》的主要学习目标和学习内容形成大致了解。教师设置交际场景：与来自世界各地的大学生在聊天室里交流，话题是企业成功的关键因素是什么；然后请学生尝试简单讲述，引起学生的关注。教师进一步明确单元项目的要求，强调在单元学习过程中需思考市场主导和企业文化这两个因素对企业成功的影响，让学生查找相关商业案例进行分析，以便促成单元项目的完成。

2. 翻译讨论（5 分钟）

教师提出问题：“商战如战争”这个隐喻被广泛接受和使用，你认为人们为什么经常将商业与战争进行比较？（见图 2）学生两两讨论，提出各种相似点，如竞争、风险、不确定性、后果等，最后落脚到策略。

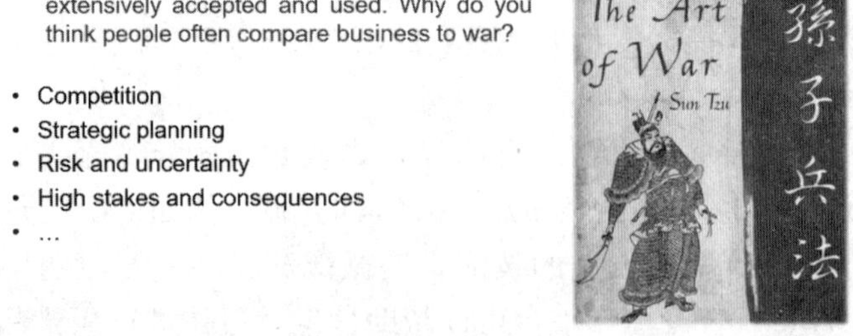

图 2　“商战如战争”的共同点讨论

教师由此引出关于策略的经典古籍《孙子兵法》，并指出书中精辟的战争智慧和独特的战略思想传承几千年，影响力超越时代的局限，对当今的军事、管理和领导思想仍然有深远的影响。其中许多名句大家耳熟能详，在国外演讲中也屡见不鲜。教师选取其中一些（见图3），用英汉匹配的练习形式让学生学习文言文的英译方法和技巧，特别强调对信息的补充和完整句的使用。

2 Match the Chinese of the four strategies by Sun Tzu with their English translations. Then discuss on how each strategy could be applied to the business field.

a All warfare is based on **deception**. Hence, when we are able to attack, we must seem unable; when using our forces, we must appear inactive; when we are near, we must make the enemy believe we are far away; when far away, we must make him believe we are near.

1 夫未战而庙算胜者，得算多也；未战而庙算不胜者，得算少也。

√ 2 兵者，诡道也。故能而示之不能，用而示之不用，近而示之远，远而示之近。

3 故兵贵胜，不贵久

4 故用兵之法，十则围之，五则攻之，倍则战之，敌则能分之，少则能守之，不若则能避之。

图3 《孙子兵法》里的名句翻译

3. 随堂小测（5分钟）

课前的随堂小测可以帮助学生回顾篇章大意和重点词汇短语、检验他们的理解程度、督促学生进行有效的课前预习，此外，还可以激发学生的学习兴趣、增加他们的参与度，并为教师提供有关学生学习情况的反馈，为进入下一个阶段的新知识学习做好准备。教师课前准备好课文的概要，编辑为填空题，利用雨课堂课上发送到学生手机端，学生在限定时间（5分钟内）作答提交（见如图4）。教师根据学生作答情况点评反馈。

填空题 5分　　设置

Summary

Achieving market dominance is the [填空1] （主要的）objective of business strategy. Just like countries, successful businesses must survive and [填空2] （繁荣）in the long run. Market dominance can be attained through various means such as technology leadership, brand [填空3] （识别;认可）, or cost leadership. Companies that have a dominant market share possess the ability to shape their industry, set standards, and define the rules of competition. While smaller companies can find [填空4] （防御性的）positions, they are vulnerable to [填空5] （淘汰） by dominant players. Hence, businesses should strive for relative market dominance to ensure control of their destiny.

作答

图4 B2U5 iExplore1 雨课堂随堂小测

4. 词汇巩固（8分钟）

按照“阅读圈”合作学习模式，各学习小组都有一个基本角色“词汇大师（word master）”，其负责解决阅读材料中重难点或具有重要或特殊意义的单词和短语，并阐述原因。“词汇大师”们根据自己的角色责任和组内学习交流，梳理出课文中值得关注的单词、短语，在课堂上与同学们分享，作为听众的同学和老师就“词汇大师”们的讲解提问互动。教师查漏补缺，提醒学生关注重点词汇的用法。

5. 篇章论证分析（30分钟）

（1）论证方法1：类比

教师以文章前五段为例，通过提问引导学生注意类比在论证中的使用。文章作者开篇以国家为话题切入口，而后引入企业作为类比对象（见图5）。

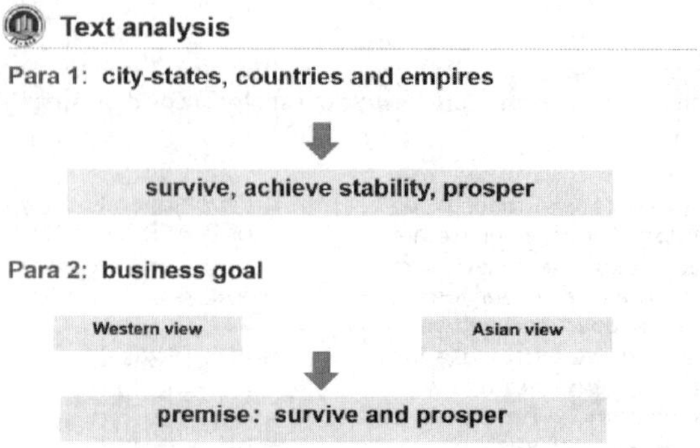

图5　类比在文章论证中的使用

类比作为一种常用的论证方法，通过将一个事物或情境与另一个事物或情境进行比较，以支持或解释某个论点。类比方法基于事物相似之处，通过将人们熟悉的概念或情境与目标概念或情境联系起来，来推断目标的性质、特征或行为。文章作者认为所有的企业，不管是西方的还是亚洲的，尽管目标设定并不一定相同，比如西方企业以回报投资人为首要目标，而亚洲企业更强调提供就业岗位，但是生存和发展始终是第一要义。这一点和国家的生存和发展是一样的，都需要充分考虑各方面的资源和优势，竭尽全力维护自己的生存和繁荣。通过这样的类比，学生更容易理解后文谈到的《孙子兵法》中的“必以全争于天下”的策略目标，并从策略的角度来解读和分析商业案例。

（2）论证方法2：例证

例证是通过提供具体的例子或实际的案例来支持或证明论点的论证方法。例证通常基于真实的经验或具体的情况，说明某个观点或主张是合理和可信的。且与现实生活密切相关，能够引起读者或听众的共鸣。相对于抽象的概念和理论，具体的例子更容易让人们产生信任和接受。课文其中一处例证是日本汽车企业进入欧美市场获得成功。教师教学时首先与学生一起互动梳理文章的重要信息，填入表格（见图6）。

Text analysis

3 What examples does the author use to support the argument that market share or market dominance is the key to business success? Read Paras.7-8 and complete the following table by filling in the blanks.

Japanese companies	• They were very successful at capturing 1) market share and achieving 2) a dominant position in many industries, involving 3) automobiles, consumer electronics or office equipment. • They made significant inroads in 4) US, 5) European and 6) Asian markets. • They were able to influence 7) their respective industries and ensure 8) their survival even when faced with fierce competition from American and European counterparts.

图6　例证在课文论证中的使用

在学生熟悉课文例证后，教师适时引入教材以外时代性更强的真实案例，比如，中国企业在全球燃油车市场普遍衰退且传统强手竞争激烈的背景下另辟蹊径，积极进军新能源车市场，抓住机会创新开发，在国内外市场都取得了亮眼的成绩。目前，中国成为全球最大的电动汽车市场，比亚迪等中国企业在全球范围内取得了显著的市场份额，并逐渐扩大其国际市场份额（见图 7）。

图 7　中国在新能源汽车制造领域的例证

学生结合真实案例素材，用英语讲述新能源车领域的中国故事，在提升语言表达的同时能更深刻地认识到，像比亚迪一样的中国企业能获得成功，是与其创新能力、技术专长、市场洞察与趋势把握、企业创业精神以及跨文化和国际化能力等商业领域所需的素质和能力密不可分的。这些素质和能力也是学生们成长为商业人才应该特别关注的。

（3）论证方法 3：驳论

驳论是对他人观点或论证提出反对意见或反驳的过程，目的是挑战并提出反证据或反例来否定或削弱对方的观点。驳论可以促进思辨，有助于进行全面性和客观性的讨论。教师结合课文内容提问：作者如何回应一些人认为市场相对主导地位对于企业的生存和繁荣并非必要的观点？学生就问题进行讨论，分析作者的论点，发现作者在这里再次使用了类比的方法，将市场份额较低的公司与瑞士这个国家相关联。瑞士有其独特的防御地形、民兵队伍、中立立场，在世界上找到一个可以防守的位置，由此类推，小公司也可以在其行业中找到了稳固的地位，并持续盈利。但问题在于这些企业就像瑞士一样，命运由主导玩家的心血来潮决定。就像世界主要强国一样，任何时候市场领导者都可能认为这些小“瑞士”在行业中已经威胁到了他们的地位。最后落脚到全文的主要观点：控制公司命运的真正方法就是争取市场主导地位。

结合文章的驳论部分，教师告诉学生，驳论有三种方法，即反驳论点、反驳论据、反驳论证，然后就观点“合作对于企业来说并不重要，因为在竞争中取胜才是关键”，请学生借鉴以上三种方法来思考如何反驳这个观点（见图 8）。

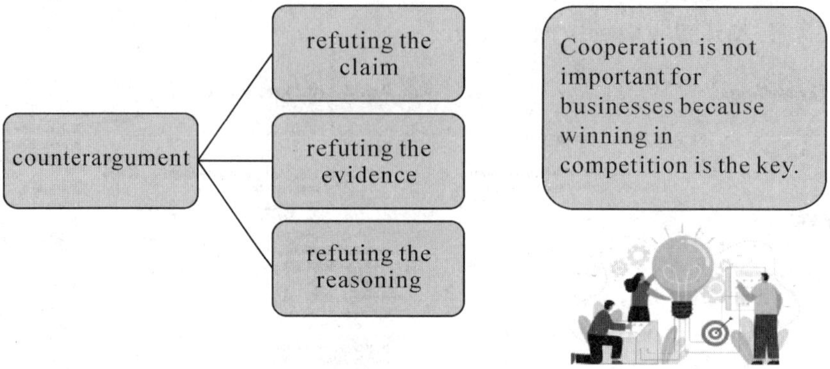

图 8　如何反驳对方观点

这个问题学生发挥的空间较大。各小组承担“篇章解读者”角色的学生组织其他成员进行快速头脑风暴，记录观点，再进行分类筛选，汇总后准备在全班分享讨论结果。比如，在反驳论点时，学生提出合作努力促进了知识共享、专业化以及更高效地应对复杂挑战的能力，而放弃合作，企业可能会错过集体智慧和协同效应的潜在好处；在反驳论证时，学生列举特斯拉在上海合作建厂为例，说明在竞争中取胜的企业很多必须基于合作，因而原论证是不成立的。这个过程不仅需要学生运用有效的沟通技巧来相互协作，而且能集中训练学生用批判性思维进行分析、综合、评价，从而提高按布鲁姆的“教育目标分类法”界定的认知过程高阶能力。

6. 结构模仿（8 分钟）

课前学生在 U 校园观看和学习关于结构写作的微课视频“*How to talk about the importance of something*?”微课范文主题是质量管理对于企业的重要性，讲解中列出范文的结构板块“concept – importance – benefits (with examples) – conclusion”。课上，教师请“篇章解读者”用这个结构框架结合课文内容讲述市场份额对中西方企业取得成功的重要性，其他学生点评和补充。

教师向学生强调，On the Importance of... 是大学英语四六级考试中比较常见的作文题目（CET4 – 2022. 12 the importance of developing a healthy lifestyle among college students，CET4–2020. 7 the importance of making plans，CET6–2019. 6 the importance of motivation and methods in learning，the importance of mutual understanding and respect in interpersonal relationships，the importance of team spirit and communication in workplace）。所学结构以及前面所讲的论证方式可以帮助学生构建写作思路，使写作更具条理性，提高论证效果。相关题目练习在课后任务中完成。

7. 实际生活连接（15 分钟）

这个步骤的学习由“阅读圈”中的“实际生活联结者”负责引领组员，与教师合作完成。课前教师上传试听材料“*Can Starbucks remain dominant in China*”至 U 校园读写平台。咖啡饮料市场是学生较为熟悉的领域，体验感强，了解的兴趣也浓厚。学生观看视频理解大意，记录关键信息，了解星巴克这家全球性企业在中国市场扩张发展的历程和现状，机遇和挑战。课上教师首先提出基于视频材料内容的问题，请学生作答（见图9）。

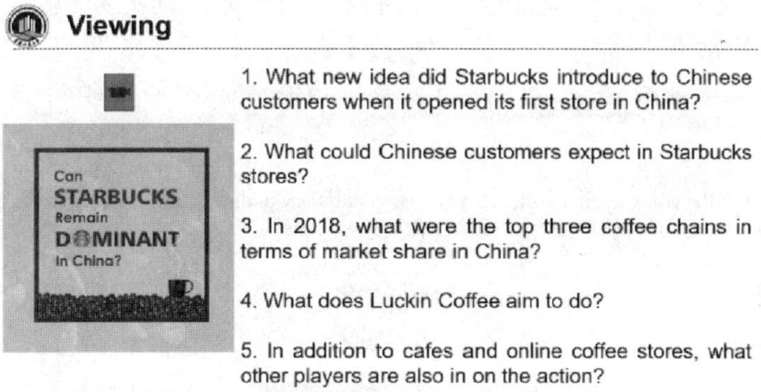

图9　有关星巴克在中国市场主导的问题

学生在回答事实细节性问题之后，进一步运用自己的批评性思维来回答更具挑战度的开发性问题：In view of the fierce competition in China's beverage market, do you think Starbucks can remain dominant? 回答这个问题需要学生整合已有信息，搜集更多资料，相互讨论，形成自己的评估与判断，然后有条理地表达观点，并充分使用证据来支持自己的观点。

8. 中西文化对比（5分钟）

商业领域中西互鉴的视角贯通本次课全过程，从关于策略的讨论，到论证方法的讲解，以及结合身边商业实例的分析，都体现了对中西互鉴的重视，这样能帮助我们从不同角度思考问题，并开拓创新的商业思维，应对复杂多变的商业环境。进入这个步骤，各组的“文化连接者”和组员一起讨论选取有代表性的中西方企业，对比它们在市场占领和扩张中的策略、实施、效果等方面的异同，评估商业表现，预测未来发展趋势。课内提出框架，确定对象，课后完成任务。

9. 小结/作业（2分钟）

教师和学生一起总结本次课的课文阅读、结构写作、生活连接三个部分的要点：①巩固和应用类比、例证和驳论三种论证方法；②用 concept - importance - benefits (with examples) - conclusion 的结构来提升题为 On the Importance of... 的四六级作文写作；③结合商业实例对比中西方企业在市场主导方面的表现。

教师布置课后作业：①复习课文，完成活页上的补充语言练习，准备词汇随堂小测；②30分钟定时完成作文 On the Importance of Cooperation，准备下次课参照四级阅卷标准评分；③各组的“文化连接者”带领组员完成第8步骤的任务，准备下次课上台讲述，并思考怎样将本次课所学融入单元项目构建中；④预习 B2U5 iExplore2 课文，在讯飞平台完成口语练习，在U校园上完成阅读理解练习。

五、教学效果及成效

本教学活动的设计目标是通过学习商业主题扩大语言积累，提高学生的论证方法的使用能力和篇章写作水平，以及英语口语表达能力。同时，在了解市场主导概念以及企业文化的重要性的同时，通过中西方商业成功的内外因素分析，引导学生注重竞争和创新，培养积极进取的意识、刻苦勤劳的品质，促进跨文化商业交流和融合。本次教学活动能达到以下知识性、技能性效果和价值塑造效果。

知识性方面，多数学生反馈能够扩大商业主题相关的词汇和短语，提高用英语讲述基本商务话题的水平。学生了解了市场主导概念，包括市场份额、竞争优势和市场壁垒等方面的知识；理解了企业文化的重要性以及它对企业组织行为和绩效的影响。(见图 10 至图 12)

Through the study of this unit, can you use vocabulary and structures related to business topics? [单选题]

选项	小计	比例
1. yes, definitely	11	32.35%
2. yes, to some degree	20	58.82%
3. emm, hard to say	3	8.82%
4. no, to some degree	0	0%
5. no, absolutely	0	0%
本题有效填写人次	34	

图 10　学生对词汇和结构的学习反馈

Through the study of this unit, can you know and explain market dominance and corporate value? [单选题]

选项	小计	比例
1. yes, definitely.	9	26.47%
2. yes, to some degree.	24	70.59%
3. emm, hard to say.	1	2.94%
4. no, to some degree.	0	0%
5. no, absolutely.	0	0%
本题有效填写人次	34	

图 11　学生对概念掌握的反馈

Through the study of this unit, can you present and explain some key factors to business success? [单选题]

选项	小计	比例
1. yes, definitely.	10	29.41%
2. yes, to some degree.	23	67.65%
3. emm, hard to say.	1	2.94%
4. no, to some degree.	0	0%
5. no, absolutely.	0	0%
本题有效填写人次	34	

图 12　学生对讨论商业成功因素能力的反馈

技能提升方面，学生能够综合运用听力技巧，听懂关于企业市场份额变化分析的英文报道，并抓住关键细节，在课堂进行有效互动。学生通过课文篇章分析和结构讲解，巩固论证方法的使用，提高四六级常见题目的写作技巧。在模拟四级作文的写作练习中，学生普遍得分在9~12分区间（满分15分）。学生对听力、写作等技能的提升以及项目的促成均有积极反馈（如图13）。学生能够以中西方企业为例，用英语讲述对商业成功的内外因素的分析，提高口语表达能力，在阶段话题讲述和单元项目中均有较好表现（见图14至图15）。

请写一下本单元学习及项目辅导等活动的收获。

企业文化
有写作上的一些收获
扩充了词汇量，翻译能力和写作能力增强了
文笔功夫，写作能力
词汇知识点整理
项目推进，课程学习
能够改正我写作的一些小缺点。
学到了bussiness专题结构啥的，大项目指导get，然后summary也很不错
对于文章的整体把握和文章内在逻辑有进步
学会分析数据
练习了听力，磨练了一下耳朵，也对商业等方面了解了一些知识，懂得了如何做项目
本单元学到了商业竞争策略以及商业文化的作用和目的。
学会如何撰写修改报告
了解了相关话题，积累了相关词汇，对如何写总结有了更深的体会
提高了写作能力和听力能力
更加清晰的认识到大项目中存在的问题
练习自己的听力，学会了对问题的理解，对一些商业上的知识也增多了。对专业知识很有帮助！
知道了怎么写和修改项目初稿，学到了怎么写summary
很有收获，知道自己该改哪里
公司要抓紧市场优势；项目总结要精确到每个部分
对于怎样做项目有了更深层的了解，同时也知道了怎样写总结，对今后的写作有帮助
明白项目该怎样修改，我们组缺什么，什么不足，都知道如何去改了
对整个项目的文稿的构成结构更了解了，细节和语言方面还需要自己多加修改

图13　学生反馈自己的学习收获

图14　学生作“阅读圈”合作学习汇报

图 15　学生举例对比中西方企业

就价值塑造而言，学生通过学习商业成功的实例，意识到踔厉奋发、不断努力是实现个人成长和社会富强的关键。教程旨在培养学生积极进取的意识和刻苦勤劳的品质，追求卓越和创新。学生探讨中西方商业成功的内外因素，通过中西方商业文化的比较与交流，学习将文化元素融入商业实践中，促进跨文化商业创造和融合。比如，在问及“如何理解中国文化背景下的企业家精神”时，学生提及了“侠”之大义、责任意识和奉献精神等蕴含积极风貌且极具中国特色的关键词（见图 16）。

第9题：你如何理解中国文化背景下的企业家精神?
表现出了难能可贵的责任意识和奉献精神，使企业经营呈现出正常发展
创新与传统结合
积极向上，以人为本
创新向上，符合潮流
是创新，激情，与探索热爱的结合
China entrepreneurs pay attention to "shopping malls are like battlefields". In fact, business also needs certain strategies, such as observing market trends or changing strategies in time.
与时代文化背景相契合
使企业更好地发展
中国文化背景下的企业家精神中大多有着中国特色的“侠”之大义
创造利润，奉献爱心，回报社会
不仅包括了传统文化中的价值观念，也融合了现代商业发展的新理念。在这样的背景下，中国企业家们能够更好地适应市场变化，推动经济发展。
企业家精神应该是充满激情，有创新，有拼劲！
The entrepreneurial spirit of sharing the country's worries actively, taking social responsibilities actively and taking innovation and hard work as the connotation
和西方差异较大
We should not only inherit the excellent tradition of promoting the spirit of Confucian businessmen, but also endow entrepreneurs with new styles, new atmosphere, new connotations, new concepts, and new perspectives based on the actual social development.
注重解决人民的生活问题
中国文化更加强调集体利益，但其中也有个人利益起推动作用，企业家精神也更加注重团结合作，其次是个人利益
艰苦创业
在中国文化背景下，一些企业在企业文化中会融入一些武侠精神，诚信、顾客至上成为大多数企业文化的核心内容
创造利润 奉献爱心 回报社会
企业家精神就是
Innovation, effectively mobilize the creativity of employees
Pay more attention to employees, advocate people-oriented and attach importance to cooperation.

图 16　学生反馈“如何理解中国文化背景下的企业家精神”

六、教学反思

本次课以“阅读圈”合作学习为主要的组织形式和策略。学生通过小组合作，可以相互交流和讨论所阅读的文本，帮助彼此理解和解析文章内容。这种互动可以提高学生的阅读理解能力。学生在小组中分享他们的观点，从而促进思维的深入和多元化。这有助于发展学生的批判性思维和学术讨论能力。小组组长通过给每个组员分配特定的角色和任务，可以确保每个人都参与到学习过程中，并承担责任，从而提高学习的效果。每个人负责的任务不同，可以减少混淆和重复，提高效率。组员之间的角色和任务分配可以促进合作与协作。学生相互合作、交流和协助，共同完成既定目标，有助于培养其团队合作精神和互助意识。

尽管学生对“阅读圈”合作学习形式普遍持肯定态度，但同时也有一些问题出现，比如在角色和任务分配中，可能会出现不均衡的情况。一些学生可能承担过多的任务，而其他学生则较少参与。这可能导致不公平和不平衡的学习体验。在小组合作中，组员可能会出现意见分歧和时间管理的问题。不同的学生有不同的任务完成进度，可能会导致组内合作的困难。

教师在组织“阅读圈”合作学习时，还需进一步改进，比如分配角色和任务时保持一定的灵活性和自主性，以满足学生的多样化需求和兴趣。学生可以参与自己感兴趣的角色，教师也应鼓励他们自发地拓展学习内容。另外，教师需优化反馈环节，多提供针对每个学生的个性化反馈。同时，教师还应关注小组的任务推进过程，帮助他们改善合作和协作，加强团队动力，及时解决可能存在的问题。

第八节　父母与子女情深

亲厚和睦，涵养家风

——新视野大学英语 B1U2《父母与子女情深》

课程基本信息

课程名称	大学英语 BI	课程类型	通识教育必修课程
学时学分	75 学时 5 学分	教学对象	非英语专业本科大一学生
教学单元主题	父母与子女情深		
课内/课外学时	6 学时/10 学时		

一、教学目标与学情分析

（一）教学目标

1. 知识目标

拓展关于父母亲情的词汇短语，进一步巩固语法基础知识；理解相关话题的视听材料，掌握大意及重点细节内容；把握语篇的结构、逻辑，加深对教材内外阅读材料的理解；学习多角度探讨时下亲情关系中的热点话题。

2. 技能目标

培养学生阅读记叙文时寻找语篇逻辑线索的能力，让学生理解文章字里行间的情感表达方式；让学生模仿 problem-solution 范例，提升“提出问题、分析问题、解决问题”的结构写作水平；通过实施和汇报小访谈，培养学生的实地调查、整理信息、沟通和合作等技能；让学生讲述中国的亲情观念内容，提升用英语讲好中国故事的能力。

3. 价值目标

培养正确的亲情观，探讨在传统社会和现代社会实践孝道的异同之处，弘扬中华民族传统家庭美德，涵养社会主义新时代优良家风。对比理解中西方亲情关系的共性与特性，更全面地了解不同文化的亲情观念和呈现方式，同时增强跨文化交流能力和批判性思维能力，增强文化认同和文化自信。

（二）学情分析

大学英语课程主要面向我校非英语专业本科一年级学生开设，课程周期为两个学期。我校实施教改多年，建立了大学英语的分级教学模式。选课学生专业涵盖广泛，既有机械、电子等理工专业，也有新闻传播、旅游等文科专业。班级规模 40 人左右。学生英语基础整体属于中等水平。因为并未按英语单科成绩分级，所以存在班级之间，以及班级内学生英语学能差异较大的问题。

学生对英语学习的态度较为积极，认可英语学习的必要性和重要性。学生刚经历过高考，应试动机比较普遍，对提高跨文化交流水平和全球视野的目标意识不强。另外，学生关心社会热点话题，愿意参与相关讨论，表达自己观点。学生处于价值观塑造的关键期，易受到同龄人及周围社会环境的影响，课堂内外积极的引导和支持可以帮助他们发现潜力，树立正确的价值观，实现个人成长。

学生的学习策略需要进一步提升，包括制订明确的计划，设定学习目标，管理时间，自我监控学习进程，回顾和评估学习成果等。学生在自主学习过程中可能出现懈怠，需要教师管理和督促。大多数学生乐于进行合作式学习，能够积极主动地参与小组活动任务，但少数基础欠缺的学生对学习自信不足，投入不够。技能方面，学生重视单词积累和记忆，习惯“刷题”备考，对读、写、译技能练习得多，听、说练习较少。学生数字技术素养较好，能够灵活使用各种平台或软件工具辅助学习，完成线上线下混合的学习任务。

二、教学内容分析

（一）教学内容

教学内容简介：本课时教学内容来自教材《新视野大学英语（读写教程）》第一册第 2 单元父母与子女情深 Text A《儿时百宝箱，老大归家梦》。这篇文章描述了一位母亲整理长大离家的女儿房间的过程。一开始，作者打算丢掉女儿的书籍、衣物等等物品，但在整理过程中，她发现了女儿保存的纪念品，包括家庭照片、书信和贺卡等。这些物品让作者感受到了女儿对家庭的深情和对过去的珍视。最终，母亲决定保留并整理好女儿的房间，为她留下一个温暖的空间，作为她回家时的欢迎礼。文章以真挚感人的方式展现了一个亲情浓厚的家庭场景，强调了珍惜彼此陪伴的重要性，并表达了对身在他乡的家人回家的渴望和期盼。

（1）语言学习

学生观看唐诗《游子吟》的英文赏析视频，阅读课外文章“How to adjust when your child is moving out for the first time”，分享自己离家求学的心情和保持和睦、亲近的家庭关系的做法，提升口语表达。

学生研读课文语篇，重点关注：①记叙文基本要素信息（时间、地点、人物、背景、事件）和情节发展（起因、经过、高潮、结尾）；②文章概要、板块大意、连接线索和情感转折；③段落呈现出的 problem-solution 结构。

学生基于结构和内容观点的讨论，结合 problem-solution 写作模式、技巧和范例讲解，练习写作，题为“Practicing Filial Piety in Contemporary Society”。

（2）文化互鉴

学生从课文中这位母亲的视角了解西方家庭亲子关系的特点；同时，通过收集和查阅课外资料扩大视野，并结合自己成长的亲身经历相互交流，对比中西方亲子关系的异同，分享不同文化中的家庭教育方式以及对家庭价值观的理解，尝试分析形成差异的深层次文化原因。

（3）价值引领

尊老爱幼、母慈子孝、家和万事兴等都是中华民族的传统美德，是家庭文明建设的宝贵的精神财富。学生通过课文、图片、视频等多模态材料的输入，进行一系列识记、理解、运用、分析、综合、评价等认知活动，完成文稿写作、访谈调查、项目汇报等任务，领悟“孝”对于家庭和睦的重要作用，并思考“孝”在古今含义上的异同，以期能在新时代传承美德、践行孝道。习近平总书记指出，“要把弘扬孝亲敬老纳入社会主义核心价值观宣传教育”。“国之本在家”，由孝道凝聚起的道德资源催生出“大孝、大爱、大义”的情怀，正是家国天下的构筑根基。

（二）教学重点

通过多模态语料呈现传统与现代、东方与西方等不同背景中家庭亲情关系的内涵与表达，使学生结合主题提升词汇、句法、阅读、写作、口语表达等英语技能；引导学生形成社会主义亲情观，增强文化自信，践行新时代孝道。

（三）教学难点

结合课文提升学生在文体、内容框架、细节、主题等方面的语篇分析能力；让学生通过模仿结构、拓展内容来提升 problem-solution 模式的作文写作水平。对比古今中外的不同家庭价值观，鼓励学生讲述自己的相关情感体验和实践。

三、课程思政引领的混合式教学设计理念及思路（课前、课中、课后）

本单元的思政着眼点为倡导积极和睦的家庭亲情关系，通过对比传统和现代家庭观念探讨孝亲敬老的具体实践，帮助学生树立正确的家庭观念，更加坚定文化自信，弘扬中华民族传统家庭美德。从家庭价值教育做起，培养学生更好地履行家庭成员的职责，不仅可以涵养新时代的优良家风，更能增强学生的社会责任感，共同构建稳定、和谐的社会。

围绕知识、技能和价值目标，本单元的教学设计采用线上线下混合式教学模式，利用雨课堂、U校园读写平台、爱写作（iWrite）、讯飞（FiF）、企业微信等平台和应用软件，融合线下课堂教学，以学生的学习结果为导向，用系列任务推进教学过程，并对学生的学习成果给予及时和具体的反馈，确保达到预定的学习目标。

整个单元课堂教学分为3次课，共6个课时，主要教学内容如表1所示。

表1 《父母与子女情深》单元教学的三次课堂教学内容

B1U2 Loving parents, loving children		
第一次课 （1–2课时）	第二次课 （3–4课时）	第三次课 （5–6课时）
主题导入和探讨： ·观看英文视频《游子吟》； ·短文阅读 *How to adjust when your child is moving out for the first time*； ·分享自己离家上学的体验	评价学生写作： ·学生两人一组互评； ·教师点评共性问题； ·学生修改作文	语言知识巩固和拓展： ·反馈词汇和语法习题完成情况，纠正常见错误； ·以传统家庭节日“中秋节”为主题提高翻译技巧
Text A 篇章分析： ·概要 ·文体 ·结构和线索 ·内容细节 ·中西方对比	阅读技巧讲解与应用： ·结合视频 How to read in thought groups 强调意群阅读法要点； ·应用于课文提高阅读效率	单元项目汇报和评价： ·各组汇报调查过程、发现和结论； ·其他组学生反馈评价和建议； ·教师评价
结构写作： ·分析模仿段落结构； ·讨论视频 *Filial piety still valued in contemporary China*，加深内容思考； ·完成作文 *Practicing Filial Piety in Contemporary Society*	学习 Text B ·结构和内容分析； ·思辨讨论：单元学习之后，你对父母之爱和家庭亲情有怎样的理解 布置单元项目： ·明确项目主题：Conducting a survey on how parents think of their children； ·细化项目要求和小组汇报形式	总结单元学习： ·结合知识、技能、价值目标总结单元学习情况； ·通过在线问卷调查和反思报告总结收获和困难，提出建议

本次课为第1~2课时。课前，教师将补充材料上传至U校园，布置学生结合教材内外的资料完成预习作业。学生在U校园读写平台概览单元主要内容，预习Text A，跟读单词，熟悉词义和用法；阅读课文，注意细节；在笔记本上积累表达，标注疑难点；在线完成并提交预习练习题。观看英文视频《游子吟》，了解这首唐诗的背景知识和情感表达。快速阅读短文“How to adjust when your child is moving out for the first time”。学习在线课程 Problem & Solution Essays，了解这类作文的写作方法。教师在U校园监督在线作业的完成情况。

在课上，教师导入“亲情”这一单元主题，告诉学生将在单元学习中探讨父母对孩子的关怀与期待，孩子对父母的依恋与敬爱。教师提出学习目标，明确介绍单元项目的题目和要求，细化本次课的任务。教师和学生回顾预习作业中的英文讲解视频

《游子吟》，学生在赏析诗歌时感受母爱的伟大与细腻。教师和学生一起梳理短文"How to adjust when your child is moving out for the first time"中的六条建议，让学生换位思考，体会异地父母的感受。多数学生异地求学，可能是第一次离开家庭，情感体验比较丰富，可以进行交流，分享自己对父母亲情的真切体会。接着进入 Text A 的课文学习。教师用雨课堂发布小测试，内容为课文的简要概述，学生结合预习内容填入关键词汇，重现课文主要内容。教师根据学生的答题情况了解学生的预习效果和部分缺漏。在篇章理解和思辨中，教师首先用问答互动的方式进行文体分析，强调记叙文的要素和情节发展线索。然后请学生分组绘制思维导图，帮助学生理清课文的结构板块；再进一步选择部分细节进行分析，强调文内的情感变化和转折；同时引入中西文化对比，让学生在理解西方的亲子观念、情感表达等信息时，意识到中西方的共性和差异，更加明确自己的文化身份，增强文化自信心。最后进行知识的应用和创新，并产出阶段学习成果。教师选取课文中代表 problem-solution 结构的典型段落，和学生一起分析段落的写法。教师结合学生预习时看的写作讲解视频，强调这类作文的写作结构和要点；教师再播放短视频 *Filial piety still valued in contemporary China*，请学生思考和讨论中国传统孝义在当代有什么样的内涵变化，以及如何在生活中更好地践行孝道。在巩固结构和深化内容后，教师提出作文任务的题目"Practicing filial piety in contemporary society"，请学生课后完成。

课后，学生将作文提交至爱写作平台，根据机评反馈进行反复修改。教师参考机评分数，了解学生写作概况，选取各档作文 2~3 篇仔细批改，导出作为下次课师生合作评价的样本。布置学生复习课堂内容，完成相关的词汇、语法、翻译习题。预习下次课内容：学习关于阅读技巧的微课视频 *How to read in thought groups*；在 U 校园读写平台自学 Text B，完成习题并提交。

四、教学方法、手段和过程

（一）教学方法

1. 成果导向教育

成果导向教育（Outcome-based Education，OBE）教育理念于 1981 年由 Spady 等人提出，是一种以学生成果为目标导向，以学生为中心，以持续改进为重点，采用逆向思维方式进行的课程体系建设理念。OBE 的核心思想是将学习者的能力和成果作为评估和衡量学习成功的依据，强调学生的学习成果完成情况和实际应用能力。成果越接近"学生真实学习经验"，存续性越高。对于语言教学，其成果不仅是学生所知、所了解的内容，还包括能应用于实际交流的能力，综合思辨能力，以及可能涉及的价值观或其他情感因素。OBE 的实施包括以下五个要点：确定学习成果、构建课程体系、确定教学策略、自我参照评价和逐级达到顶峰。"顶峰成果"并不是不顾学习过程中的结果，教师应根据顶峰成果目标，按照反向设计原则设计课程，对阶段成果进行评价。OBE 要求学生通过完成具有挑战性的任务来展示他们的能力。这些任务可能包括提出项目建议、完成项目策划、进行调查研究以及进行口头报告等。通过这些任务，学生能够展示出思考、质疑、研究、决策和呈现的能力。因此，培养高阶能力也是 OBE 理念的特点，例如创造性思维的能力、分析和综合信息的能力、策划和组织能力等。这些能力经常通过以团队合作的形式完成复杂的任务来获得。

2. BOPPPS 教学模型

BOPPPS 教学模式的名称是由六个教学环节的名称首字母组合而成的。这些环节分别是：导言（bridge-in）、学习目标（objective/outcome）、前测（pre-assessment）、参与式学习（participatory learning）、后测（post-assessment）、总结（summary）。导言的作用是吸引学生的注意力，并让他们了解课程主题和学习的重要性。学习目标部分涉及认知、技能和价值等方面，应以学生为中心，且明确、适当、可达成和可测量。前测的目的是评估学生的先备知识，以便调整教学难度和进度，使课程目标更加具体。这个环节可以使用提问、选择题、投票、开放性问题等方式进行。参与式学习强调以学生为中心，通过小组活动、讨论、解决问题、实践练习等方式与同伴和教师互动。这有助于学生更好地理解和应用所学内容，并培养他们的批判性思维和问题解决能力。后测的目的在于检验学生是否达到学习目标，并检测学习成果。这个环节可以使用测试、项目、作业或其他形式的任务进行。总结是对课程教学内容的摘要回顾和知识点总结。总结环节还可以布置延伸思考、家庭作业和预告下一节课的内容等。用 BOPPPS 教学法组织课堂教学具有许多优势，如提高学生参与度、明确学习目标、强调深度理解和应用以及个性化教学。

（二）教学手段

课程综合线上线下的教学手段和平台，为学习者创造多样化、互动性强的语言学习环境，促进他们在英语学习中的积极参与和全面发展。教师通过使用 U 校园读写平台提供教学内容，包括课件、讲义、录音和视频等，为学生提供了便捷的学习资源；同时自制微课、补充习题、测试等，满足学生需求。爱写作平台可以让学生提交习作，智能反馈语法、拼写、用词等方面的问题，提升写作水平和语言表达能力。雨课堂平台可以增强课堂的互动性和学生的参与度，比如教师发送测验题，学生提交答案，系统及时反馈测试结果和统计数据，帮助教师有针对性地进行讲解和引导。在口语练习方面，讯飞平台可以提供语音评测和实时反馈，帮助学生提高口语准确性和流利度。此外，企业微信平台可用于管理班级，方便进行小组活动指导和一对一交流，促进学生与教师之间的互动和合作。

（三）教学过程

按照前述 BOPPPS 教学模式设计的本次课堂教学，共分为七个步骤，具体如下：

1. 单元导入和学习目标设置（3 分钟）

教师以提问的方式引出汉字“孝”的词源解释和演变（见图 1），导入“家庭亲情”的单元主题，概览主要内容：探讨父母对孩子的期待与关心，孩子对父母的依恋与敬爱。

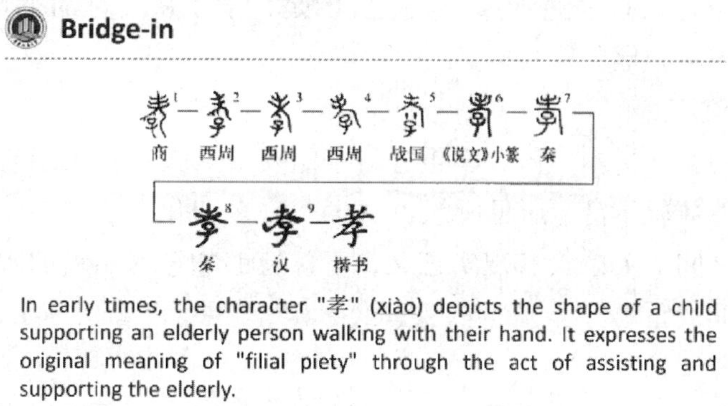

图 1 汉字“孝”的词源和演变

明晰主体后教师提出学习目标，特别强调单元学习成果，即 Conducting a survey on how parents think of their children 这个调查项目的完成过程和呈现形式，同时列举阶段成果，比如短文写作、讨论汇报等。

2. 主题探讨（12 分钟）

（1）从《游子吟》感受母爱

学生课前观看《游子吟》的英文讲解视频（见图 2），回顾中国古代歌颂母爱的经典之作。学生可以朗读英文版诗歌，感受母爱的细腻与深厚，同时锻炼诗歌赏析能力。课上，教师简单提问，强化学生对所看视频的理解，提升相关的英语词汇积累和诗词翻译技巧。

图 2 《游子吟》的英文讲解视频

（2）短文略读

俗话说：“父母在，不远游，游必有方。”在当今社会，越来越多的孩子在成年后离开父母远赴他乡求学或工作。面对孩子离家后的感慨和不安，父母应该如何应对呢？孩子们又该如何在离家后确保自己的方向，并照顾好父母？短文“How to adjust when your child is moving out for the first time”聚焦父母如何正确处理与离家独立的孩子之间关系这个话题。教师可以提及空巢综合征［心理学界定，因孩子离家独立生活产生的失落难过情绪为“Empty Nest Syndrome”（空巢综合征）］。学生课前阅读课文，课上用自己的话结合文中建议来表述观点。更重要的是，学生从父母的视角进行换位思考，可以尝试体会和理解异地父母的感受。

（3）小组交流

结合前面的视频和文本理解，学生进行小组交流。大一新生刚离开父母进入大学学习和生活，情感体验丰富，所思所想也发生了许多变化。学生带入情境，讨论如何处理与异地父母之间的关系具有现实意义，不仅能够加深对亲情的理解，而且能够更好地拉近亲人之间的距离。

3. 前测（5分钟）

教师课前准备好课文的概要填空题（见图3），在课上用雨课堂平台即时发送，要求学生根据中文提示，用课文内出现的单词或者短语填空（可改变词形）限时作答，在手机端提交。

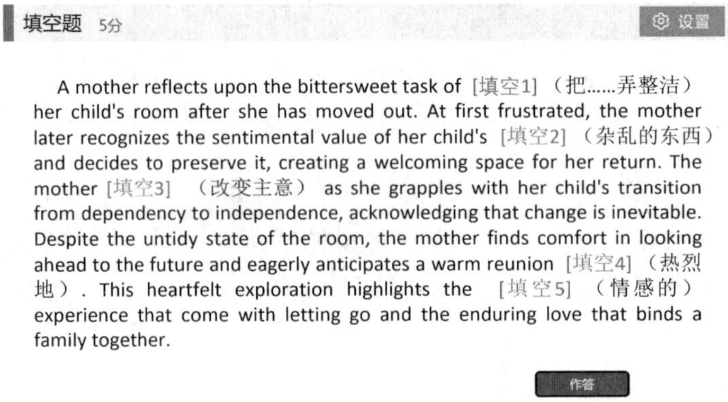

图3 B1U2 Text A 前测页面

前测结束后教师根据平台统计的各题正确率进行反馈和纠正。习题难度不高，旨在帮助学生巩固课前预习的重点词汇短语，同时也提高学生的课堂参与度，以及检验预习效果，督促学生完成课前任务。

测试段落为课文概要，帮助学生回顾文章大意，以便进行下一阶段的篇章分析。

4. 篇章分析（23分钟）

（1）文体分析

教师就课文的文体向学生提问，判断为记叙文后，和学生一起寻找记叙文的要素信息：时间、地点、人物、背景、事件等（见图4）。进而依据记叙文情节的设计环节找出故事的开端、发展、高潮、结局和尾声（见图5）。

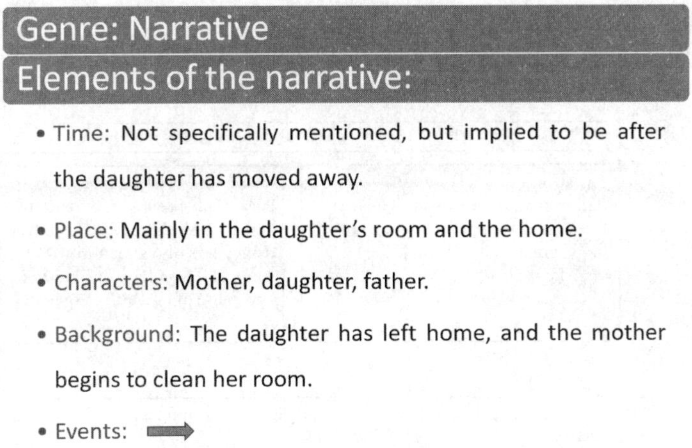

图 4　课文的记叙要素信息

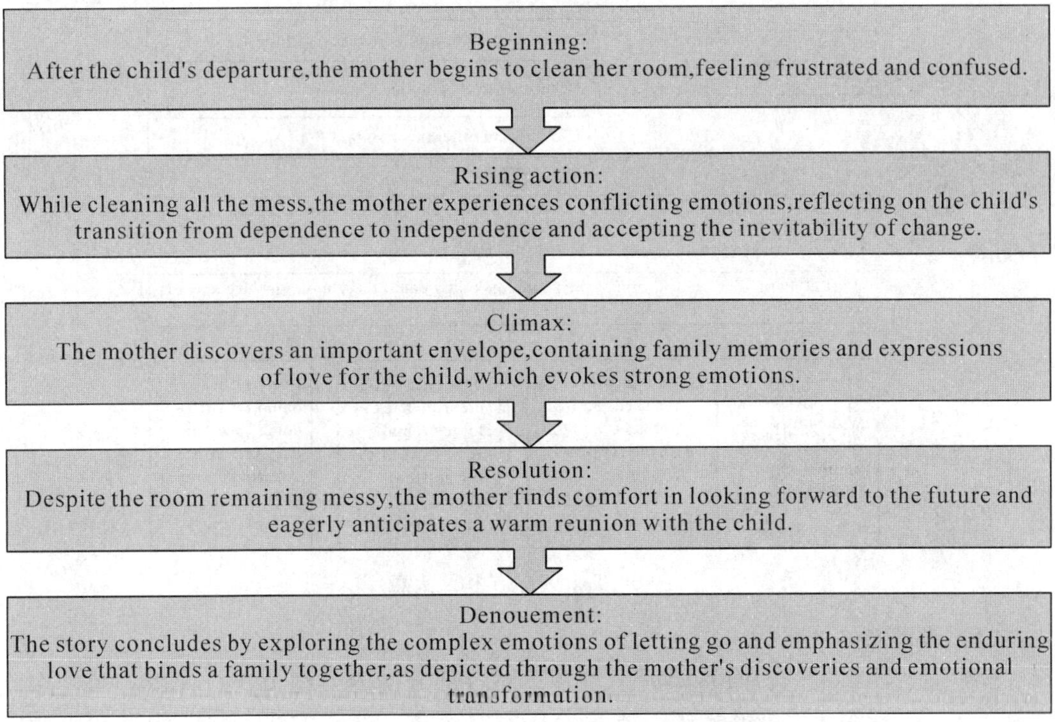

图 5　故事的开端、发展、高潮、结局和尾声

（2）结构分析

学生以小组为单位，研读课文划分结构，概括各部分大意，然后通过思维导图呈现（见图 6）。教师请小组发言人结合本组绘制的思维导图，讲述对篇章叙述线索和作者情感变化的理解。

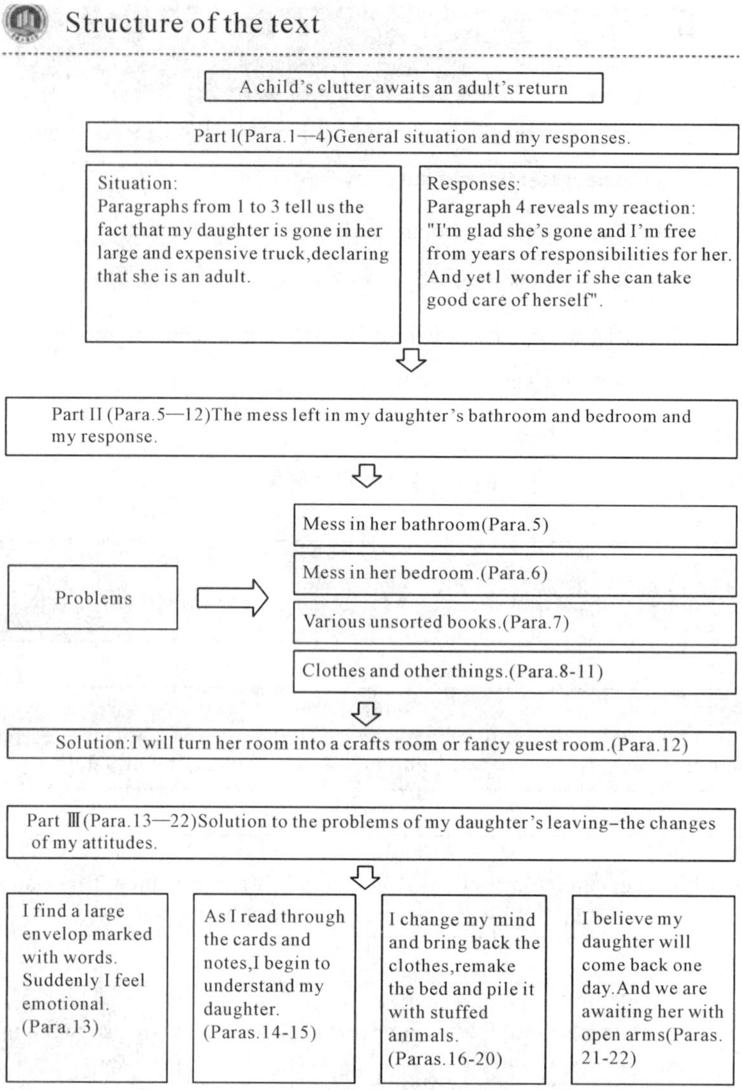

图 6　Text A 的结构及大意

（3）细节及主题分析

学生通过小组讨论，回答课后思考题，对各部分的内容细节进行深度理解。在此阶段，教师继续深化文章的主题，请学生从家庭角色、教育方式、情感沟通和表达方式等方面对比中西方亲子关系的异同。比如，学生会回答说中国家庭强调大家庭的集体利益，倾向于传统父母权威角色，而西方家庭更强调个体发展和开放的沟通。教师强调，实际上中西方的家庭亲子关系都存在较大的个体差异，而且随着时代变化，亲子关系也呈现出许多新特点。

学生继续讨论并列举健康的、积极的亲子关系的要素以及构建方式。学生在交流讨论中开阔思路，彼此启发，一般会达成一定共识，比如健康积极的亲子关系建立在沟通、理解、尊重、关爱、赞赏、支持上，还有提到共同的价值观非常重要，彼此的陪伴必不可少，等等。教师通过课堂所学来观照生活，对学生重视并构建与父母之间的良好关系有积极意义。

5. 写作结构促成（20 分钟）

（1）分析课文段落

教师提醒学生，在前面讨论篇章结构时，会发现第 5、6、7、8～11 段结构相似，即 problem-solution 结构。以第 5 段为例，这个短小段落实际上包含了 problem，details of the problem，solution，evaluation 四个部分的结构（见图 7）。也即是说，problem-solution 结构的具体呈现模式不一定完全一致，比如，不一定都存在 evaluation 的部分。当然，如果写的不是段落而是完整文章，可能前面还会添加 situation 部分。

图 7　段落结构样例分析

讨论样例后，教师将第 8～11 段作为任务交给学生，请学生按样例所示进行分析，然后谈谈自己的划分及原因。

（2）模仿段落结构

学生熟悉基本段落结构后进行迁移训练，先看样例的题目和各板块大意（见图 8），根据所给信息思考怎样形成段落，记下关键词然后进行口头输出。再看看范文段落，对比自己的构思取长补短。

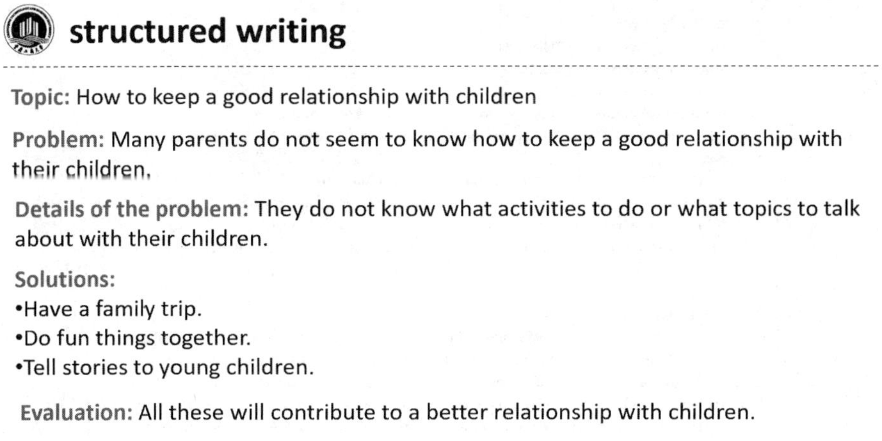

图 8　结构写作样例模仿

（3）拓展作文结构

教师推荐学生课前学习 Problem & Solution Essays 讲解课程（见图 9），以帮助学生挑战对写作技能有更高要求的作文。课堂上，教师结合图 10 所示的文章结构具体讲解每个部分的写作要点，常用语句等，并展示实例加以说明（见图 11），以便学生能够熟练掌握作文写法。

英文视频 Problem & Solution Essays

图 9　Problem & Solution Essays 讲解课程

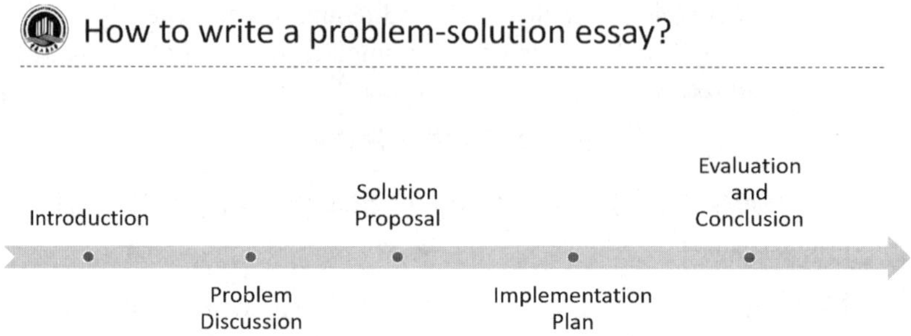

图 10　problem-solution 作文写法概览

英文文章 作文写作模式：Problem-solution

1. Writing Task

Topics: ... Problem for College Students

Time for handing in: Next Friday

2. Development:

a general statement——problem——solution1——solution2——evaluation

(There are some possible differences in the pattern but the basic parts are problems and solutions.)

3. Useful Expressions for Problem-Solution-Evaluation Pattern:

Problem: ... is really a problem; one of the difficulties is ...; the question is ...

Solution: to solve ... /the solution to ...

Evaluation: by doing ... you will ...; ... play a vital role in ...; it is effective to ...; as a result

4. Sample

Job Problems for Graduates

College graduates find it increasingly difficult to get a rewarding job. One reason perhaps is that many colleges and universities fail to adapt their courses to the development of economy. Second, there is an oversupply of graduates in certain specialties. What should be done to solve this problem? To begin with, the colleges should get students out of the ivory tower and have their courses meet the needs of industry and business so as to suit the on-going development of the national economy. Second, the government should provide college graduates with more opportunities to develop new skills. The third solution, think, is to adopt strong measures of birth control because the greater the population, the less the opportunity for everyone to get a job.

作文模式

Model 1: Problem-solution

Writing 1

图 11　problem-solution 作文写法讲解

6. 写作内容促成（15 分钟）

（1）观看视频积累语言表达

教师播放英文视频 *Filial piety still valued in contemporary China*（见图 12）。

图 12　英文视频 *Filial piety still valued in contemporary China*

视频时长约 3 分钟，描绘上海一户五口之家的幸福生活，生动展现了“孝”在现代家庭和谐中的重要作用。学生在观看理解视频的过程中积累和主题相关的语言表达，比如 symbolic，cozy，material comfort，spiritual and mental wellbeing，physical proximity，find a new interpretation，remain an important pillar of the Chinese family structure 等，以备后续口语和书面表达任务之用。

（2）讨论主题加深思考

教师布置讨论任务：如何在现代社会践行孝道，要求学生在思考讨论时注意应用上一阶段讲到的结构框架，尝试从 situation，problem，details of the problem，solution，evaluation 等方面来构建语篇。各组组长负责安排成员积极参加讨论，贡献观点，并记录和梳理观点，形成完整、顺畅的口语表达。篇幅不一定很长，特别鼓励思想碰撞，形成新颖的、富有洞察力的观点。比如，在 situation 方面，学生提到：在现代社会中，孝顺的理念仍然是重要的价值观，但在实践中可能面临各种挑战，如家庭结构和成员的变化、忙碌的生活方式以及文化观念的转变等。

为了更好地收集观点，教师可以开启雨课堂投稿功能，让学生在手机端投稿，然后把学生的观点表达进行汇聚梳理和呈现，例如图 13 列出了 solution 部分的学生观点。这样可以为学生提供更好的交流互学效果。

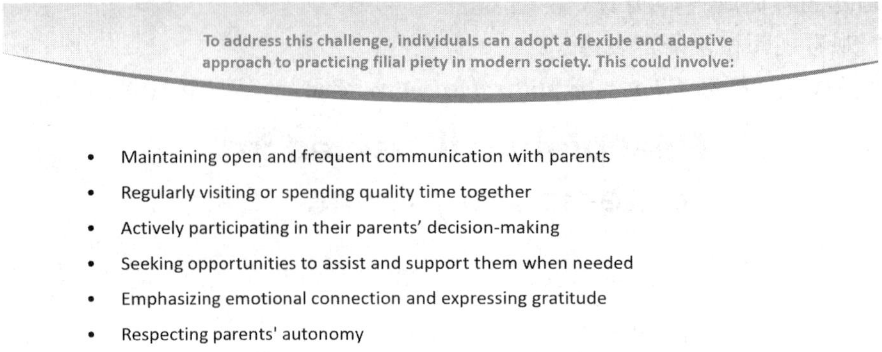

图 13　solution 部分的观点汇总

7. 小结/作业（2 分钟）

教师总结本次课的篇章阅读和 problem-solution 结构写作要点：①结合课文理清记叙文基本要素信息（时间、地点、人物、背景、事件）和情节发展（起因、经过、高潮、结尾）；②掌握课文中的连接线索和情感转变；③分析课文 problem-solution 段落结构模式，学习篇章写作技巧，练习相关的主题写作。提醒学生在视频、文本等多模态语料输入基础上，结合情感体会和生活经历，深刻理解父母亲情，并在实践中通过行动进一步改善亲子关系，营造积极向上的家庭氛围。

教师分项布置课后作业和任务：①复习 Text A，巩固词汇，完成补充语言练习；②复习 problem-solution 写作结构和要点，结合课堂讨论形成自己的观点，完成题为 *Practicing Filial Piety in Contemporary Society* 的作文，初稿提交到爱写作平台进行多次修改，准备下次课上对部分作文进行师生互评；③学习微课视频 *How to read in thought groups*，掌握意群阅读法要点；④预习 Text B *Time slows down*，在讯飞平台完成跟读，在 U 校园上完成阅读理解练习；⑤学习微课视频 *How to write a survey report*，为完成单元项目做准备。

五、教学效果及成效

在本单元的混合式大学英语教学中，我们以“父母与子女情深”为主题，秉承 OBE 教育理念，借助 BOPPPS 教学模式，取得了显著的教学效果和成效。

在语言知识和技能方面，学生通过本单元的教学，扩展了关于家庭和亲情的词汇量，提高了对相关语法结构的理解，能够用英语描述父母与子女的情感交流、家庭关系以及亲情的重要性。通过阅读课文以及相关主题的诗词译文、外刊文章等，学生提升了对英文文章的理解能力，能够从中获取关键信息和主题，并进行文体、结构、细节各方面的深度分析。通过段落模仿、作文练习、撰写小调查报告等写作任务，学生提高了写作表达能力，能够运用恰当的词汇、句式、结构清晰地表达关于单元主题的观点。在教学活动中，学生进行了多次小组讨论、汇报和项目展示等口语活动，提高了口语交流能力，能够相对流利地表达自己的见解，并参与有针对性的讨论。

语言以外，学生的综合素质也在学习活动中得到提高。比如，学生能够独立思考，从多个角度看待和理解孝义、孝道，分析和评估自己的观点，提出合理的论证和支持，判断他人的观点，批判性思维能力得到了锻炼。在小组讨论、项目计划和完成中，学生锻炼了团队合作的能力，懂得共同努力和凝聚力对团队取得成功的重要性，学会了倾听他人观点、尊重不同意见，并通过有效沟通和协作来解决问题。此外，学生的跨文化意识得到了培养。他们了解到不同国家和文化中对待父母和亲情的态度和观念的差异，尊重并包容不同的观点和习俗，增强了对多元文化的理解和欣赏，同时也对自己的文化身份有了更加清晰的认识，增强了文化自信。

本单元学习对学生的情感成长很有意义。学生对亲子关系有了更深刻的理解和认识，了解到父母对自己的付出和无私奉献，进而对父母给予的爱有了更加真挚的感激之情。他们懂得珍惜亲情，学会了尊重和理解父母的辛劳与付出，也认识到亲子关系对个人成长和幸福的重要性。教师在课堂中引导学生解读中华传统文化孝道的内涵，明确传统文化中关于孝道的观念，学生更珍视传统价值观，逐渐培养出关爱父母、尊重长辈、体现孝道的价值观和行为。“老吾老以及人之老”的家国理念增强了学生的社会责任感。他们认识到作为大学生，不仅要关心自己父母，涵养家风，更要承担社会责任，响应习近平总书记提出的“立大志、明大德、成大才、担大任”号召。

六、教学反思

融合 OBE 教学理念的 BOPPPS 教学模式在本单元的教学中起到了积极的作用。OBE 的学习目标和结果导向的特点使得学生对学习目标有了明确的认识，并能够有针对性地进行自主规划和评估，提升学习策略。BOPPPS 教学模式的不同阶段和任务化互动活动使得学生的学习变得更加具体和实际，体现出更强的参与性和合作性，有利于培养学生的批判性思维和问题解决能力。教学后的多元评估和总结能够帮助教师了解学生的学习成果和困难，并对其进行针对性的辅助和指导。

当然，这样的教学也带来了一些挑战。比如，在课程设计中安排有目标、有侧重、有层次的任务链对教师的课前准备提出了更高的要求，教师需要花费更多的时间和精力，并不断更新自己的教学理念和教学策略，持续提高教学能力和专业发展水平。另外，新的教学模式需要充分利用多种教学资源和技术工具，如何实现众多平台和软件的整合及有效使用也成为一种挑战。教师可以借助工具广泛寻找适合教学目标的资源，并且积极参与教育技术的培训和学习，以提高自己对教学技术的熟练程度。

对学生而言，在学习任务偏多的压力下，其可能需要一个适应过程。教师从期初导学开始，逐步引入新的学习方式和活动，并在教学过程中提供充分的指导和支持，激发学生的学习兴趣和动机，帮助他们调整学习策略和方法。因为面向的教学对象是英语学能中等的学生，英语基础可能不是那么好，所以教师应该给予积极的心理支持，鼓励他们在学习过程中增强自信，勇敢尝试和克服困难，提高参与性，并尽量根据学生的水平和能力制定个性化的学习目标，提供额外的学习资源和材料帮助他们巩固基础知识和提高语言能力，让他们逐步提高英语水平，达成目标。

第九节　我们时代的英雄[①]

单元案例——我们时代的英雄

新视野大学英语综合教程 1，第 4 单元

课程基本信息

课程名称	大学英语 I	课程类型	通识教育必修课程
学时学分	75 学时 5 学分	教学对象	非英语专业本科大一学生
教学单元主题	我们时代的英雄		
课内/课外学时	6 学时/2 学时		

一、教学目标与学情分析

（一）教学目标

1. 知识目标

学生能够基本听懂与英雄相关的音视频材料，明白其大意、要点；能够阅读涉及英雄话题的材料，概括篇章大意，理解篇章的逻辑推进方式，并能够进行篇章逻辑结构的分析、判断；能够掌握与英雄人物性格、行为等描写相关的词语、句子。

2. 技能目标

学生能够运用基本的听力技巧，听懂英雄相关的事件要素，记录相关的细节；能够运用基本的演讲技巧，就英雄的行为、人物性格进行简短的口头陈述，阐明主要观点和事实；能够结合单元主题和社会现实，整合阅读、视听资料，制作 PPT、拍摄 3 分钟以内的某英雄人物的介绍视频。

3. 价值目标

学生能够结合单元主题，积极开展自主学习和协作学习，从不同视角思考探究，如不同文化背景下、不同时代的英雄，有何共性或个性，避免偏见歧视，以包容的心态去探究不同文化背景和时代背景中的英雄人物；通过本单元学习，提升境界，崇尚英雄，涵养气概，传承和发扬红岩精神，未来争做英雄。通过交流研讨，共同完成小组任务。

（二）学情分析

大学英语课程是为非英语专业，如文学新闻、物流、机械、环生、人工智能等专业，英语基础一般的本科学生开设。学生英语基础一般，入学前习惯了高强度以记忆为主的书本学习，高阶能力不足；学习模式单一，对国情、社会民生了解有限；学习兴趣较高，爱探索，但缺少学习策略与思辨能力；学习模式以应试为主，重知识，轻应用。大学英语 I 在大一第一学期开设。大学英语课程持续一学年，循序渐进，共同完

① 本案例获 2023 年全国高校外语课程思政教学案例大赛特等奖。

成总目标——培养具有国际视野、有家国情怀、“强专业+强外语”的国际化复合型人才。自2012年，根据学校办学条件变化，为增加教学密度和为学生创造更多自主学习空间，大学英语基础阶段课程从两年制改为一年制教学。学校通过引进和建设数字化时代的网络平台和教学资源，利用U校园读写平台、WELearn、清华社英语在线、国家智慧教育公共服务平台、中国高校外语慕课平台优质慕课等平台和数字教学资源，实施线上线下混合式教学模式，既注重培养学生语言运用能力，又塑造学生人格品格，注重学生综合素养提升。

二、教学内容分析

（一）教学目的和要求

在围绕“我们时代的英雄”话题的6学时学习中，本次课（80分钟）要达到以下目的：

（1）语言学习：课前，学生通过自主学习，预习U校园读写平台和中国高校外语慕课平台上本单元的相关课文的音视频材料、语言知识讲解，课前预习教师下发的红岩文化和精神的补充阅读材料，了解抗战期间重庆的英雄人物；课前通过线上学习、细读课文及补充阅读材料，了解课文的背景知识、分析课文逻辑结构、学习欣赏作者是如何运用词句、细节来刻画英雄人物的行为、性格的。课中，教师检查学生通过速记WH Questions（When，Where，Who，What，How，Why）掌握音视频的大意及要点，了解学习课文中重要的字词句的预习情况；检查学生对课文背景和课文结构的相关慕课学习情况；组织学生讨论、学习课文中英雄人物的性格、课文的逻辑结构；通过练习题、课堂讨论等方式，检查并巩固学生相关学习内容。课后，教师借助爱写作平台进行英雄人物相关的写作训练，旨在帮助学生运用所学的英雄人物相关字词句、细节刻画，熟练使用Question-Example(s)-Conclusion逻辑结构，来描述其所熟知的某位英雄。

（2）文化互鉴：学生通过U校园读写平台和中国高校外语慕课平台提供的补充阅读、音视频资料，了解课外不同时代、我们所处时代、不同文化中的英雄：平民英雄、应急救援英雄、其他类型的英雄（如抗战英雄、扶贫英雄等）。教师通过课前和课中讨论不同时代、文化中英雄的共同特征，并对比不同时代和文化英雄的差异，帮助学生树立对不同国家、民族和不同文化的尊重包容态度，培养学生的批判性思维及跨文化沟通能力。

（3）价值引领：教师通过课前、课中环节的预习及学习讨论，以及课后作业的布置，从不同时代、文化角度来思考英雄人物的特征，培养学生崇尚英雄，自觉提升境界，涵养气概，赓续红岩精神和文化，激励担当；教会学生辩证地看待不同时代和不同文化中的英雄人物，避免偏见和歧视，以包容的心态、批判接受的方式，了解学习英雄，在未来争做英雄。

（二）教学重点

引导学生理解作者如何运用细节刻画英雄人物的性格，让学生通过课堂讨论和课后作业熟练掌握课文逻辑结构。通过课内外资料，启发学生讨论不同时代、文化中英雄的共同特征，并对比不同时代和不同文化背景下的英雄的差异。

（三）教学难点

教会学生仿照课文，运用词句、细节刻画，并熟练使用Question-Example(s)-

Conclusion 逻辑结构，来描述某位英雄；教会学生辩证地看待不同时代和不同文化中的英雄人物，培养学生崇尚英雄、提升境界，传承和发扬红岩文化及精神，播种在未来争做英雄的种子。

三、课程思政引领的混合式教学设计理念及思路(课前、课中、课后)

语言的背后是思想，是意识形态。大学外语教育是相对隐蔽的跨意识形态斗争的最前沿，是课程思政的桥头堡和重镇。高校要通过课时多、周期长、覆盖面广的大学英语教学，培养青年学子四个自信，引导青年学子以批判的眼光了解、学习、接受西方文化。在培养学生语言能力的同时，将思想政治教育融入大学英语的教学内容，以隐性的方式融入青年学子的生活中，落实立德树人根本任务，即是大学英语“课程思政”。

因此大学英语课程在设计时应尽可能挖掘课程中的思政元素，开展中西方文化互鉴，引领学生树立正确的人生观、价值观和世界观，为党育人、为国育才。

一个有希望的民族不能没有英雄，一个有前途的国家不能没有先锋。崇尚英雄才会产生英雄，争做英雄才能英雄辈出。因此，结合本单元的主题“我们时代的英雄”时，教师要注重引导学生传承民族气节、崇尚英雄气概，引导学生学习英雄、铭记英雄，自觉反对那些数典忘祖、妄自菲薄的历史虚无主义和文化虚无主义，自觉提升境界、涵养气概、赓续红岩文化及精神，激励担当。

本单元的设计以不同时代的英雄、不同文化背景下的英雄为思政融入点，以文化对比互鉴为手段，引导学生辩证地看待不同时代和不同文化中的英雄人物，避免偏见和歧视，以包容的心态、批判接受的方式，了解学习英雄，赓续红岩文化及精神，激励学生在未来争做英雄。

课前，根据单元教学目标，学生提前学习线上及线下教师指定的内容，完成课前预习任务。具体地，学生学习 U 校园读写平台和中国高校外语慕课平台上本单元的相关课文的音视频材料、语言知识讲解，完成相关的练习；阅读教师指定的抗战期间重庆的英雄人物阅读材料和观看全国见义勇为模范视频，分组准备介绍心中的英雄、课文中英雄人物的口头报告，初步了解不同国家、不同时代、不同类型的英雄人物。教师通过 U 校园读写平台、企业微信等督促、了解学生课前线上线下学习情况。

课中，教师应反馈学生的课前学习情况，针对错题进行分析与讨论；组织学生进行不同文化及时代背景下的英雄人物的课堂汇报，重点培养学生的应用和整合能力。具体地，教师总结、反馈学生课前线上慕课和课文学习及练习完成情况，就学生学习的难点进行答疑解惑。在学生讨论、汇报学习课文中英雄人物的性格、课文的逻辑结构之后，教师总结作者运用词句、细节刻画英雄人物行为、性格的方式方法和文章推进使用的 Question-Example（s）-Conclusion 逻辑结构。学生分组口头汇报不同国家、不同时代、不同类型的英雄人物，教师拓展话题，引导学生讨论不同时代、不同文化中英雄的共同特征，对比不同时代和不同文化背景下的英雄的差异，结合社会现实讨论身边的英雄，帮助学生树立对不同国家、不同民族和不同文化的尊重包容态度，培养学生的批判性思维及跨文化沟通能力；引导学生崇尚英雄、学习英雄、铭记英雄，自觉提升境界、涵养气概、赓续红岩文化及精神、激励担当。

课后，进一步巩固学习内容，拓展课堂教学内容，深化对英雄内涵的理解，完成更有难度的单元项目。具体地，学生利用所学的关于英雄的词句、推进文章逻辑结构的 Question-Example（s）-Conclusion 逻辑结构，以小组为单位完成某位抗战期间重庆英雄人物的介绍短视频，包括录制视频需要的英文脚本写作、PPT 制作。在课后，学生们需搜集资料、整合资料、撰写脚本、制作美化 PPT、学习录制和完善视频来完成与单元主题紧密相关的项目任务。从知识目标层面，学生通过阅读课后英雄相关的材料，深化对篇章逻辑推进方式的理解，学会用词句和细节刻画英雄的行为和性格。从技能目标层面，学生通过脚本写作、拍摄视频，从书面和口头层面完成对英雄的介绍，掌握细节描写方法、Question-Example（s）- Conclusion 逻辑结构及演讲技能。从价值目标层面，学生积极开展自主探索、学会分工协作、交流研讨，从不同视角学习、了解不同文化和不同时代背景下的英雄的共性及个性，批判包容地构建自己对英雄人物的认知，在完成整个单元的学习和项目任务过程中，学习英雄、铭记英雄，用英雄的事迹和精神激励自身提升境界、赓续红岩文化及精神，在未来争做英雄。

四、教学方法、手段和过程

（一）教学方法

我们主要采用三种教学方法：项目式、问题式和探究式教学方法，有效提高学生英语学习热情及学习效果。

项目式（project-based learning）教学方法是让教师和学生参与基于真实世界情景的真实问题，并为其寻求解决方法的一种教学模方法。基于项目的学习聚焦重要内容，即教授学生源自核心学术内容领域的标准和关键概念等重要知识与技能；聚焦 21 世纪技能，如批判性思维、解决问题、合作、交流等能力；培养学生深度探究、好奇心、学会选择、修改、反思、公开演讲等能力（Larmer J. & Ross D.，2009）。

问题式教学方法是将教材的知识点以问题的形式呈现在学生的面前，让学生在寻求、探索解决问题的思维活动中，掌握知识、发展智力、培养技能，进而培养学生自己发现问题、解决问题的能力。在这种课上，教师有意地创设问题情境，组织学生的探索活动，让学生提出学习问题和解决这些问题（这种做法的问题性水平较高），或由教师自己提出这些问题并解决它们，同时向学生说明在该探索情境下的思维逻辑（这种做法的问题性水平较低）。"问题教学"为学生提供了一个交流、合作、探索、发展的平台，使学生在问题解决中感受知识。教师在教学活动中以"问题"为线索，让学生基于问题情境探索知识，掌握技能，学会思考、学会学习、学会创造，促进学生创造思维的发展（百度百科：问题教学法 https://baike.baidu.com/item/%E9%97%AE%E9%A2%98%E6%95%99%E5%AD%A6%E6%B3%95/10791613）。

探究式教学方法（hands-on inquiry based learning），又称"做中学"、发现法、研究法，是指学生在学习概念和原理时，教师只是给他们一些事例和问题，让学生自己通过阅读、观察、实验、思考、讨论、听讲等途径去主动探究，自行发现并掌握相应的原理和结论的一种方法。它的指导思想是在教师的指导下，以学生为主体，让学生自觉地、主动地探索，掌握认识和解决问题的方法和步骤，研究客观事物的属性，发现事物发展的起因和事物内部的联系，从中找出规律，形成概念，建立自己的认知模型和学习方法架构。可见，在探究式教学的过程中，学生的主体地位、主动能力都得到了加强（百度百科：探究式教学法 https://baike.baidu.com/item/%E6%8E%A2%E7%A9%B6%E5%BC%8F%E6%95%99%E5%AD%A6%E6%B3%95/8717004）。

教师通过这些不同的教学方法，培养学生的综合应用能力与思维能力，将知识、技能、思辨能力融为一体。项目式大学英语以项目为依托，以教师为主导、学生为主体，创新"线上线下混合式、课堂内外、文化互鉴、赓续红岩精神"的教学模式；深化课程内容，基于教材内容的"文化互鉴"项目贯穿整个学年，注重培养学生语言知识技能、跨文化意识和文化自信；基于真实社会文化情景、新时代红岩文化及精神传承的课程项目，提升学生用英语讲专业的能力，厚植家国情怀。

（二）教学手段

我们致力于建立学习者友好的教学环境，从听、说、读、写、译几个方面为学生构建学习者友好的教学环境。大学英语课程的线上教学平台包括 U 校园读写平台，FIF 口语训练平台，Welearn 随行校园，IWrite 写作平台和 UMoocs 中国高校外语慕课平台等。另外，教师还通过 QQ、企业微信与学生进行线上的及时沟通。我们通过线上（新视野大学英语综合教程及微课、视听说平台、中国高校外语慕课平台优质慕课两门，提升学生语言技能、自主学习能力、搭建项目实施"脚手架"）自主学习，线下翻转教学、小组合作探索项目及教师指导，革新教学手段。

（三）教学过程

项目式大学英语的教学流程涵盖课前、课中和课后。在课前，老师下发任务、线上辅导、线上督促、进行问题的汇总；学生在线上学习、线上预习、提出问题、讨论交流、完成线上自测、进行项目的探究。在课中，老师就问题进行反馈、进行重难点讲解、分层指导、引导归纳；学生进行合作探究、小组讨论、进行项目汇报、同伴互评和自评。在课后，老师进行任务的督促、线上线下辅导、项目进度的检查、项目成果的反馈、以及总结反思、调整教学策略；学生在课后完成项目任务、进行合作探究、小组讨论、拓展检测、共享互评、进行总结反思。具体如图 1 所示。

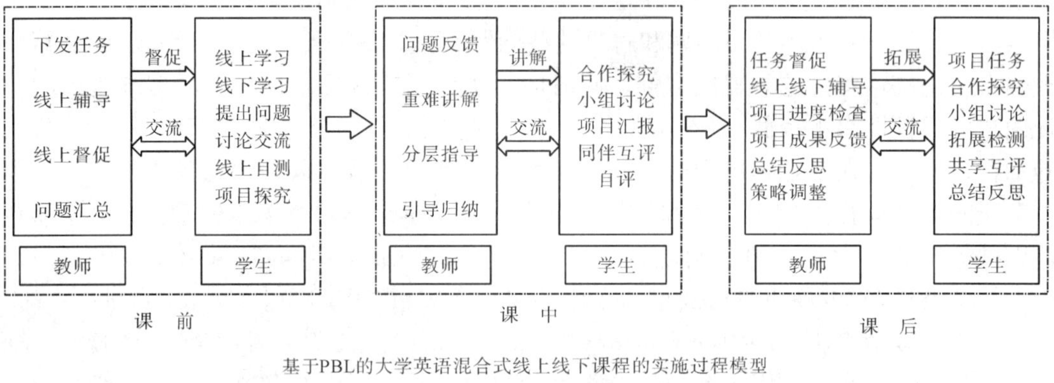

图 1　基于 PBL 的大学英语混合式线上线下课程的实施过程模型

具体教学步骤详述如下。

1. 课前

教学目标：学生提前学习指定的线上及线下资源内容，完成课前预习任务，初步了解课文背景、内容及逻辑结构，对我们时代的英雄、不同时代和不同文化背景下的英雄有初步的认识。

（1）课前一周布置预习任务：自学外研社 U 校园读写平台和 UMoocs 中国高校外语慕课平台关于本单元 Heroes of Our Time 的课文背景、词句、结构讲解，完成相关练习测试；观看补充的不同时代、不同文化背景下的英雄人物的视频和阅读代表红岩精神的重庆抗战英雄补充材料，分组准备介绍课文中及课外英雄人物的口头报告（2~3 分钟）；学生分组准备课文相关问题的答案、课文 Text A 及 Text B 的思维导图。课前一到两天内学生将口头报告的 PPT 发教师提意见及建议；教师督促学生完成预习任务。

（2）课前一天教师查看学生 U 校园和 UMoocs 平台的预习情况，包括视频观看的时长、作业完成情况，汇总学生错误率高的部分，在第二天的课堂给予反馈。

2. 课中

介绍本次课的教学目标和学习步骤（5 分钟）。

教学目标：①概括篇章大意，理解篇章的逻辑推进方式（Question- Example（s）-Conclusion 逻辑结构），并能够进行篇章逻辑结构的分析、判断。②能够掌握描写英雄人物性格、行为等的词语、句子。③就英雄人物的行为、性格进行简短的口头陈述，阐明主要观点和事实。④从不同视角思考探究，如不同文化背景下、不同时代的英雄，有何共性或个性；崇尚英雄，自觉提升境界，涵养气概，赓续红岩文化及精神，激励担当。

教学步骤：

（1）教师分享一则与英雄相关的新闻（3 分钟）。

教师分享新闻：从未凋零的巾帼玫瑰，红色特工张露萍的传奇人生（https://www.sohu.com/a/615680388_120622770）。如图 2 所示。

图 2　红色特工张露萍

（2）引入本次课的教学目标（3 分钟）。

（3）教师对学生课前预习的慕课及其练习进行反馈和展示（3 分钟）。

（4）两组学生对课文中及课外的英雄人物进行口头汇报，教师进行点评（Nelson

Mandela、重庆山火救火英雄消防救援人员和 2.4 万人次志愿者救火志愿者如“龙娃子”参与重庆山火扑救）。如图 3 所示。（https://baijiahao.baidu.com/s?id=1742227284975852 623&wfr=spider&for=pc）（10 分钟）。

图 3　不同时代和文化的英雄——Nelson Mandela、重庆山火救火英雄

（5）学生分小组讨论课文中的重难点及课文内容的推进方式（10 分钟）。

（6）2~3 组学生分享课文的思维导图及教师点评反馈（10 分钟）。如图 4 所示。

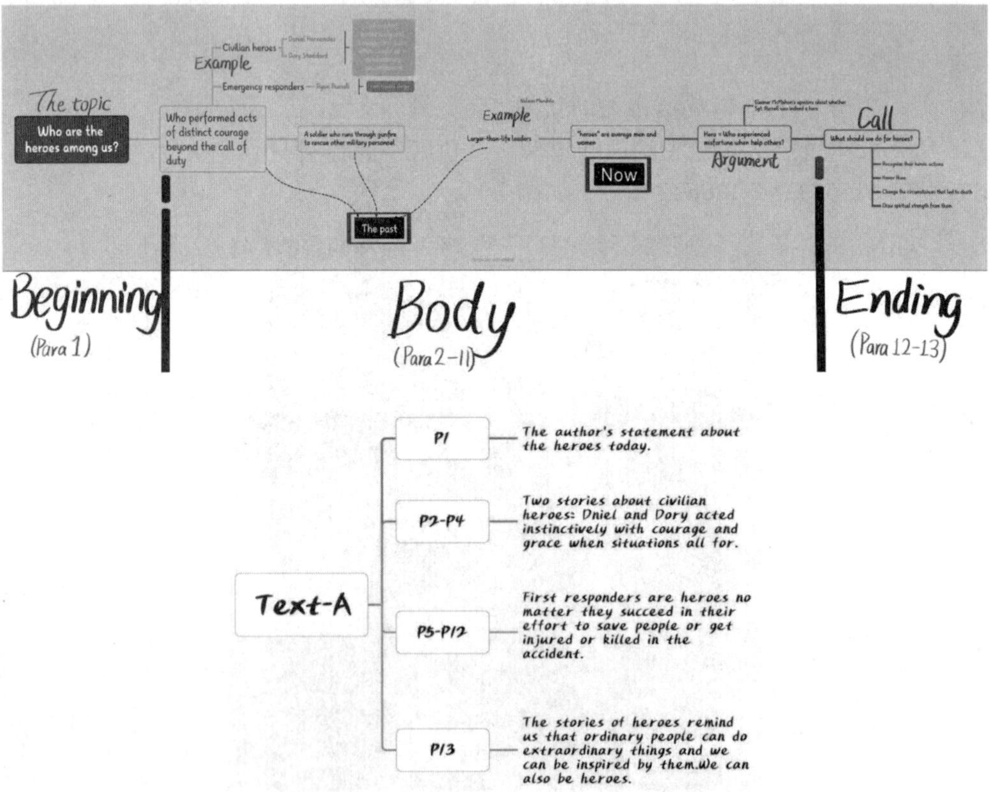

图 4　新视野大学英语第一册第四单元 Text A 课文结构思维导图——学生预习作业展示

（7）2~3 名学生汇报学习的重难点及教师反馈（8 分钟）。

①学生反馈课文学习中的长难句，如：

第一句：In Toronto，Canada，【地点状语】downtown life【主语】stopped【谓语】

when more than 11 000 police and other emergency responders marched solemnly through the streets【时间状语】to honor Sergeant Ryan Russell【目的状语】, a 35-year-old "good man and good cop", who believed deeply in his commitment to protect and serve.【同位语】在加拿大多伦多市，11 000 多名警察和其他应急人员肃穆地在大街上游行，纪念一位具有高度保护和服务意识的"好男人和好警察"——35 岁的瑞安·罗素警佐。当时整个市中心的其他活动都停止了。

第二句：The inspiring stories of heroes【主语】help remind【谓语】us【宾语】that ordinary people（主语）can do（谓语）extraordinary things（宾语），whether it is in the fulfillment of their duties or as part of everyday life（条件状从）【宾语从句】. 英雄们激励人心的事迹有助于提醒我们，平凡的人也可以做出不平凡的事，不管是履行职责，还是在日常生活中。

②学生反馈对课文结构的理解不太清楚。教师进行针对性反馈。

课文总体遵循"提出问题——举例分析——得出结论"的逻辑推进。课文中的引入部分，主体的部分段落也运用了该逻辑结构。

第一，课文总体结构分析，如图 5 所示：

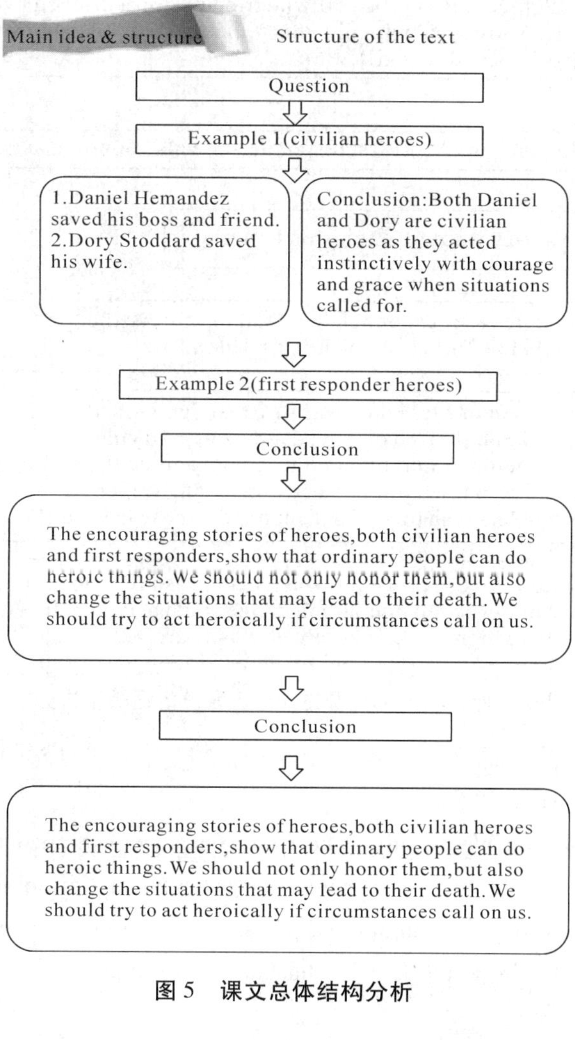

图 5　课文总体结构分析

第二，课文引入部分及主体部分段落的逻辑推进分析，如图 6 所示：

Structure(Paras.1-4)

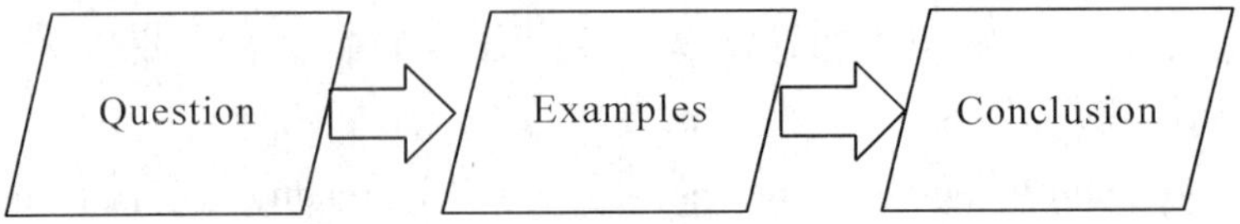

Question-Example-Conclusion Pattern

What is the question raised by the author in Para.5?

Tips

Are first responders considered heroes,too?

What is the example of first responders?(Para.6)

Tips

Sergeant Ryan Russell,who tried to stop a drunk driver in a stolen snowplow with only his police car and his good will to help others,and was killed.

Conclusion(implied):First responders are also honored as heroes.

Question-Example-Conclusion Pattern

Question:Do first responders who fail to achieve their goals in their efforts become heroes?(Para.9)

Example:Eleanor McMahon was sure that Sgt.Russell was indeed a hero because he showed distinct courage when trying hard to stop the snowplow before it hurt others.She strongly argued:It's natural for civilians to rush toward safety and away from danger.But heroes of first responders rush toward danger to help those in need.(Paras.10-11)

Conclusion:We expect first responders to rush forward,especially when we or our loved ones are in danger.So when they die doing that, we should recognize their heroic efforts.(Para.12)

图 6　课文引入部分及主体部分段落的逻辑推进分析

（8）教师引导学生对课文中表现英雄人物性格、行为等描写相关的词语、句子进行细读和学习分析（12 分钟）。

例如：During the horrible shooting, he courageously ran through the danger to save the life of one of the victims, his boss and friend, congresswoman Gabrielle Giffords. Daniel held her head up so she could breathe and applied pressure to her wounds. He spoke tender words of sympathy, telling her that he would find her husband and her parents and that everything would be fine. And henever left her side, staying beside her in the ambulance all the way to the hospital.

下划线处的词和短语，描述了 Daniel Hernandez——亚利桑那州图森市一位 20 岁的小伙子，在枪击案发生时，不顾危险、英勇地救助政界同事的行为。文段从英雄的行为方式、动作、语言等方面，描述了英雄临危不惧的品质。

（9）学生讨论课文中及课外不同类型的英雄共性及个性，教师总结（10 分钟），如表 1 所示。

表 1 课文及课外不同类型的英雄共性及个性

英雄姓名	英雄的表现	共性	个性
Daniel Hernandez	不惧危险，救助枪击中受伤的同事	不惧危险	年轻的平民英雄，沉着冷静、温暖
Dory Stoddard	不惧危险，舍命保护遭受枪击的妻子	不惧危险	平民英雄，为了家人生命安全，不顾个人安危
Sergeant Ryan Russell	以高度的保护和服务意识，试图阻止醉驾司机偷来的扫雪车，不幸牺牲	不惧危险	应急救援人员，高度的保护和服务意识，善良的心
Nelson Mandela	27 载身陷囹圄，摈弃抱怨，努力奋斗，致力于消融南非的种族隔离和歧视，化解社会矛盾，创建和谐南非	不惧危险	政治家，不计个人得失，为人民的幸福、国家的团结安定奋斗终身
红色特工张露萍	临危不惧，誓死不透露党的秘密，为了南方局同志们的安全，英勇赴死	不惧危险	年轻的抗战英雄，意志坚定，守护党的秘密，宁可牺牲自己，也绝不叛变
2022 年重庆山火救火志愿者们，如“龙娃子”	为了遏制火势蔓延危及人民生命和财产安全，向火而行	不惧危险	年轻的平民英雄，为了扑灭火灾，不顾个人休息，不计个人得失的平民英雄

（10）教师总结本次课内容（5 分钟）。

本次课教师首先介绍了红色特工张露萍的英雄事迹，引入本单元学习的主题，即“我们时代的英雄”；检查了学生课前预习任务，即学生线上及线下自主学习不同时代、不同文化背景下的英雄人物，初步了解课文的内容及逻辑推进方式。针对学生在预习中的重难点教师进行了针对性反馈。学生以小组形式汇报课文中及生活中感动他们的英雄人物、课文的思维导图、对课文中的重难点进行讨论、对不同时代和不同文化背景下的英雄的共性和个性进行讨论。教师针对学生在学习中的困难及时反馈。通过本次课的学习，学生学习掌握了描写英雄人物性格、行为等的词语、句子；掌握了（Question- Example（s）-Conclusion 篇章的逻辑推进方式；从不同视角探究了不同文化背景下、不同时代的英雄的共性和个性；通过学习讨论英雄，自觉提升境界，涵养气概，在新时代赓续红岩文化及精神，在未来争做英雄。

（11）教师布置本单元的项目任务并讲授完成项目需要做的准备（6 分钟）。

①以小组为单位查找重庆的抗战英雄或新时代重庆英雄的相关资料；

②制作 PPT 及写作重庆英雄故事脚本；

③拍摄 3~5 分钟的重庆英雄视频。

教师与学生保持互动，为学生完成项目搭建支架，如图 7 所示。

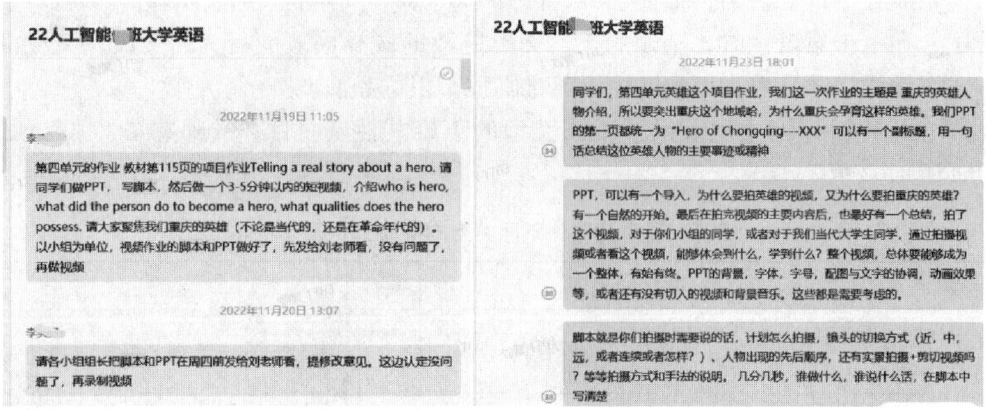

图 7　师生互动，搭建项目支架

五、教学效果及成效

（1）本次课程通过创新以“线上线下混合式、课堂内外、文化互鉴、赓续红岩精神”的项目式大学英语教学，浸润式进行思政教育，引导学生融入自己的项目任务。学生从中习得语言知识，学会知道；通过比较情感态度、价值观，学会思考；在价值体系内化过程中，学会做到、学会发展。项目式大学英语教学更新了传统大学英语教学理念，从语言学习转化为综合素养提升；学生从学习型学生转化为研究型学生。如图 8 所示。

图 8　项目式大学英语教学理念更新

以本单元为例，学生通过对不同时代、不同文化背景下的英雄人物的学习探索，掌握了描写英雄人物的相关字词句、细节刻画技巧，并能熟练使用 Question-Example(s) -Conclusion 逻辑结构来描述所熟知的某位英雄；通过学习讨论理解了英雄的共同特征，并对比不同时代和不同文化背景下的英雄的差异，树立起对不同国家、不同民族和不同文化的尊重包容态度，培养批判性思维及跨文化沟通能力。学生通过学习英雄，崇尚英雄，自觉提升境界，涵养气概，赓续红岩精神和文化，激励担当。具体如图 9 所示。

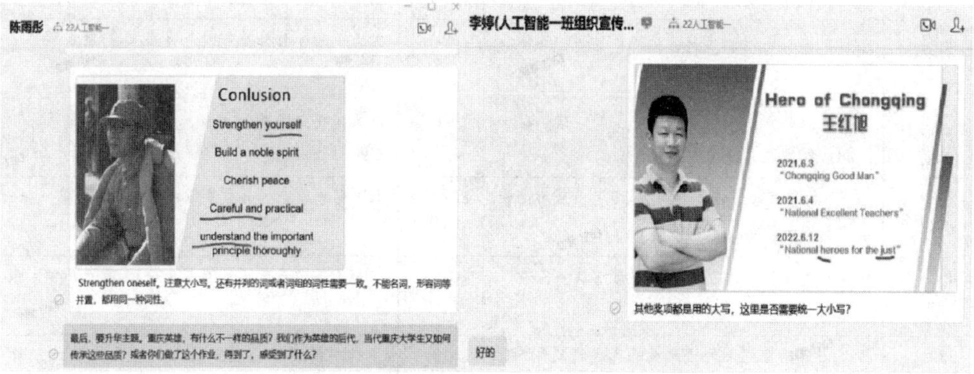

图 9　崇尚英雄，赓续红岩精神和文化

（2）教学水平及质量显著提升：近五年大学英语教师在校级、省级讲课比赛中分别获奖 42 人次、19 人次；四六级过级率比教改前增长了 30 多个百分点；评教优良率在全校所有课程中名列前茅；教改后全校的平均考研率上升了近 5 个百分点。近五年成绩如图 10 所示：

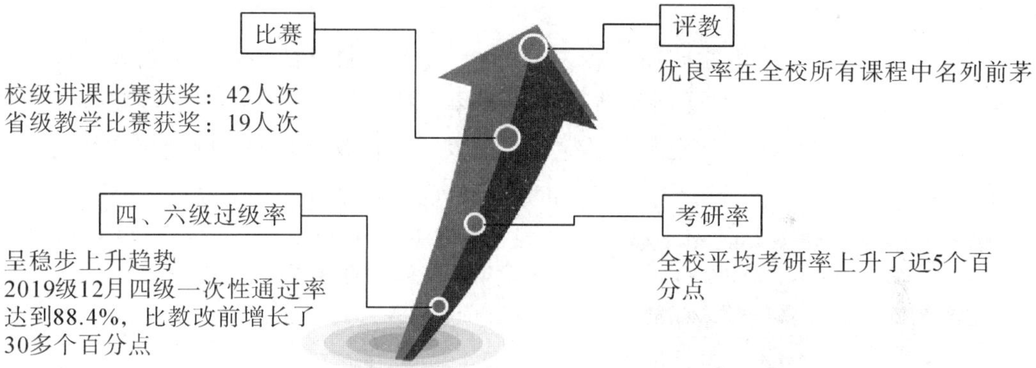

图 10　近五年教学成绩展示

（3）教师教学科研能力大幅提升，推动了专业发展。近五年来，团队中一批优秀的青年教师成长为项目式教学、慕课微课建设骨干，学术科研带头人，教学科研团队稳定，成果丰硕。具体如表 2 所示：

表 2　近五年教师教学科研成果

时间	教师教学科研能力提升	时间	教师教学科研能力提升
2022	获批中国高校外语慕课联盟一流外语在线开放课程建设与应用. 重点项目	2021	刘繁在十省、市、自治区大学英语教学研讨会暨第二十届年会分论坛发言
2022	获批重庆工商大学 2022 年大学外语部课程思政示范分中心	2020	重庆市高等教育教学改革研究项目. 重点项目
2022	罗志高应邀参加外研社教与学系列云端研讨会（川赣湘渝藏）做主题发言	2020	重庆市本科高校一流外语在线课程建设与应用项目. 一般项目
2022	《PBL 大学英语》课程获得 2021 年重庆市高校教师教学创新大赛二等奖（副高组）	2020	教育部产学合作协同育人项目(2020 年第一批)
2021	团队成员夺得“重庆工商大学教学比赛”一、二、三等奖	2020	“第十批中国外语教育基金项目. 重点项目
2021	“多模态体验认知外语教学的实践与探索”获得重庆工商大学第六届高等教育教学成果奖二等奖	2019	“类型学视野下英汉隐性比较构式的认知研究”获国家社科基金一般项目立项
2021	“大学英语项目式课程思政实践的校本探索研究”获重庆市教育科学研究院思政课程与课程思政（学科德育）优秀论文三等奖	2018	重庆市高等教育教学改革研究项目. 一般项目
2021	2021 年重庆市社会科学规划项目，外语专项(重点)	2018	重庆市教委教育改革重点项目 1 项

（4）学生语言运用得到大幅提升，创新能力提升，服务社会效果成效显著。近五年来，有 3 万多名学生参加了各级各类英语赛事。特等奖，一、二、三等奖获奖达到 984 人次。超过 4 000 名大学生服务于学校、市级、各企业召开的国际会议和活动。统计情况如图 11 所示：

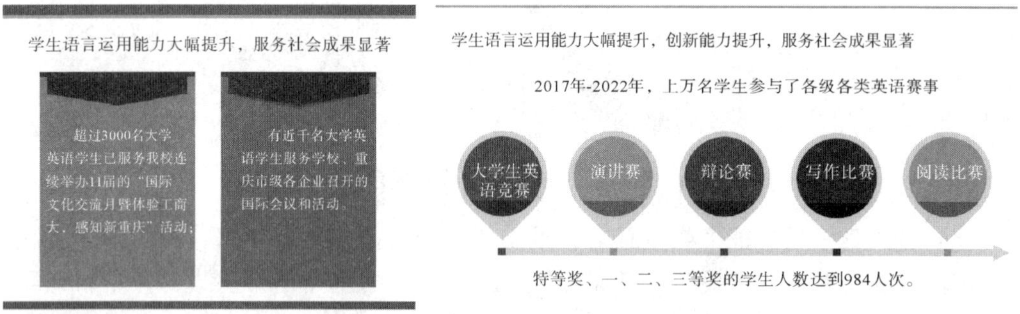

图 11　近五年学生能力提升展示

（5）大学英语课程改革获得专家认可。教育部大学英语教学指导委员会副主任委员陈仲利教授、夏纪梅教授对我校大学英语课程建设和大学英语教育给予高度评价；教育部专家巡讲团对我校大学英语教学改革也做出高度评价。

（6）学生和教学督导满意度提升。近五年来，学生对大学英语教学的评价优良率创新高。学校督导组对大学英语教学管理、教学实施过程和教学质量等方面高度肯定和认可。具体如图 12 所示。

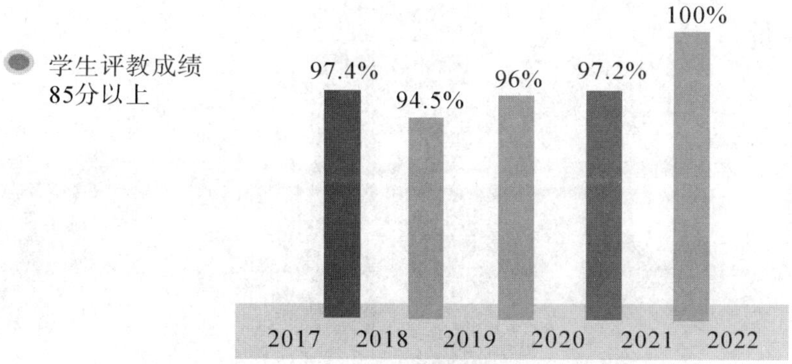

图 12　近五年学生评教成绩 85 分以上的比例

六、教学反思

我们的教学设计实现了六个融合，即共同目标与个性选择相融合；口头交流与书面交流相融合；大学英语学习与专业学习相融合；线上交流与线下交流相融合；独立学习与同伴互助相融合；语言能力与综合素养相融合。

针对基于 PBL 混合式的大学英语课程，我们建设贯穿整个课程的多元评价体系。我们注重对学生项目语言质量和跨文化策略使用的评价；强调知识传授与思政元素结合；教学过程中形成性、过程性及终结性评价结合，学生互评与师生合作评价相结合，自评、反思贯穿始终，践行以评促学的理念，课程评价方式进一步优化。如图 13 至图 16 所示：

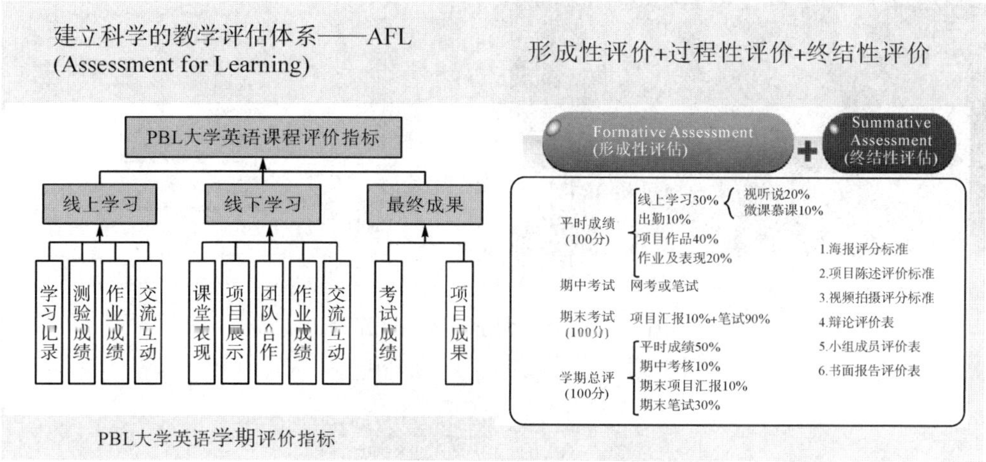

图 13　项目式大学英语多元评价体系

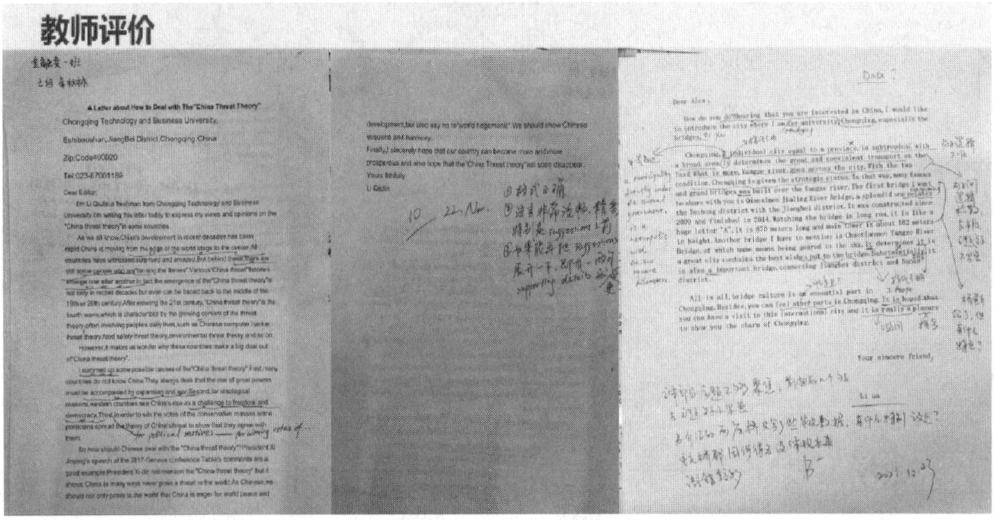

图 14　项目式大学英语教师评价

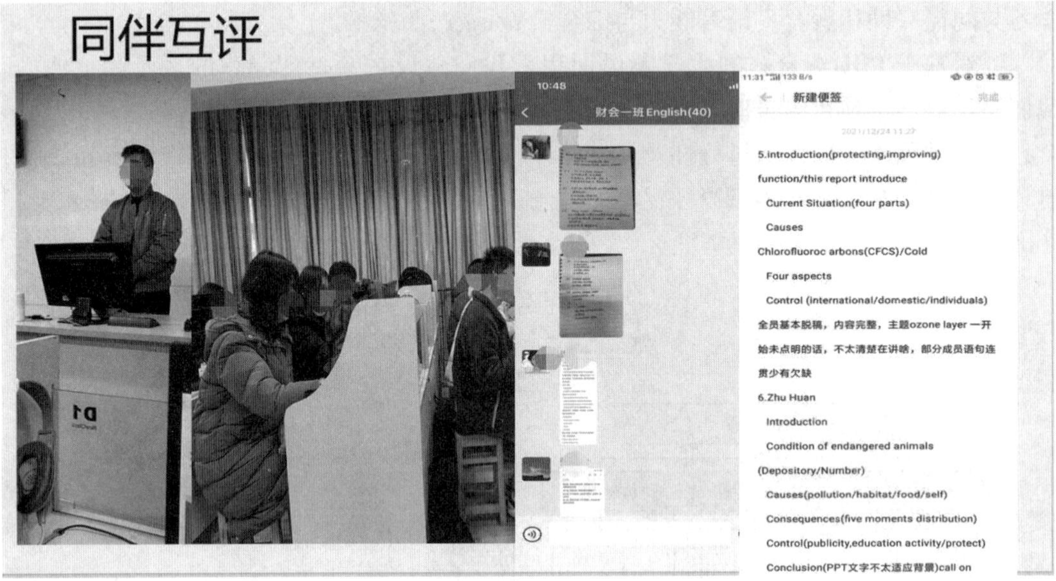

图 15　项目式大学英语同伴互评

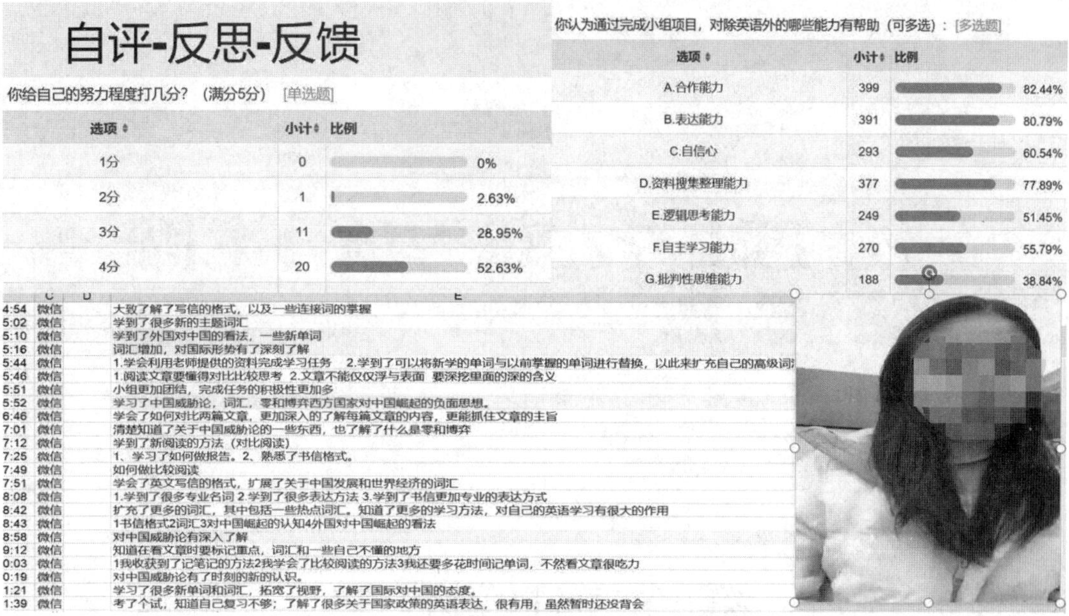

图 16 项目式大学英语自评-反思-反馈

实现项目任务步骤化，即遵从语言学习的规律，在实施项目的过程中，注重由浅入深的认知规律，将复杂任务分解为学生能胜任的多个循序渐进的子任务，学生在教师的引导下，最终完成复杂程度递增的项目。

注重项目学习中“内容”与“语言”均衡发展。以项目的完成为驱动，激发学生对语言的兴趣；让学生在语言工具的运用中，体会到更深刻的内容含义，提升素养与思辨能力，实现了“工具性”与“人文性”有机结合。

项目式大学英语课程，致力于有广度、有深度、有温度的教学，着眼真问题；混合式教学赋能学生学习，致力于培养有国际视野、有家国情怀、强专业加强外语、国际化复合型人才。

第三章

PBL 学生优秀项目案例

第一节　海报范例 1-10

<table>
<tr><th>范例 1-灯笼海报</th><th>范例 2-皮影戏海报</th></tr>
<tr><td>
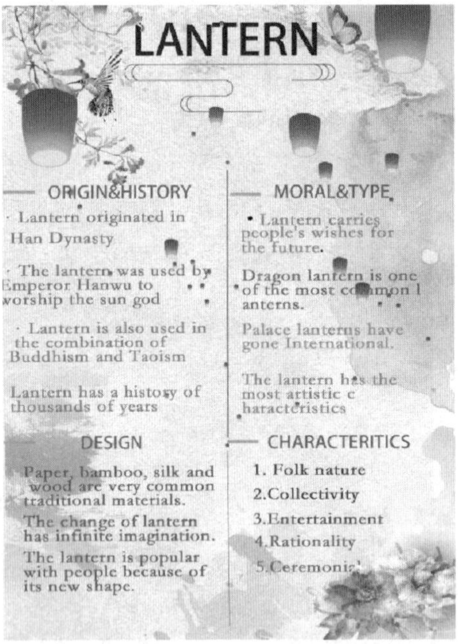

</td><td>

</td></tr>
</table>

范例 3-孔明灯海报

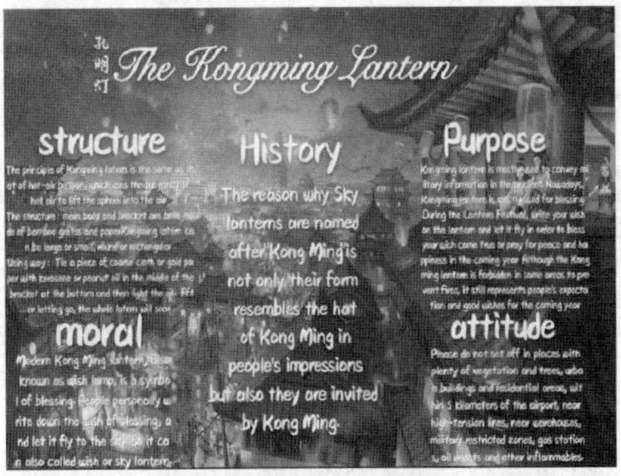

范例 4-剪纸海报

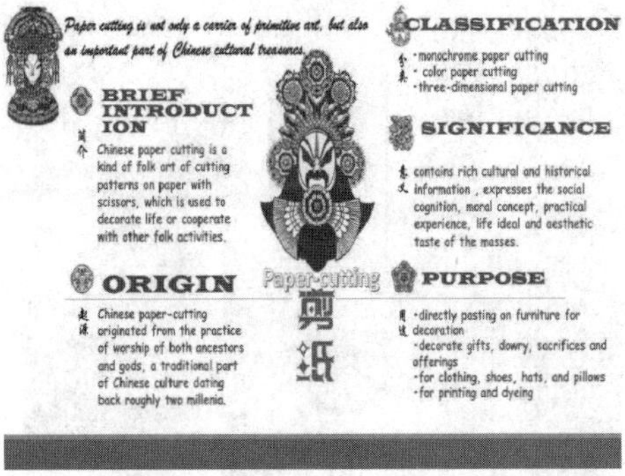

范例 5-青花瓷海报

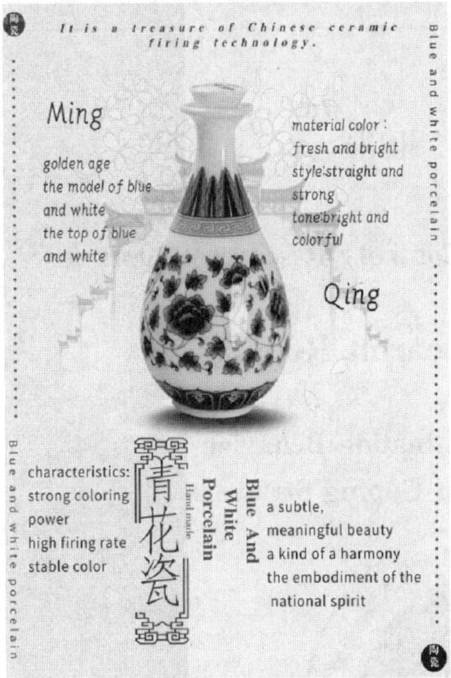

范例 6-毛笔海报

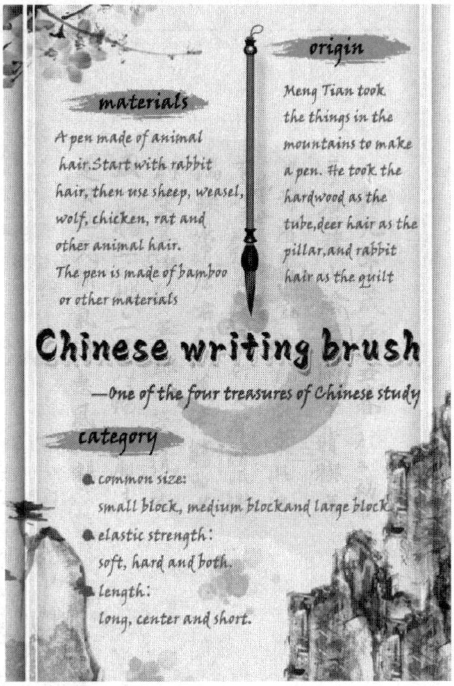

范例 7-中国刺绣海报

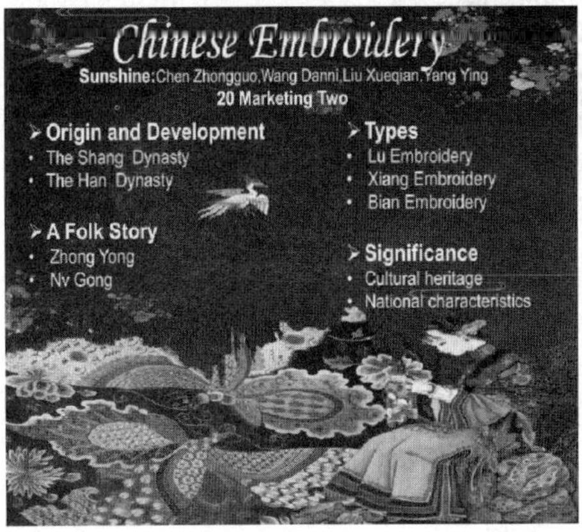

范例 8-湘绣海报

范例 9-大理四日游日程计划海报	范例 10-厦门旅行计划海报
	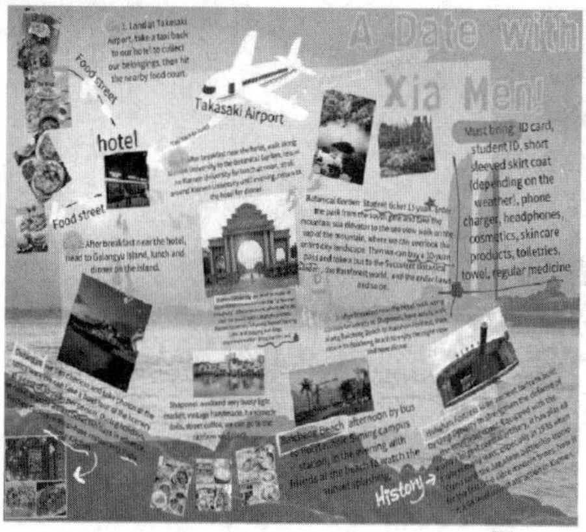

第二节 3C 报告

3C（Causes，Consequences and Control）Research Report-1

Project-Based Research Report

College Students' Procrastination Behavior：Causes，Consequences and Coping Strategies

Class：3

Team Members：李××（2022××××××） 胡 ×（2022××××××）
印 ×（2022××××××） 何××（2022××××××）

Supervisor：董 茜

Chongqing Technology and Business University

College Students' Procrastination Behavior: Causes, Consequences and Coping Strategies

Introduction

With the rapid development of the economy, people's pace of life is gradually accelerating. Still, in this fast-paced life, people's behaviors seem to be going to the opposite direction — procrastination. It is easy to find numerous cases in which people from all walks of life delay or postpone their task-fulfilling or decision-making until the last minute. Procrastination is also prevalent among college students. According to the survey we conducted, among71 participants, 66 students (nearly 93%) admit that they have some procrastination behaviors. Social anxiety affects how students go about their daily lives, what they enjoy doing, and how they connect with others. So, it's not just a small problem - it can stop students from growing and improving themselves.

The purpose of this report is to study the causes, consequences and the coping strategies of the procrastination behaviors among college students.

Causes

Procrastination is a complex behavior that can be caused by various factors. In our study, the following causes were identified as the most common ones among college students.

First of all, there are too many temptations from the outside world for college students. For instance, with the rise and popularity of social media- in 2019, there were 7. 7 billion people worldwide, with at least 3. 5 billion online users. This means social media platforms are used by a third of people worldwide and more than two -thirds of all internet users.

It means that college students are more and more likely to be attracted by the content on social media. However, college students' self-control ability is relatively weak, lacking sufficient self-discipline, and are more likely to be tempted by the outside world. And this also distracts them and leads to procrastination.

Secondly, intense stress and anxiety is another important factor for procrastination among college students. Nowadays, college students are under great pressure coming from many different perspectives ——more fierce academic competition, more challenges from social interactions, more uncertainty for their future development, etc. Students who experience high levels of anxiety or stress may procrastinate.

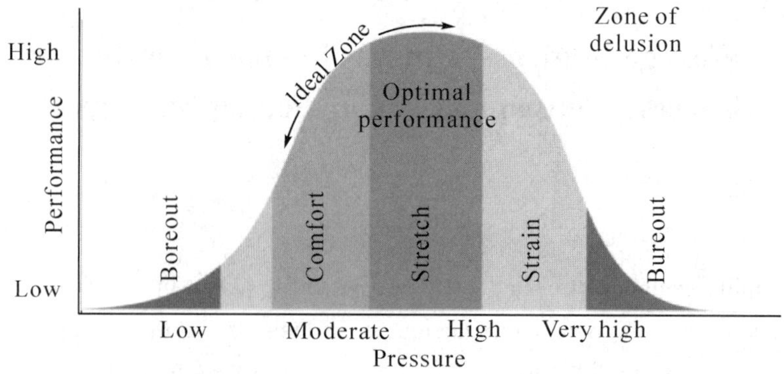

Figure 1 Stress and the Pressure Performance Curve

The above graph is called *Stress and Performance Curve*, developed by the team of Delphis (2020), based on the original version of the curve by Robert Yerkes and John Dodson in 1908. It shows the relationship between the quality of performance and the level of pressure.

As indicated by the graph, when the intensity of stress is at the optimal value at the turning point of the curve, human potential is most easily stimulated, and stress is the most capable of creating motivation. But after passing this value, stress will generate more negative emotions such as anxiety and depression, so college students often fall into a strange cycle: the greater the pressure is, the more time and energy it takes to relax. After relaxing, looking back, students realize that the already tight time is even more pressing and the pressure is even greater, so they have to continue to relax. Therefore, pressure and procrastination create a vicious cycle.

What's more, the overly optimistic estimates of one's work efficiency can also be a main cause of procrastination. Being overly optimistic will make it too easy for us to think about what to do next, and then habitually find excuses to let it go. For example, I'm in a bad mood today. There are too many trivial things, and it's too inefficient to do it now. Let's postpone until this evening or tomorrow morning. At that time, my energy should be very good and I should be able to do it easily. But the fact is that in the end, it is either not finished or the quality of the completion is very poor.

Lastly, one of the biggest factors contributing to procrastination is perfectionism. The expectation to fulfill the task flawlessly often brings about a huge psychological burden. Unfortunately, Chances are it is nearly impossible to make a perfect step. This outcome leads to frustration, and each time we simply give up in the face of frustration, we strengthen our tendency to give up. And Students who are afraid of failing may procrastinate because they don't want to face the possibility of not succeeding. They may also be worried about what others will think of them if they fail, which can lead to procrastination.

Overall, these causes highlight the importance of addressing the underlying factors that contribute to procrastination. By identifying the specific causes of procrastination, college students can develop effective coping strategies to overcome this behavior and achieve their academic goals.

Consequences

From the above analysis we know procrastination behaviors come into being due to many factors. For this part, we will take a look at its consequences. Generally speaking, procrastination leads to a series of negative impacts on their personal growth and development.

First and foremost, the most immediate consequence of procrastination is failing to achieve goals owing to low efficiency. Due to procrastination, allotted working time was given to sliding the touchscreen of the smartphones, playing electronic games or simply drifting off without making any progress toward objectives.

What's more, negative emotions such as anxiety, depression or tension arising from failure to achieve goals are suggested to be viewed as an adverse impact of procrastination as well. People can be motivated to perform better by experiencing brief periods of moderate worry and tension. Procrastination can, however, lead to anxiety and stress that are long-lasting and severe, which can lower a person's self-confidence and be dangerous to their mental and physical well-being.

Last but not least, procrastination will affect individual interpersonal relations. For instance, in college school's group work, the procrastinator is typically the main negative factor contributing to inadequate group communication and low completion of work. As time passes, procrastinator will progressively lose his credibility and his social network will shrink significantly.

In conclusion, procrastination will permeate every aspect of study and life and result in a chain of negative side effects. Therefore, it is urgent to take effective control measures to stop procrastination.

Coping Strategies

Procrastination is undoubtedly a huge obstacle to the healthy growth of college students. According to *China Youth Net*, 76 percent of college students have ideas to improve their procrastination, but only 45 percent can take some concrete measures. The result indicates that most of young people are aware of the harm of procrastination and willing to make a change, but they need some workable coping strategies.

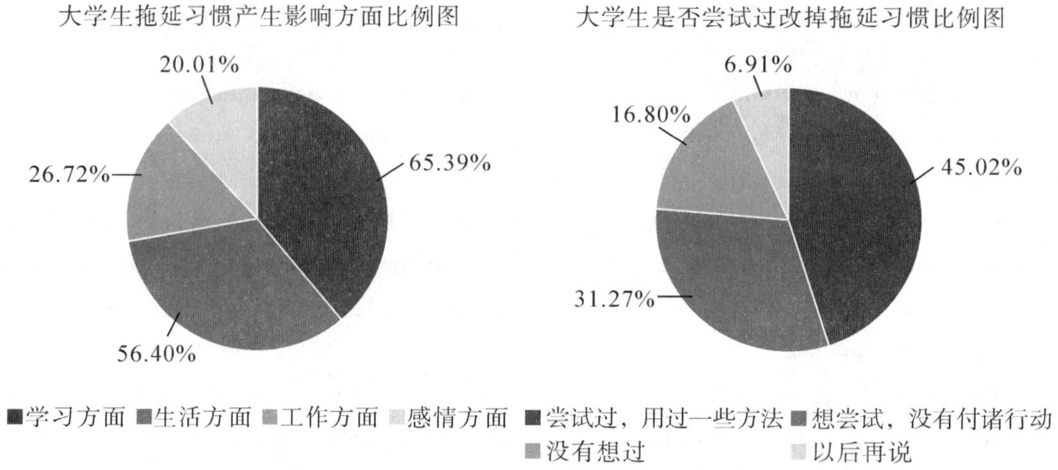

Figures 2-3　Results of the Survey Conducted by *China Youth Net*

As for the causes of college students' procrastination behavior, the survey result match the result of our team's research, and also give more details, shown as follows.

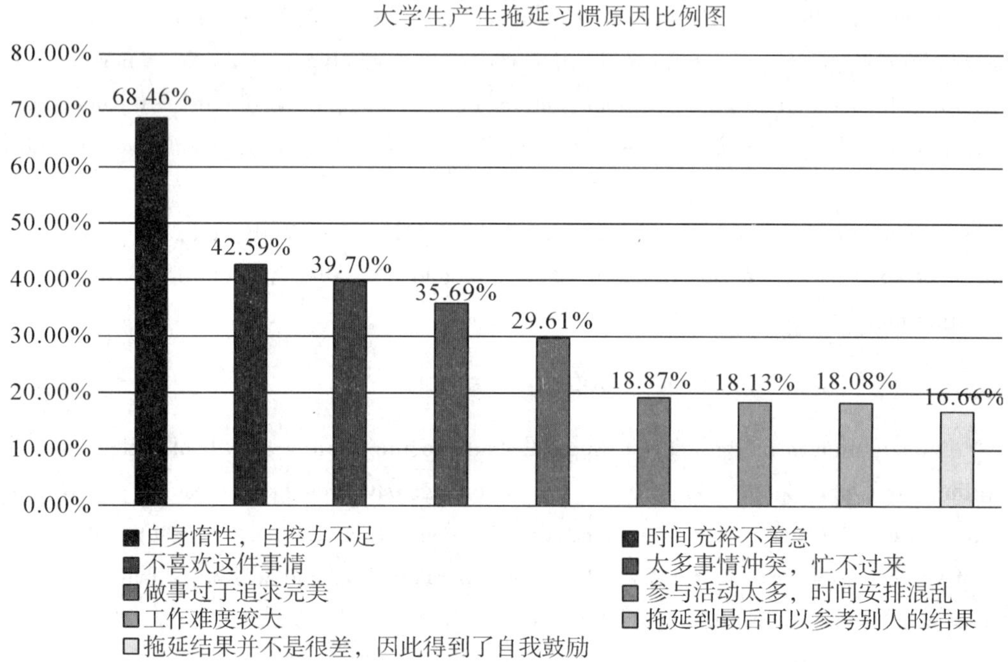

Figure 4　Causes of Procrastination from the Survey by *China Youth Net*

So based on these findings, combined with our own research on the causes of procrastination, our group will give specific strategies to cope with this problem from three aspects.

The first one is to break down tasks and gradually complete them. Some college students postpone tasks repeatedly and lose behavioral motivation because they feel the workload is too overwhelming and they are unsure of where to begin. Procrastination will be far less common if the work is both challenging and simple to do. As a result, to lessen the task's complexity and alleviate our fear of difficulties, we should practise breaking down large, complicated jobs into smaller, simpler ones. When we accomplish each tiny activity in this manner, we will feel a similar sense of pride and satisfaction, and it will also positively affect how quickly we complete following chores.

Secondly, In order to maintain one's passion for a long time, it is necessary to establish a reasonable reward mechanism in a timely manner. Since many students who procrastinate lack passion and motivation to do it, and they take a passive attitude toward the task. So self reward or self-motivation is really helpful in this circumstance.

By using certain incentive techniques and management systems, students can be refreshed and motivated to continue with the next challenge. According to the task's complexity, you may, for instance, create the following appropriate reward systems for yourself before finishing the task: If you can do the action more effectively and quickly, you'll reward yourself by doing what you want to do, like shopping, listening to music, or watching a film. To a certain extent, this reward system will encourage college students to be interested in finishing activities, raise their drive to act, increase the effectiveness of completing tasks, and successfully reduce procrastination.

Last but not least, it is advisable to lower the standards. Perfectionism is a personality trait that many students have, and it is the "main culprit" behind the delays that many college students experience. Sometimes, because college students are obsessed with perfection, they constantly think about how perfectly they perform a task, which leads to a flood of fears and doubts about work before it begins, and in the end they only find themselves making no progress and achieving nothing. As a result, college students should learn to correctly decrease their own expectations, telling themselves to finish before perfecting, and that if they do not accomplish, there will never be a better opportunity.

Summary

To sum up, in this report, we have made an in-depth analysis of college students' procrastination behavior, dealing with its causes, consequences, and its coping strategies. Generally speaking, procrastination of college students are mainly due to too many temptations from the outside world, the intense anxiety and pressure that students are suffering, the overly optimistic estimates of future efficiency, and perfectionism. Procrastination behavior among college students is very common nowadays. But it has many bad consequences, such as failing to achieve set goals owing to low efficiency, leading to negative emotions, lowering self-confidence, and affecting individual interpersonal relations. Therefore, we analyse the causes and put forward some coping strategies: to break down tasks and gradually complete them, to establish a reasonable reward mechanism in a timely manner, to lower the standards and avoid perfectionism. We hope every college students can stay away from procrastination and enjoy their college life.

References

［1］Delphis. Stress and the Pressure Performance Curve.［EB/OL］（2020－07－23）［2023－04－15］. https://delphis. org. uk/peak－performance/stress－and－the－pressure－performance－curve/.

［2］阮征. 大学生拖延行为及其应对策略研究［J］. 科教文汇（下旬刊），2019，462（6）：157－158.

［3］中国青年报. 有你吗？超九成大学生有拖延习惯，主要是在这方面……［EB/OL］.（2021－02－09）［2023－04－10］. https://baijiahao.baidu.com/s? id＝1691186137233883195&wfr＝spider&for＝pc.

Results of our survey

第3题：你是否认为自己有拖延症？[单选题]

选项	小计	比例
A、是	84	93.33%
B、否	6	6.67%
本题有效填写人次	**90**	

饼状 圆环 柱状 条形 折线

第4题：你是否会因为抵触产生的问题，而没有兴趣去完成任务？[单选题]

选项	小计	比例
A、是	81	90%
B、否	9	10%
本题有效填写人次	**90**	

饼状 圆环 柱状 条形 折线

第5题：你是否会因为无法下决心而总是完不成？[单选题]

选项	小计	比例
A、是	71	78.89%
B、否	19	21.11%
本题有效填写人次	**90**	

饼状 圆环 柱状 条形 折线

第6题：你是否会因为没有信心从而对任务望而却步？[单选题]

选项	小计	比例
A、是	65	72.22%
B、否	25	27.78%
本题有效填写人次	**90**	

饼状 圆环 柱状 条形 折线

第7题：你是否会因为事情过多而导致混乱地拖延？[单选题]

选项	小计	比例
A、是	76	84.44%
B、否	14	15.56%
本题有效填写人次	**90**	

饼状 圆环 柱状 条形 折线

第8题：你是否会过分追求完美而导致拖延？[单选题]

选项	小计	比例
A、是	58	64.44%
B、不是	32	35.56%
本题有效填写人次	**90**	

饼状 圆环 柱状 条形 折线

第9题：你会因为心情原因拖延工作吗？[单选题]

选项	小计	比例
A、会，心情的好坏会降低我的工作效率	69	76.67%
B、会，心情的好坏会提高的工作效率	13	14.44%
C、不会，心情不会影响我的工作效率	8	8.89%
本题有效填写人次	**90**	

饼状 圆环 柱状 条形 折线

第10题：你是否有在任务开始前进行规划的习惯？[单选题]

选项	小计	比例
A、有	62	68.89%
B、没有	28	31.11%
本题有效填写人次	**90**	

饼状 圆环 柱状 条形 折线

第11题：当你有约时你会选择：[单选题]

选项	小计	比例
A、提前到达	63	70%
B、踩点到达	21	23.33%
C、晚点到达	3	3.33%
D、其他（具体说明）[详细]	3	3.33%
本题有效填写人次	**90**	

饼状 圆环 柱状 条形 折线

第12题：你是否会将不重要的任务后置？[单选题]

选项	小计	比例
A、会	83	92.22%
B、不会	7	7.78%
C、其他（具体说明）[详细]	0	0%
本题有效填写人次	90	

饼状 圆环 柱状 条形 折线

第13题：你是否能够落实自己的计划？[单选题]

选项	小计	比例
A、能	40	44.44%
B、不能	39	43.33%
C、其他（具体说明）[详细]	11	12.22%
本题有效填写人次	90	

饼状 圆环 柱状 条形 折线

第14题：当一个任务下达时，你会选择在规定期限内的什么阶段完成？[单选题]

选项	小计	比例
A、前期	19	21.11%
B、中期	30	33.33%
C、后期	41	45.56%
本题有效填写人次	90	

饼状 圆环 柱状 条形 折线

第15题：倘若一个任务的完成不会有及时的回报，你是否会缺少动力？[单选题]

选项	小计	比例
A、会	51	56.67%
B、不会	6	6.67%
C、看情况	33	36.67%
本题有效填写人次	90	

饼状 圆环 柱状 条形 折线

第16题：因外界诱惑导致拖延症的程度？[单选题]

选项	小计	比例
没有	11	12.22%
一般	44	48.89%
非常	35	38.89%
本题有效填写人次	90	

饼状 圆环 柱状 条形 折线

3C（Causes, Consequences and Control）Research Report-2

Project-Based Research Report

Phenomenon of College Students Involution: Causes, Consequences, and Control

Group：7

Team Members：何　×（2022××××××）　陈　×（2022××××××）

田××（2022××××××）　雷××（2022××××××）

Supervisor：董　茜

School of General Education

Chongqing Technology and Business University

Phenomenon of College Students Involution: Causes, Consequences and Control

Introduction

Involution, or "Nei Juan" in Chinese, is one of the most discussed terms nowadays in China, commonly by both citizens and the social media. The pressure to outperform others begins at every age, pushing people to put in extra efforts. This term is used to describe the phenomenon where the competition for social and economic resources is intensified. Among college students, there is a saying, "The first time you hear the word 'involution', you don't know what it means. The next time you hear the word 'involution', you are already a member of it." In contemporary society, the term "involution" has become a new popular trend among college students. The number of people taking the entrance exams for graduate school and public servants is rising every year. Faced with the current situation of the involution, we made a questionnaire among the college students around us.

The data in our questionnaire reflect that most college students around us think that the degree of involution is seriously high. About 97 percent of students feel that they have a sense of involution in their college life. This wide range of involution always leads to vicious competition. And about 81 percent of college students think they will have anxiety because of the involution. It could even affect their good learning mentality. Finally, about 46 percent who took part in the survey think they are painfully forced to take part in involution. Involution affects not just one or two people, but a group, even a community. Professor Luo Xiang said, "Involution is essentially a form of social Darwinism." Social Darwinism, which demands human beings obey the rules of the animal world, is a kind of blasphemy. Nowadays, individuals or groups take the action of doubling or even more effort in order to gain a competitive advantage. But because everyone is doing the same thing, the overall competitive landscape has not changed, and instead put participants in a more stressful state.

The purpose of this report is to study the causes, consequences and control of this phenomenon among college students.

Causes

Just as a famous saying goes, water has its source, so it flows endlessly; trees have roots, so they grow vigorously (水有源，故其流不穷；木有根，故其生不穷). So, the root of the phenomenon of college students' involution needs to be studied. It consists of internal factors and external factors.

For the internal factors, there are three points for the phenomenon of college students' involution. Initially, the fundamental reason for college students' involution is that the college students' ideals and beliefs in life are not firm. Ideals and beliefs play a guiding role in the life course of college students. As the matter of fact, under the premise of conforming to the development of the times, there is nothing wrong with that college students pursuing their own development and enhancing their core competitiveness. However, some college students don't have clear answers to a series of self-cognitive questions such as "what kind of person am I?" and "who am I going to be?" Also, they are not clear about their interests, hobbies, personalities and so on. They only choose to follow the crowd. It is precisely because college students lack thinking about ideals and goals that they follow others in involution.

Secondly, college students lack the ability in self-cognizance. For example, some college students are not accurate enough in their positioning. Generally, some college students think too highly of themselves. After failure, they do not looking for reasons within themselves, but instead seeking objective justifications. In their opinion, the reason why they failed is that the objective conditions change too fast and their own time is not enough. Actually, the real reasons are their insufficient skills and abilities, mismatched personalities, and so on.

At last, college students lack a clear understanding of social competition. On the one hand, some college students cannot win in the competition, and have strong negative emotions which leads them into an infinite cycle of pain. On the other hand, college students are eager to prove their pursuit of the future through busyness, and finally lose themselves in the complicated pursuit process. In reality, the way to prove that they are working hard is not busyness but persistence with purpose.

Then, for the external factor, with limited resources, the current campus competition atmosphere is more and more intense. Owing to the fast-paced social environment, the campus environment is affected in the meantime. It's difficult for college students to see their slight progress, which makes them more anxious and confused. Under the gradual catalysis (催化) of the internal causes and the constant promotion of the external causes, there are more and more college students voluntarily or involuntarily join in this irrational competition. In this dilemma, contemporary college students have to seize every opportunity to struggle.

Consequences

Without exaggeration, it can be said that involution is a highly controversial topic. A research (Da Yi et al., 2022) demonstrates involution was not completely harmful. Some people said that involution not only motivates people to go for higher goals, but also promotes self-directed learning, and it helps to cultivate people's spirit of hard work.

It's true that involution is a demonstration of effort, but, it brings about many bad consequences.

First of all, involution mentality makes people lose one's true purpose and self-motivation. People in involution are more likely to become blind followers in the progress of others. In our lives, we lose our true purposes when we change our plans by keeping an eye on our roommates' progress.

In addition, involution will increase stress and deprive people of happiness, causing self-doubt and a lack of initiatives. In the context of involution, individuals often feel physically and mentally exhausted, and even experience negative emotions such as anxiety and depression. Currently, the number of people suffering from psychological disorders is increasing, with extreme cases of suicide repeatedly occurring. This year, a 9-year old girl who had been psychologically tortured in involution jumped from a building and ended her own life.

Thirdly, in society and on campus, involution has led to an unequal distribution of resources, and the allocation of resources to the better will only exacerbate inequality. For example, the scarcity of educational resources in remote areas and the abundance of educational resources in more developed areas make people feel unfair.

Overall, involution affects many aspects of society. But in the long run, involution will slow or even hinder the development. So as teenagers, we should resist involution. But how? The following part of this report will offer some suggestions.

Control

Whether we are in the involution or not, all of us should check erroneous ideas at the outset, control it and achieve self-improvement in this environment. Here are some suggestions for college students.

Firstly, contemporary college students should rectify their mindsets. We might as well adjust our mentality and accept our mediocrity (平庸) and limitations. This does not mean that we do not pursue self-improvement, but rather, it means we should reduce psychological stress by regulating our mindset. When some of the goals are set too high, we should make certain adjustments, think about the worst results, let go of obsessions, and learn to accept. Reflect on your own way of thinking and behavior habits, find your core competitiveness, focus on cultivating it, combine the needs of society, and do a career that suits you and is helpful to social development.

Secondly, worries coming from competition can be relieved by focusing on the present and stopping comparison. In fact, most of the time, we don't have to worry at all. So where does the anxiety we feel now come from? It mainly comes from the comparison with some people. Don't always lower your own value by comparing yourself to others. Believe that it is precisely because of our differences that we each have our own strengths and weaknesses. Blindly belittling oneself can actually lead to a dark wave of involution. Just be yourself.

Last but equally important, it is advisable to make rational choices. We should realize that the purpose of competition is not to defeat others, but to stimulate our potential. Do not engage in meaningless consumption and competition. Choose things you really need and desire. The wave of involution on the campus cannot be stopped by individuals, but the "involution" can not work on a person with a sober mind and a wise choice. Knowing a lot of good concepts but making wrong choices cannot make a difference in the trap of involution.

Additionally, Yang Shaowu and Ran Ying (2022) pointed out that to solve the dilemma of "involution" of college students, there are something to be done by the society and the school. First of all, the society should expand the employment "cake" and enhance the ability to absorb employment. Secondly, the school should update the concept of education and reform the student assessment and evaluation mechanism timely.

Summary

Great truth lies in simple words.（大道至简）This is like a hundred boats competing for the best, "If you don't advance, you will retreat, and if you slow down, you will also retreat."（不进则退，慢进也退）The formation of 'involution' stems from the fact that in a more competitive environment striving for success, individuals are prone to feelings of frustration and disappointment. They may feel like they have entered a dead cycle of energy consumption, competing fiercely with other players on the track, but only leading by a small margin, without any outstanding advantages. Success becomes increasingly difficult, and the cost continues to rise.

Only by having a clearer understanding of 'involution' and ourselves can we face it rationally and make wise choices. Believe that involution will not become a complex and heavy life challenge for us.

References

[1] Da Yi, Jingwen Wu, Minqiang Zhang, Qing Zeng, Jinqing Wang, Jingdan Liang, Yashi Ca. Does Involution Cause Anxiety? An Empirical Study from Chinese Universities [J]. International Journal of Environmental Research and Public Health, 2022, 19 (16): https://doi.org/10.3390/ijerph19169826.

[2] 林扬千. 精疲力竭的突围：大学生内卷化现象的表现、危害及应对 [J]. 当代青年研究，2021（3）：88-93.

[3] 王斯腾，贺敬雯. 基于个体倾向性的大学生内卷表现、特征及成因分析 [J]. 煤炭高等教育，2022（1）：109-115.

[4] 羊绍武，冉莹. 大学生"内卷化"困境及其治理 [J]. 山西青年，2022（3）：105-107.

Appendix

当代大学生对大学生内卷现象的认知的调查研究

第1题：您的性别是？ [单选题]

选项	小计	比例
男	4	10.81%
女	33	89.19%
本题有效填写人次	37	

第2题：您目前所在年级是？ [单选题]

选项	小计	比例
大一	28	75.68%
大二	5	13.51%
大三	0	0%
大四	1	2.7%
大五	1	2.7%
研究生	2	5.41%
本题有效填写人次	37	

第3题：您所学的专业是 [填空题]

第4题：您是否了解内卷 [单选题]

选项	小计	比例
了解	35	94.59%
听说过	2	5.41%
不了解	0	0%
本题有效填写人次	37	

第5题：您在生活中有参与感受过内卷吗？ [单选题]

选项	小计	比例
有	36	97.3%
没有	1	2.7%
本题有效填写人次	37	

第6题：您认为的内卷是？ [单选题]

选项	小计	比例
弊大于利，是一种无止境的自我消耗，对社会的长远发展并无利益	26	70.27%
利大于弊，是一种积极的竞争，利于个人提高和企业的发展	11	29.73%
本题有效填写人次	37	

第7题：您在生活中容易出现内卷的心态或行为吗？ [单选题]

选项	小计	比例
容易产生	12	32.43%
偶尔产生	21	56.76%
不会产生	4	10.81%
本题有效填写人次	37	

第8题：您是否会因为身边内卷的人而感到焦虑？ [单选题]

选项	小计	比例
是	30	81.08%
否	7	18.92%
本题有效填写人次	37	

第9题：您认为身边内卷的人多吗？ [单选题]

选项	小计	比例
自己觉得没有人内卷	2	5.41%
有一些但并不太多	11	29.73%
内卷的人数一般	6	16.22%
超级多人在内卷	18	48.65%
本题有效填写人次	37	

第10题：您觉得您的校园或您的专业内卷程度如何 [单选题]

选项	小计	比例
严重	24	64.86%
一般	13	35.14%
很少	0	0%
几乎没有	0	0%
本题有效填写人次	37	

第11题：您是否加入到内卷的行列中？ [单选题]

选项	小计	比例
自己就是主动内卷的人	7	18.92%
没有加入内卷行列	13	35.14%
被迫加入内卷的行列	17	45.95%
本题有效填写人次	37	

第12题：您面对内卷的态度是？ [单选题]

选项	小计	比例
紧张焦虑	23	62.16%
心情平淡	9	24.32%
积极向上	5	13.51%
本题有效填写人次	37	

第13题：您认为自己是否在有目的的卷 [单选题]

选项	小计	比例
是	20	54.05%
否	17	45.95%
本题有效填写人次	37	

第14题：您认为内卷意味着 [多选题]

选项	小计	比例
激励合理的竞争	23	62.16%
内部良性的循环	10	27.03%
不肯落后的攀比	28	75.68%
生产效率的降低	8	21.62%
其他 [详细]	0	0%
本题有效填写人次	37	

第15题：您认为当代大学生内卷的主要原因是？ [多选题]

选项	小计	比例
竞争激烈的环境下资源有限	30	81.08%
没有明确的目标与规划	21	56.76%
对更高学分绩点的要求	29	78.38%
老师的评价标准	15	40.54%
同辈的压力	23	62.16%
家人的高度期许	20	54.05%
发展前景（保研、出国、就业等）	23	62.16%
其他 [详细]	0	0%
本题有效填写人次	37	

第16题：您认为应如何缓解内卷焦虑？ [多选题]

选项	小计	比例
按自己计划进行，不受他人影响	33	89.19%
明确自己的目标，对自己合理定位	34	91.89%
评优升学考核标准多元化	17	45.95%
跳出眼前利益，为个人发展而努力	25	67.57%
其他 [详细]	0	0%
本题有效填写人次	37	

第17题：您认为未来内卷变化的趋势是 [单选题]

选项	小计	比例
加剧	31	83.78%
不变	3	8.11%

选项	小计	比例
减轻	3	8.11%
本题有效填写人次	37	

第18题：您认为以下哪些行为属于内卷？ [多选题]

选项	小计	比例
报告、论文超两倍字数	24	64.86%
一边赶路一边学习	20	54.05%
吃饭背单词	17	45.95%
大一开始准备考研	22	59.46%
为提高绩点放弃社交或其他娱乐活动	26	70.27%
提前半小时去教室占座（前排）	11	29.73%
刷大量题目在考试中得取高分	11	29.73%
利用课余时间自习	7	18.92%
其他 [详细]	0	0%
本题有效填写人次	37	

第19题：您认为内卷的原因有哪些 [多选题]

选项	小计	比例
对自我的高要求	31	83.78%
攀比心理	25	67.57%
跟从社会趋势	30	81.08%
过于追求他人的认可	23	62.16%
其他 [详细]	0	0%
(空)	1	2.7%
本题有效填写人次	37	

第20题：您认为如何才能摆脱内卷 [单选题]

选项	小计	比例
明确自身定位把握自己节奏	34	91.89%
开摆	1	2.7%
成为卷王	2	5.41%
本题有效填写人次	37	

第21题：对于内卷现象，您有哪些看法？ [填空题]

3C（Causes, Consequences and Control）Research Report-3

Project-Based Research Report

Causes, Consequences and Control of Heavy Metal Pollution in Hunan Province

Class: ××（**Accounting**）

Group: **8**

Members：高××（2021××××××）　白 ×（2021××××××）
卢××（2021××××××）　周××（2021××××××）
张××（2021××××××）

Supervisor：董　茜

School of Accounting

Chongqing Technology and Business University

Causes, Consequences and Control of Heavy Metal Pollution in Hunan Province

Introduction

Heavy metal pollution refers to environmental pollution caused by heavy metals or their compounds. As we all know, the heavy metals mentioned in environmental pollution mainly refer to mercury, cadmium, lead, chromium and metal-like arsenic and other heavy metals with significant biological toxicity. And if the amount of these heavy metals exceeds a certain level, it will have adverse effects on the environment and all kinds of living things.

Nowadays, many cases of the heavy metal pollution have been reported by media and got public concerns. According to the Xinhua News Agency, excessive amount of heavy metal has been tested in the rice produced in Zhenxiong County, Yunnan Province. As a result, a total of 99, 425 kilograms of rice was destroyed, 15 cases and 7 enterprises involved in the event.

Hearing this news, all of us may think about the questions: Why were nearly a hundred of rice polluted by heavy metals? Are there any solutions to the problem? We explored about heavy metal pollution in Hunan Province. This report is to introduce the causes, consequences and possible control to this issue.

Causes

According to the article entitled *Heavy metal accumulation and its spatial distribution in agricultural soils: evidence from Hunan province, China*[1], Cadmium in rice mainly comes from the following three sources.

Firstly, the increase of heavy metal content in soil is closely related to human activities such as heavy industry, mining and real estate development. Hunan is characterized by rich nonferrous metal and nonmetallic mineral, and it is also the key area of soil heavy metal contamination in China. The development of smelting industry has polluted the soil with heavy metals. Even if smelters are far away, emissions from them can spread and rain down on farmland.

Secondly, too much phosphorous compound fertiliser is used, and current phosphate fertilisers are technically unable to remove cadmium. Hunan is a large agricultural province, so agricultural fertilizer use is also substantial. Cadmium then enters the soil through the use of phosphate fertilizers and contaminates the complex food chain.

Thirdly, rice has high enrichment characteristics for some heavy metals. Rice has a strong enrichment of some heavy metals, especially cadmium, which can be absorbed and transported into grains by roots, stems and leaves, thus causing the accumulation of heavy metals in rice.

Consequences

Heavy metal pollution may bring about severe consequences, among which the following three are observable[1]:

First and foremost, with rapid urbanization, it is a big threat that 64.8% of the 1.4 million heitares of sewage-irrigated agricultural land suffers from heavy metal contamination. Eevery year, as much as 12 million tons of grain in China is contaminated by heavy metals.

In addition, heavy metals in soil regatively influence plant growth. When accumulation of heavy metals exceeds the limits, soil contamination occurs, which affects the sustainable development of the ecological environment and social economy.

Last but not least, heavy metals in soil also severely threaten human health[2]. According to the survey, 86% of the rice in eastern Hunan was not suitable for human consumption. Because heavy metals can migrate and transfer into crops, water sources, and the atmosphere through multiple pathways, thus accumulating in human bodies and severely threatening human health.

Control

At present, countries all over the world attach great importance to the research on the treatment of heavy metal pollution, and carry out wide-ranging research work. Generally, people control heavy metal pollution through approaches encompassing chemistry, engineering, biology and agriculture.

Many governments around the world have been paying special attention to this type of pollution. In the past few years, they have forced the factories not only to comply with strict limits in the emission of heavy metals, but also to produce goods that do not contain or contain minimal amounts of heavy metals. Additionally, there are a number of international conventions dealing with heavy metals, such as the International Convention on the Control of Harmful Anti-fouling Systems on Ships.

We can also contribute to the mitigation of heavy metal pollution in our daily lives. To begin with, it is important to make a great effort to carefully follow the instructions for the use and disposal of products that may contain heavy metals. In addition, we should drink clean water and use fresh water to clean fruits and vegetables. What's more, pregnant women and children should be cautious and avoid eating fish and seafood that may have been exposed to industrial emissions frequently. Naturally, we should use less toxic materials and more environmentally friendly products, supporting industrial recycling activities.

Conclusion

To sum up, heavy metal pollution is a very serious problem for us to address. Not only should we pay attention not to pollute the environment, but also strive to keep healthy.

Everyone is responsible for protecting the environment. Let's jointly safeguard our beautiful earth!

References

［1］ Li X, Zhao Z, Yuan Y, et al. Heavy metal accumulation and its spatial distribution in agricultural soils: Evidence from Hunan province, China ［J］. RSC Advances, 2018, 8 (19): 10665-10672. DOI:10.1039/C7RA12435J.

［2］ Briffa J, Sinagra E, Blundell R. Heavy metal pollution in the environment and their toxicological effects on humans. ［J］. Heliyon. 2020 Sep 8; 6 (9): e04691. DOI: 10.1016/j.heliyon.2020.e04691. PMID: 32964150; PMCID: PMC7490536.

3C（Causes, Consequences and Control）Research Report-4

Project-Based Research Report

Causes, Consequences and Control of the Decline of the Golden Snub-nosed Monkey

Class：Class × of Finance

Group 1

Team Members：徐××（2020××××××）　张　×（2020××××××）

代××（2020××××××）　沈　×（2020××××××）

罗　×（2020××××××）　梁××（2020××××××）

Supervisor：董　茜

School of General Education

Chongqing Technology and Business University

The Causes, Consequences and Control of the Decline of the Golden Snub-Nosed Monkey

Introduction

The golden snub-nosed monkey is an Old World monkey in the subfamily Colobinae. Its Chinese name is Sichuan golden hair monkey. It is also widely referred to as the Sichuan snub-nosed monkey. Of the three species of snub-nosed monkeys in China, the golden snub-nosed monkey is the most widely distributed throughout China. It is endemic to a small area in temperate, mountainous forests of central and Southwest China. They inhabit these mountainous forests of Southwestern China at elevations of 1, 500–3, 400 m above sea level.

The golden snub-nosed monkeys are estimated to number only 2, 500 to 3, 500, and this population is dwindling. The golden snub-nosed monkey's habitat is now confined to an area about 5, 000 square kilometers in the Albertine Rift[1]. So there is a question: Why is the golden snub-nosed monkey population being threatened? Overall, the population of golden snub-nosed monkeys is decreasing today, and the animals are classified as Endangered (EN) on the IUCN Red List. So we made a report on this phenomenon.

The purpose of this report is to study the causes, effects of the decline of golden snub-nosed monkeys and find the ways to control this issue.

Causes

There are some reasons why golden snub-nosed monkeys are in danger. For instance, population growth, agriculture, hunting, and deforestation have all adversely impacted the range of snub-nosed monkeys. Especially, golden snub-nosed monkeys currently suffer from large-scale hunting for food, which is one of the more important reasons. As we all know, the pelt of some animals has a commercial value, while some parts of their bodies are used in traditional medicine. It's obvious that golden snub-nosed monkeys were treated with the same cruelty. What's more, golden snub-nosed monkeys are threatened by loss of their natural range as a result of deforestation and habitat degradation. Therefore, the number of golden snub-nosed monkeys has been declining rapidly over the years.

Consequences

The reduction of golden snub-nosed monkeys will bring about many problems. On the one hand, the sharp decrease of golden snub-nosed monkeys will lead to the decrease of biodiversity[2]. On the other hand, it will lead to the destruction of the biological chain and the imbalance of the ecosystem. From the perspective of geographical integrity, the reduction of organisms will lead to changes in climate, topography, water environment, land and so on. It would resuit in a dry climate, water scarcity, and barren land.

Control

Moreover, we know that the world's endangered animals are not only golden snub-nosed monkeys, but also many other creatures. The extinction of one species will lead to the extinction of another species, and ultimately it will pose a threat to human beings. The measures to control the population of golden snub-nosed monkeys are as follows.[2]

First, we must strengthen publicity and education to raise public awareness of the conseivation of wild animals.

Then, golden monkey need healthy forests to suivive, so we should restore forests to provide habitat for them.

Lastly, we can promote golden snub-nosed monkey projects within or near the community to provide technical and financial support, such as carrying out a variety of renewable energy programs, so that the villagers don't have to resort to deforestation to meet their needs.

Conclusion

To sum up, we need to reduce environmental pollution, ban hunting and other harmful activities to protect the golden snub-nosed monkey, preventing the number of golden snub-nosed monkeys from further decline. At the same time, we should also strengthen the protection of golden snub-nosed monkeys by creating better natural conditions for their life. Through the research of our group, we have a deeper understanding of the endangered species, and strengthen our awareness of animal protection. We call on more people to pay attention to the endangered golden snub-nosed monkey, so as to jointly create a home where people, animals and nature coexist harmoniously.

References

[1] Golden snub-nosed monkey [EB/OL]. [2021-05-15]. https://animalia.bio/golden-snub-nosed-monkey

[2] Xinhua, Better system needed for protection of golden monkeys [EB/OL]. (2010-10-21) [2021-05-15]. http://www.china.org.cn/environment/biodiversity/2010-10/21/content_21168162.htm.

3C（Causes，Consequences and Control）Research Report-5

Project-Based Research Report

Causes，Consequences and Control of Noise Pollution in Chinese Cities

Class：财会一班

Group：**7 Group**

Team Members：陈××（2021××××××）　郝××（2021××××××）
申××（2020××××××）　张××（2021××××××）

Supervisor：董　茜

School of General Education

Chongqing Technology and Business University

Causes, Consequences and Control of Noise Pollution in Chinese Cities

Introduction

After the reform and opening up, with the rapid development of China's economy and the rapid development of urbanization, the urban construction of our country has made great progress. However, at the same time it is unavoidable in the rapid development of the city, increasing noise pollution in entertainment, industrial production and city traffic has become a major nuisance for city residents. It is highly necessary to implement effective monitoring, take measures to control noise and improve the living environment of residents in our city. The purpose of this paper is to analyze the characteristics of urban environmental noise pollution and find ways to control the noise pollution.

Causes

(1) The noise in social life is on the rise.

Sources for noise in social life are very wide and complex. The noise level is related to regional population density and social economy. It has accounted for 36. 6% among all the noise pollution as is shown in Fig. 1.

In recent years, Yuzhong District's population is increasing year by year. At the same time, Hongya Cave, Chaotianmen, the Yangtze River Cableway and other attractions attract numerous visitors. In Liberation Monument, Daping Business District and other areas of intensive commercial activities people are hustling and bustling. Therefore, retail, catering, entertainment and other industries continue to develop. With the continuous improvement of people's living standards, artificial activities will become the main source of noise in business places, public places.

Noise pollution in social life is becoming more diversified, and the trend is on the rise.

(2) The nuisance of construction noise continues.

Yuzhong District in recent years has a good momentum of development, such as the new area development, the old city renovation, urban infrastructure projects (rail transit, municipal engineering, etc.) The number of construction projects is very large. In the meantime, the construction project is close to residential areas.

In addition, Yuzhong District is located in the downtown area. And slag truck, excavator, mixing truck and other construction vehicles are only allowed to enter the downtown area each day from 22 p. m to 7 a. m. So many operations can only be carried out at night.

The frequency of using construction vehicles is high, and the urban construction scale will not decrease in the short term, and thus, noise pollution will be continuous.

(3) Traffic noise is becoming increasingly serious.

Road traffic noise is not only related to vehicle types, traffic flow, speed, whistle, but also with road width, road quality and so on.

Yuzhong District has narrow roads and steep slopes. Places with similar terrain in the downtown area are way too many. Huanghuayuan Bridge, Chongqing Yangtze River Bridge and Double Track Bridge, Caiyuanba Yangtze River Bridge, Jialing River Bridge, Yu Ao Bridge, Jiahua Bridge, Dongshuimen Bridge, Qiansimen Bridge, Xiangyang Tunnel, Bayi Tunnel, Shihuang Tunnel Road, Changbin Road, Jiabin Road, Changjiang First Road, Changjiang Second Road and other sections. And traffic congestion is serious. For instance, Jiahua Bridge peak hour flow has reached up to 12 000pcu/h, and the daily average speed is about 22.2km/h.

The road congestion problem is difficult to cure in a short time. It is predicted that the traffic noise caused mainly by motor vehicles will increase significantly in the future.

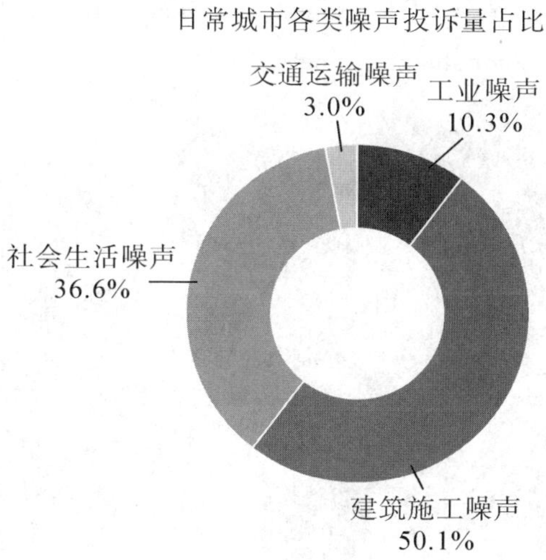

Fig. 1 Proportion of noise complaints

Consequences

Noise, including noise from transport, industry, and neighbors, is a prominent feature of the urban environment. This report reviews the causes and effects of environmental noise on people's health in urban settings. Exposure to transport noise disturbs sleep in the laboratory, but generally not in field studies, where adaptation occurs. Noise interferes with complex task performance, modifies social behavior, and causes annoyance. In children, chronic noise exposure impairs reading comprehension and long-term memory and may be associated with increased blood pressure. Noise from neighbors causes annoyance and sleep and activity interference. Further research is needed for examining coping strategies and the possible health consequences of adaptation to noise.

Control

To reduce the noise of sound source, in the industry and transportation industry people can choose low-noise production equipment and improve the production process, or change the movement mode of noise source.

Other measures people can adopt include reducing noise, controlling the transmission of noise, changing the transmission path of noise emitted by sound source, such as adopting sound absorption, sound insulation, sound barrier, and etc., as well as reasonably planning urban and architectural layout as is shown in Fig. 2.

When measures cannot be taken for the noise protection of the sound receiver or sound receiving organ in terms of sound source and transmission path, or the acoustic measures taken still cannot achieve the expected effect, protective measures need to be taken for the sound receiver or sound receiving organ. For example, workers exposed to long-term occupational noise can wear ear plugs, ear muffs or helmets.

Fig. 2. Measures to reduce noise

Conclusion

Noise pollution is an urgent problem that we need to solve. We can't give up the prevention and control of noise pollution for the sake of economic development. We should learn lessons and sum up experience to better take into account social development and environmental protection. By analyzing the causes and consequences of noise pollution, we propose ways to control the problem of noise pollution in the intention to protect people's well-being.

References

[1] 刘晓森. 浅谈城市环境噪声污染的特征与防治对策 [J]. 资源节约与环, 2017 (1): 51, 56.

[2] 谢付元. 城市噪声污染及其防治措施探讨 [J]. 智库时代，2018（39）：186-188.

[3] 李颖，寇宁. 牡丹江市环境噪声污染分析及防治对策 [J]. 黑龙江环境通报，2013（2）：57-58.

[4] 罗萍. 城市道路交通噪声污染特征分析与管理对策 [J]. 环境与发展，2017，29（6）：61，63.

[5] 赵光复. 声环境评价为城乡规划提供科学依据 [J]. 环境影响评价，2013（6）：27-30.

3C（Causes, Consequences and Control）Research Report-6

Project-Based Research Report

Causes, Consequences and Control of Soil Pollution

Class：01（Finance）

Group：4

Team Members：古××（2021××××××）　易××（2021××××××）
李××（2021××××××）　陈××（2021××××××）
彭××（2021××××××）

Supervisor：董　茜

School of General Education
Chongqing Technology and Business University

Causes, Consequences and Control of Soil Pollution

Part 1 Introduction

Soil pollution can be defined as the addition of any harmful substance which is also known as pollutant or contaminants into the soil and polluting it. The presence of chemicals and detrimental pollutants in soil, higher than the natural level, is also termed as soil pollution. This is because these addition in higher concentration are harmful to the ecosystem.

The purpose of this report is to study the causes, influences and find ways to control soil pollution.

Part 2 Causes

Every soil type contains different elements and ingredients, and some natural contaminants as well. Some of them are metals, inorganic ions, salts, compounds formed by soil microbial activity, and decomposition of organisms. And some mix in soil through environment and wind activity. When these contaminants overstep the natural level, it starts polluting. There are mainly 2 types of causes of pollution.

The first type is natural causes of soil pollution. This may be due to an imbalance between atmospheric decomposition and the complex soil environment. The complex soil involves presence of other chemicals and natural conditions which may interact with released pollutants.

The other type is man-made causes of soil pollution. Man-made contaminants are main causes of soil pollution and consist of a large variety of contaminants or chemicals, both organic and inorganic. They can pollute the soil either alone or in combination with several natural soil contaminants. Soil pollution can be caused by many causes, some of which are accidental spillage and leakage during the storage, transport or use of chemicals, mining activities, agricultural activities, waste disposal methods, etc.

Different human activities like use of pesticides, chemical fertilizers, municipal waste treatment, industrial waste, use of poisonous substances, radioactive emissions etc. are also some of the man-made causes of soil pollution. The most common contaminants are biological agents and chemicals used by humans. Human causes are explained in detail below.

1. Pollution due to urban and industrial waste

Urban waste and industrial waste contain residuum of harmful toxic inorganic and organic chemicals. In these residuum, radiation elements such as strontium, cadmium, uranium, and lead, which affect the vitality and fertility of the land. Most of the waste is non-biodegradable and lies on the surface of the soil.

What's more, they can get trapped several layers below, contaminating the land, and some of the waste produces harmful fumes. Waste from the city is treated and dumped in the dump. This not only pollutes the soil of the land, but also the land around it, disrupting the ecosystem and making it difficult for plants, animals and people to live in the area. Plants don't grow easily, and they die. Animals and humans may develop different diseases caused by soil pollution.

2. Pollution by chemical substances

This is one of the major causes of soil pollution. The chemicals used to kill pests, increase fertility of soil, act as fertilizers, control insects and act as insecticides, etc. are polluting soil to a great extent.

Over time these chemicals produce a lot of waste, and that waste gets into the soil, then the soil dies. Naturally, the soil regenerates its fertility and nutrients after a certain period of time. But due to these chemicals, the soil is losing its ability to regenerate. These chemicals not only pollute the soil, but also the water when they mix with groundwater as is shown in Fig. 1.

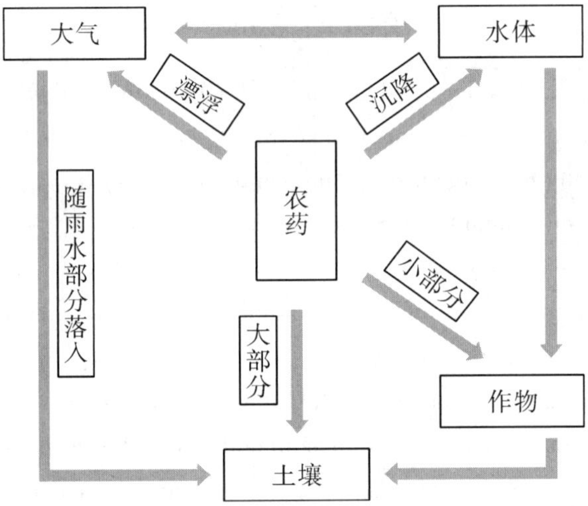

Fig. 1 How persticides pollute soil

3. Soil pollution by biologically chemicals

One of the most dangerous causes of soil pollution is the use of biologically active chemicals. Due to this, the micro-organisms of climate and other soil are being ruined resulting in decreased quality of the soil. Toxic chemicals enter the diet chain, and they reach the top consumer. Biologically chemicals are also called creeping death. These chemicals are widely used in every aspects of medical. As a result, waste from hospitals contains the most bioactive pollutants.

4. Soil pollution by radioactive matters

Most of the radioactive waste generate from nuclear power plants. When radioactive waste enters the soil, it kills all nutrients in the soil, making it permanently dead and toxic. It is highly toxic and can harm anything that comes near it or touches it. The waste coming from cancer hospitals is also radioactive. Substances such as radium, thorium, uranium, nitrogen, etc. are radioactive and permeate the soil and create toxic effects.

Part 3 Consequences

Firstly, there are some soil pollution consequences on plants. Plants need specific atmospheric conditions, proper nutrients to grow and prosper. As we all know plants and trees are the reason why we all are alive. They provide us with oxygen to breathe. And the soil pollution is exerting adverse effects on plants and trees – they are developing different diseases. Plants are not able to adapt and are dying. These pollutants are consumed by plants, making them innutritious.

Apart from this, the salt content in the soil increases thanks to the soil pollution, although salt is present naturally in soil. Accumulation of nitrates and phosphates in the soil leads to increasing levels of salt present in the soil. This high concentration makes it difficult for the plants to correctly absorb the nutrients present in the soil. And this also reduces the quality of groundwater present below the soil. Also, it has been noted that the plants which are grown in this area are highly poisonous. And when they are consumed, they can cause severe health issues.

The acid rain is also one of the major soil pollution causes. Sulphur compunds and its dioxides are released into the air which in turn causes acid rain. In the long run, the cycle of acid creation continues which results in further reduction of soil fertility and creates soil erosion. This leads to the death of plants growing in the soil due to the increased pH levels.

Soil pollution ultimately causes loss in economy. Since the pollution results in degradation of crops grown. This in turn can affect the sales of crops. And this leads to decreasing income of an average farmer whose livelihood is entirely dependent on the crops. To curb the pollution, environmental-friendly fertilizers and other artificial chemicals should be used. But it is costly for an average farmer to afford. As a result, soil pollution has been given prior attention in the comprehensive ecological improvement.

In some countries, due to soil pollution, the soil contains heavy amounts of lead. And the crops produced in such soils are discarded due to the immense levels of toxicity. According to the report by the Agriculture Ministry of China, more than 12 million tons of grains that are polluted are disposed off every year. The economic losses of farmers in China thus amount to about 2. 5 billion dollars each year.

Part 4 Control

Considering the harm of the soil pollution, it has become essential to guard our soil. There are different measures for the prevention and control of soil pollution, some of which are listed below:

Domestic waste control

We need to reduce the amount of domestic waste we produce. For example, look for substitutes to replace kitchen towels, garbage bags, wax paper, disposable plates, disposable cups and other disposable items. And avoid plastic waste generated daily by the shopping as much as possible. At the same time, we should sort the domestic waste to reduce the pressure of subsequent waste disposal.

Proper waste management system

Through the use of proper waste disposal methods, soil pollution can be controlled and reduced. We need to control and eliminate three industrial wastes discharge, namely waste water, exhaust gas and solid waste by enacting laws. In addition, we should develop better ways of dealing with waste. More than anything, the garbage from the factories should be sent to the purifying plants first and they should be immersed only after proper treatment.

Reduce, recycle and reuse

Reduce the use of plastics and other harmful matters. Rational use of fertilizers and pesticides. Don't use phosphorus containing washing powder.

Recycle the recyclables, such as the waste paper and old clothes. And reuse the things which can be utilized in one way or another after use, such as take your own cloth bag for shopping. These methods will help to control soil pollution effectively.

Part 5 Summary

Soil serves as a natural sink for contaminants. If the soil is contaminated, domesticated vegetables and fruits may become polluted as well. This happens because most of the soil pollutants nowadays in the soil are extracted by the plants along with water every time they feed. As a result, it is necessary to reduce the use of chemical pesticides, insecticides, fertilizers etc. in the excess amount. And limited use of chemicals will contribute to the control of soil pollution.

As a whole, soil pollution has been a primary cause of concern for many nations now. Year in year out, steps are being taken to improve the quality of the soil, and to reduce pollution. In addition to the measures discussed above, the public must also be aware of the harm they cause, intentionally or unintentionally. Strict penalties must be imposed on law violators. And education to prevent pollution and its effects must begin at a very young age with students.

References

[1] GHOSH A. Soil Pollution: Definition, Causes, Effects and Solutions [EB/OL]. [2023-11-05]. https://www.conserve-energy-future.com/causes-and-effects-of-soil-pollution.php.

[2] RINKESH. Various Sources and Incredible Solutions to Soil Pollution [EB/OL]. [2023-11-05]. https://www.conserve-energy-future.com/sources-solutions-soil-pollution.php#more-9699.

[3] RINKESH. 10 Magnificent Ways For Prevention and Control of Soil Pollution [EB/OL]. [2023-11-05]. https://www.conserve-energy-future.com/soil-pollution-prevention-control.php#more-9701.

第三节　项目报告

Project-based Learning Report-1

Assessing Functionality and Effectiveness of English Vocabulary Memorization APPs

Class：**Class × of Finance**

Group：5

Team Members：李　×（2020××××××）　徐××（2020××××××）

张××（2020××××××）　钟××（2020××××××）

耿××（2020××××××）

Supervisor：董　茜

School of Finance

Chongqing Technology and Business University

Abstract

With the advancement of communication technology and the widespread use of electronic devices, the popularity of mobile apps for word memorization and English learning has significantly increased. However, selecting a suitable app has become a challenge. Hence, the purpose of this research is to assist users in making informed choices by identifying user-friendly and effective word memorization apps. This study involves reviewing relevant literature, conducting surveys to gather data about user preferences for vocabulary memorization apps, and developing appropriate evaluation criteria. The top ten mainstream vocabulary apps were analyzed and evaluated based on these criteria. The project concludes by providing users with a comprehensive ranking and highlighting the key features of each app to facilitate students selection process.

Key words: English word-memory app, evaluate, compare

Contents

Chapter One: Introduction ……

1. 1 Background ……

1. 2 Purpose ……

1. 3 Significance ……

1. 4 The Structure of This Report ……

Chapter Two: Literature Review ……

2. 1 The Current Situation of Usage ……

2. 2 Reasons for the Popularity ……

2. 3 Analysis of the Current Situation of User's Choice of App ……

Chapter Three: Development of Evaluation Criteria ……

3. 1 Users' Preferences ……

3. 2 Details of Evaluation Criteria ……

Chapter Four: Analysis and Evaluation ……

4. 1 Analysis and Evaluation Report ……

Chapter Five: Conclusion ……

5. 1 Main Findings ……

5. 2 Limitation ……

References ……

Appendix ……

Chapter One: Introduction

1. 1 Background

With the rapid development and widespread use of communication technology and electronic devices, the mobile internet has emerged as a growing force in our lives. Mobile internet products are accordingly evolving, revolutionizing various sectors, including education. Some of traditional offline learning scenes are gradually being replaced by online alternatives due to factors such as high costs and inconsistent quality. English language learning is also experiencing this shift towards digital platforms. Offline scenes are constantly being replaced by online scenes. With many activities taking place online, such as classroom interactions and assignment distribution, among others, English learning is gradually being penetrated by the Internet.

English, being the lingua franca, is widely used, and its importance is acknowledged. As a result, the demand for English language learning in China is increasing. Contemporary college students have no doubt about this trend. English majors are required to pass the Test English Major Band 4 (TEM-4) in order to obtain their graduation and degree certificates. Additionally, it is commonly expected for them to pass the more advanced Test for English Major Band 8 (TEM-8). Similarly, non-English majors, despite the reform of the College English Test Band 4 and Band 6 (CET-4, CET-6), still need to take these exams for various reasons. With the implementation of the 710-point scoring system, test scores are more quantified, further emphasizing the importance of passing the CET-4 and CET-6 exams. For college students aiming to pursue a master's degree, English is often a compulsory subject. In recent years, there has been a noticeable increase in the number of students taking various types of English exams, such as GRE, IELTS, TOEFL, BEC (Business English Certificate), PETS (Public English Test System), and National Foreign Language Translation Certificate. Some students take these exams to facilitate studying abroad, while others aim to obtain different certification levels. Some individuals simply want to prove their English proficiency by successfully passing these exams.

The foundation of learning English is to memorize English words. Because of its convenient and efficient features, online word memorization APP has gradually entered the public vision and has gradually become the mainstream way of memorizing words. Its market is showing a blowout trend. Just take the APP Baici Zhan as an example. Up to now, it has been downloaded more than 300 million times in the HUAWEI App Store. According to the survey, among the 111 randomly selected respondents, only 7. 2% of the people said that they did not need there apps, and at the same time, only 17. 11% of the people never or seldom used the memor apps. It can be seen that vocabulary memorization APPs have become the main way for many people to memorize vocabulary.

1.2 Purpose

This study aims to explore user preferences for word memorization apps through questionnaires and establish relevant evaluation criteria. The current mainstream vocabulary apps will be studied and analyzed respectively based on these criteria. Each app will be evaluated, and its main features will be listed to assist users in selecting an app that is user-friendly and suitable for vocabulary memorization. This research aims to facilitate the decision-making process for users, making it easier for them to choose an app that aligns with their needs and preferences.

1.3 Significance

A word memorization app tends to have a long usage cycle among users, who are less likely to switch apps once they have downloaded and started using a particular one. Additionally, there is a wide variety of apps available, making it challenging for users to individually assess and select a useful and suitable app. This evaluation aims to assist users in saving time by helping them find a vocabulary memorization app that aligns with their learning style or fulfills their specific preferences.

1.4 The structure of this report

This report is divided into five chapters. The first chapter is the introduction, which provides background information, explains the research's purpose and significance, and outlines the structure of the study. The second chapter is the literature review, where relevant literature on vocabulary memorization apps is reviewed and discussed. The third chapter focuses on establishing evaluation standards. This section utilizes questionnaire survey data to formulate specific criteria and scoring rules for app evaluation. In the fourth chapter, data analysis is conducted. This involves selecting the apps for evaluation, analyzing the collected data, and ranking the scores obtained. It also involves a horizontal comparison, where various indicators of the apps and their unique features are compared. Lastly, the fifth chapter presents the conclusion and summary of the evaluation results, along with an explanation of the research's limitations.

Chapter Two: Literature Review

2.1 The current situation of usage

With the continuous development of the global economy, the demand for individuals with English language skills in non-English speaking countries is increasing. Technology advancements have provided educators with new educational tools and methods that can engage learners' interest and challenge their intelligence[1]. Among these tools are English learning apps, which have gained immense popularity since their launch and are experiencing exponential growth[2]. Numerous applications have been developed for learning English as a second language. These applications, functioning as multifunctional devices for communication, entertainment, networking, and learning, are considered helpful and instructional for second language acquisition due to their convenience and connectivity[3].

Utilizing smartphone apps for language learning appears to be an ideal choice for Japanese learners, given the increasing usage of smartphones[4]. However, few studies have provided effective examples of mobile learning tasks.

2.2 Reasons for Popularity

In recent decades, the rapid advancements in science and technology have led to the widespread availability of portable devices with wireless internet access and the introduction of third/fourth-generation (3G/4G) services. This progress has paved the way for technology-oriented teaching methods[5]. Additionally, according to the Foreign Service Institute (FSI), achieving fluency in a language typically requires 700 to 1320 hours of study[6]. However, traditional language curricula, especially within formal educational settings, often fail to provide sufficient resources for language learners to meet these requirements. Therefore, it is crucial to extend language teaching and learning beyond the classroom to compensate for the lack of instructional time.

Utilizing smartphone applications is a promising approach to facilitate self-directed language learning. These apps allow learners to access educational content almost anytime and anywhere due to the convenience of mobile devices. Furthermore, many apps can function offline, eliminating the need for constant internet connectivity [3]. By supporting self-directed learning, these applications enable learners to create their own customed curriculum based on their perceived value and personal goals[7].

2.3 Analysis of the current situation of user's choice of app

English vocabulary learning apps offer a wide range of features and formats, catering to various learning styles and preferences. These software applications provide comprehensive language learning experiences, encompassing listening, speaking, reading, and writing skills, effectively meeting the diverse needs of users. However, an analysis of vocabulary learning apps such as Baicizhan, Scallop Words, and Zhimi Back reveals that despite the abundance of options available in the mobile learning domain, there is a noticeable disparity in the quality and effectiveness of these apps.

Furthermore, the study suggests that the development and utilization of foreign language learning apps are still in a relatively immature stage. While numerous language learning apps are available, they often fall short in terms of content quality, variety, functionality, and practicality. This creates a significant gap between the high expectations and active participation of college students and the level of satisfaction they derive from these apps. Additionally, students often lack proper guidance on how to select and effectively utilize language learning apps.

In light of these findings, it is evident that there remains room for improvement in the realm of vocabulary learning apps. Addressing the discrepancies in app quality and functionality, as well as providing adequate guidance to users, will be crucial in enhancing learners' overall satisfaction and optimizing their language learning experience.

Chapter Three: Development of Evaluation Criteria

3.1 Users' preferences

Based on previous research, we have enhanced and compiled a questionnaire to gather data about user preferences and intentions for using vocabulary memorization apps. The questionnaire was distributed to users spanning different age groups. Through the analysis of the collected responses, it became apparent that users place different priorities when selecting software. Some key factors include: availability of free access, comprehensiveness of the vocabulary, diversity in vocabulary extension, aesthetically pleasing interface design, inclusion of mnemonic techniques, provision of video explanations, utilization of visual aids for memory assistance, and adherence to scientifically-backed word memorization plans.

We carefully examined the choices made by various users. Taking into account the aforementioned factors as evaluation standards, we conducted a comprehensive assessment and analysis of the apps. Each standard was weighted proportionally based on its frequency of selection across all users. This approach allowed us to derive valuable insights into user preferences and laid the groundwork for our evaluation process.

The survey findings (see Figure 1) indicated that among the 111 randomly selected respondents, 78.38% considered vocabulary comprehensiveness to be of utmost importance, while 68.47% emphasized the significance of affordability (whether the software was free). Furthermore, 54.95% placed great value on diverse vocabulary extensions, and 54.05% deemed the adherence to scientifically-supported word memorization plans highly important. Additionally, 34.23% expressed an inclination towards aesthetically appealing interfaces, and 33.33% valued the presence of visual aids to aid in memory retention. Moreover, 27.03% recognized the importance of mnemonic techniques, whereas 15.32% emphasized the need for video explanations. Lastly, 6.31% assigned high importance to other factors beyond those previously mentioned. The varying frequencies with which these standards were chosen determined their respective proportions within the overall evaluation.

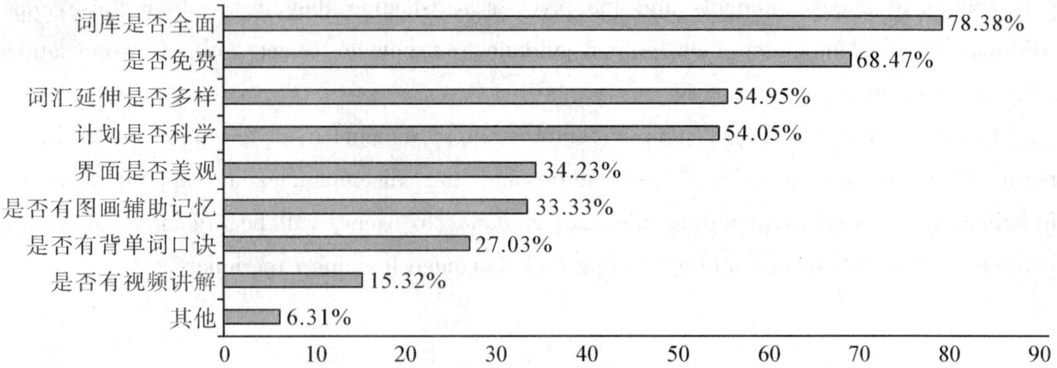

Figure 1 Factors to be considered in apps selection

3.2 Details of evaluation criteria

To ensure a more detailed evaluation, we have defined specific scoring criteria for each standard. These criteria provide objective guidelines for assigning scores to different apps. The following are the specific scoring standards, where points are added or subtracted based on the app's features. Each part has a maximum score of 10 points and a minimum score of 0 point:

1. Whether it is free:

All features are charged 0-2 points

Access to some words is free; access to all words is charged 3-4 points

Access to all vocabulary is free; access to vocabulary explanation, expansion, etc. is charged 5-7 points

Completely free 8-10 points

2. Whether the thesaurus is comprehensive:

The thesaurus is complete 8-10 points

The thesaurus has only core words or high-frequency words, but no full word coverage 5-7 points

There is no certain type of vocabulary 3-4 points

There are only certain types of words, and the word coverage is not complete 0-2 points

3. Whether vocabulary explanations are diverse:

Very diverse 8-10 points

Quite diverse 5-7 points

Moderately diverse 3-4 points

Not diverse 0-2 points

4. Whether the interface is well-organized:

Too many ads minus 2 points

Too complicated minus 2 points

Too many push notifications minus 2 points

Too much unwanted animation minus 2 points

5. Are there tips for memorizing words:

Abundant 8-10 points

Adequate 5-7 points

Inadequate 3-4 points

No 0-2 points

6. Are there video explanations:

Abundant 8-10 points

Adequate 5-7 points

Inadequate 3-4 points

No 0-2 points

7. Are there pictures to assist memory:

Abundant 8-10 points

Adequate 5-7 points

Inadequate 3-4 points

No 0-2 points

8. Is the plan for memorizing and consolidating vobcabulary effective?

Very effective 8-10 points

Moderately effective 5-7 points

Not very effective 3-4 points

No Plan 0-2 points

Chapter Four: Analysis and evaluation

4.1 Analysis and evaluation report

We conducted extensive testing by downloading and thoroughly evaluating all the apps mentioned. Following the established scoring standards, we assessed the ten vocabulary memorization apps. The scoring results are presented in the following tables (Table 1 and Table 2):

Table 1 Evaluation of Word Memorization Apps

评测结果									
APP名称	是否免费	词库是否全面	词汇延伸是否多样	界面是否美观	是否有背单词口诀	是否有视频讲解	是否有图画辅助记忆	计划是否科学	总分
百度翻译	9	6	7	7	2	4	0	3	20.1
极光单词	1	9	9	8	9	9	7	6	29.9
扇贝背单词	6	10	6	7	2	0	0	6	22.3
百词斩	8	9	7	9	1	3	9	6	26.5
有道背单词	9	8	9	9	3	0	6	5	26.8
墨墨背单词	5	10	8	6	7	1	0	9	28.2
乐词	7	9	5	8	7	6	0	9	28.4
知米背单词	5	8	5	8	3	0	2	7	22.1
不背单词	6	7	7	10	1	3	3	7	22.4
沪江开心词场	7	6	4	7	2	1	2	4	18.0

Table 2 Overall Score Ranking of Word Memorization Apps

APP名称	总分	排名
极光单词	30	1
乐词	28	2
墨墨背单词	28	3
有道背单词	27	4
百词斩	27	5
不背单词	22	6
扇贝背单词	22	7
知米背单词	22	8
百度翻译	20	9
沪江开心词场	18	10

有道背单词: The interface is simple, allowing users to create their own vocabulary list. The thesaurus is comprehensive and detailed.

极光单词: Pay for the game provides motivation for memorizing words, and the user experience is better upon payment.

墨墨背单词: You can make your own daily learning plan, and the thesaurus is rich, extended and diverse, but overly verbose. The page is complex and difficult to understand. There are learning-forgetting curves, learning conditions and memory persistence, etc., which allow you to understand your learning in detail to make better adjustments. It is the most engaging APP.

乐词: Most of the CET-4 words have video explanations, related phrases and extensions of root affixes. The sufficient resources are produced by New Oriental Education.

不背单词: The pronunciation of the provided words and sentences is standard, and the pictures are beautifully designed.

百词斩: The pictures of are exquisite. The most rotable feature is the use of picture association to activate the right brain thinking. And the interface and operation design are user-friendly.

扇贝背单词: Its features include parallels access to word roots and derivative associations. It also offers a wide range of functions, including social elements and covering all language skills.

百度翻译: It combines powerful translation function and word memorization.

知米背单词: The biggest feature of it is that it has comprehensive coverage of word forms, similar words and phrases. And it also offers functions of consolidation of words, such as listening review and spelling of new words. Another highlight is the questions covering all types of exams.

沪江开心词场: The biggest feature of it is its gameplay. The leaderboard mechanism and the arena mode enhance the desire to learn.

Chapter Five: Conclusion

This research provided an analysis and comparison of the current demand for word memorization apps, user preferences, and popular app functions. The analysis was based on literature review, questionnaire surveys, data analysis, and evaluation.

By examining relevant literature, we gained insights into the landscape of memory word apps and their significance in language learning. Through a carefully designed questionnaire survey, we collected data on user preferences, determining the factors that influence their choice of apps. Data analysis allowed us to draw meaningful conclusions and identify trends in app usage and preferences among our sample population.

Furthermore, by evaluating various popular apps, we were able to assess their features and functionalities, providing valuable information for users selecting suitable word memorization apps.

5.1 Main findings

First and foremost, it is important to understand users' preferences for word memorization apps in order to formulate appropriate evaluation criteria. Based on user feedback, the key features that users value most include the comprehensiveness of the word database, availability of free access, diversity in vocabulary extension, and the presence of a scientifically-backed word memorization plan. Additionally, users also prioritize an aesthetically pleasing interface, inclusion of visual aids such as pictures, formulas, and videos to assist word memorization.

Next, a comparative analysis was conducted to examine the characteristics of ten popular word memorization apps. This analysis involved assessing and comparing various aspects such as the breadth of their word databases, cost considerations, range of vocabulary extension activities, adherence to scientifically-supported word memorization techniques, user-friendly interface design, and provision of visual aids for memory assistance.

Table 3 shows the main features of the ten popular word memorization apps, and readers can choose the app that best suits their needs to help memorize vocabulary. If you don't know what you need, you can refer to the scores and select the word memorizing APP you want.

Table 3 Features of Word Memorization Apps

有道背单词	You can build your own vocabulary, which is conducive to long-term vocabulary accumulation
乐词	Most of the fourth-level vocabulary has video explanations, and the root affixes are expanded and you can choose to learn by listening
极光单词	After payment, it has complete functions and a comprehensive vocabulary. You can pay a deposit to supervise the recitation
墨墨背单词	Its root affixes, phrases, string memorization, etymology, association expansion are rich but there is a charge for memorizing more words; with interesting daily check-in functions
不背单词	Its example sentences come from more famous foreign language books, movies, TV shows, speeches, etc., to help you learn in specific language situations
百词斩	Picture associative memory, fun self-test
扇贝背单词	You can share other people's word notes; comprehensive but fee-based wisdom roots and derived associations

Table3(续)

百度翻译	Look up and memorize words in the same APP; self-test through dictation; free English articles, videos, and audios are recommended every day
知米背单词	Words have a comprehensive range of adjectives and synonyms, covering the actual reading questions of various exams
沪江开心词场	Gameplay, ranking mechanism

5.2 Limitation

The questionnaire survey in this study involved a total of 111 participants. While this provided some insights, the sample size may be considered insufficient for drawing comprehensive conclusions. Moreover, the distribution of participants was imbalanced, with the majority being undergraduate students, only a few representing elementary and middle school students or non-student groups. This limited diversity in the research population, potentially affecting the generalizability of the findings. Additionally, the evaluation of only ten popular apps with a small number of evaluators may have resulted in incomplete evaluation results.

During the course of this research, there were limited relevant literature sources available, which weakened the theoretical foundation of this study. The lack of extensive literature also hindered the depth of research and restricted the ability to provide more comprehensive insights into the topic.

References

[1] Janecki J. Brave New Digital Classroom: Technology and Foreign Language Learning by BLAKE, ROBERT J [J]. The Modern Language Journal, 2010, 94 (1).

[2] Blake R. Technology and the Four Skills [J]. Language Learning & Technology, 2016, 20 (2): 129-142.

[3] Mindog E. Apps and EFL: A case study on the use of smartphone apps to learn English by four Japanese university students [J]. jalt call journal, 2016 (1).

[4] Amano T, Huang G. Japan passes us as top app spender as smartphone use rises [J/OL]. 2013. [2021-05-23]. https://www.businessoffashion.com/news/technology/japan-passes-u-s-as-top-app-spender-on-smartphone-penetration/.

[5] Zou B, Li. J. Exploring Mobile Apps for English Language Teaching and Learning. [C] //Critical CALL - Proceedings of the 2015 EUROCALL Conference, Padova, Italy. Research-publishing. net. La Grange des Noyes, 25110 Voillans, France. e-mail: info@research-publishing. net; Web site: http://research-publishing.net, 2015.

[6] Byrnes R B H. In Other Words: The Science and Psychology of Second-Language Acquisition by Ellen Bialystok; Kenji Hakuta[J]. The Modern Language Journal, 1997.

[7] Wall, S. Freedom as a Political Ideal[M]//Social Principles and the Democratic State. Routledge, 2013: 213-220.

Appendix

背单词 APP 使用情况及使用偏好的问卷调查

1. 你对背单词 APP 的需要情况 *
   A. 非常需要
   B. 需要
   C. 一般需要
   D. 不需要
   E. 完全不需要
2. 你背单词的目的是什么？ * [多选题]
   A. 中高考
   B. 四级
   C. 六级
   D. 专八
   E. 雅思托福
   F. 英语竞赛
   G. 其他
3. 现在或者曾经是否使用过背单词 APP？ *
   A. 是
   B. 否
4. 使用背单词 APP 的频率 *
   A. 频繁使用
   B. 经常使用
   C. 偶尔使用
   D. 不经常使用
   E. 不使用
5. 现在或者曾经使用的背单词 APP * [多选题]
   A. 百词斩
   B. 扇贝单词
   C. 极光单词
   D. 百度翻译
   E. 墨墨背单词
   F. 乐词
   G. 知米背单词
   H. 有道背单词
   I. 其他

6. 你最看重背单词 APP 的哪个方面？ * ［多选题］

A. 是否免费

B. 词库是否全面

C. 界面是否美观

D. 词汇延伸是否多样

E. 计划是否科学

Project-Based Learning Report−2

Exploring College Students' Awareness of Garbage Classification in Chongqing

Class: **Class × of Finance**

Group: 2

Team Members: 喻×× (2020××××××)　王　× (2020××××××)

胡×× (2020××××××)　周×× (2020××××××)

王×× (2020××××××)

Supervisor: 董　茜

School of Finance

Chongqing Technology and Business University

Abstract

In recent years, the rising environmental pollution and diminishing resources have brought attention to the urgent need for effective garbage classification to mitigate the situation and maximize resource utilization. As significant waste generators, schools must effectively manage and plan waste classification to create a "green campus" and foster sustainable environmental development. To investigate college students' understanding of garbage classification is of utmost importance. To achieve this objective, this study employed a questionnaire survey complemented by relevant literature. The research findings revealed that the majority of college students have limited knowledge about garbage classification due to inadequate measures taken by universities, society, and themselves. However, most expressed a desire to learn more about waste sorting. Thus, immediate action by relevant authorities is crucial to address this issue.

Keywords: garbage classification, college students, green campus

Contents

I. Introduction ……

1.1 Background ……

1.2 Purpose & Significance ……

1.3 Structure of This Report ……

II. Literature Review ……

2.1 Definition ……

2.2 Current Situation ……

2.3 Causes for the Weak Awareness of Garbage Sorting ……

2.3.1 Internal Factors ……

2.3.2 External Factors ……

III. Data Analysis ……

3.1 College Students' Awareness ……

3.2 Factors Affecting College Students' Awareness ……

3.3 Garbage Classification Implementation ……

IV. Findings and Suggestions ……

4.1 Main Findings ……

4.2 Suggestions ……

4.2.1 For Social Organizations ……

4.2.2 For Schools ……

V. Conclusion and Limitation ……

References ……

Appendix ……

I. Introduction

1.1 Background

Garbage classification refers to the process of transforming waste into valuable resources in accordance with specific regulations or standards. With the advancement of people's living standards, the amount of waste produced has increased significantly. Proper management of garbage classification can not only convert waste into new sources of energy but also ensure effective treatment of waste, minimizing harm to the environment, including soil contamination and air pollution. In regions with well-established waste management systems, most waste undergoes proper treatment methods such as sanitary landfill, incineration, or composting. However, in many areas, waste is often improperly disposed of, leading to unpleasant odors, soil pollution, and contamination of groundwater. Therefore, proper garbage classification serves as a fundamental step in implementing scientifically sound waste treatment methods and establishes the groundwork for waste reduction, recycling, and environmentally friendly waste management practices.

1.2 Purpose & significance

Many countries around the world have established their own methods and systems for garbage classification. In our country, there is a strong emphasis on environmental issues, and various measures have been actively implemented. Following the successful implementation of "garbage classification" in Shanghai, other cities, including Chongqing, have also responded and started implementing similar systems. However, there are still several challenges and issues to address in this process. Among these, the level of consciousness among college students reflects several concerns. By conducting an investigation, we can analyze the current state and factors contributing to garbage classification, understand college students' awareness and implementation of garbage classification, and explore the potential role of college students in promoting effective garbage classification efforts. Investigating the awareness of garbage classification among college students in Chongqing is both necessary and important. We hope that our research can influence contemporary college students and encourage them to improve their consciousness and engagement in garbage classification.

1.3 Structure of this report

Firstly, our report provides a brief introduction to the origin, background, and significance of waste classification, highlighting the necessity and the purpose of the research. It serves as a roadmap to provide a general direction for the report.

The next section outlines the details route of our research, focusing on three main aspects. We present the definition of waste classification and the current status quo, and analyze the causes of the existing challenges. By delving into these aspects, we examine the perspectives of others regarding waste classification, ensuring a comprehensive analysis of the topic.

The third section analyzes the results obtained from the questionnaire survey. These data reflect the actual understanding of waste classification among our fellow students. Through tables and figures, we illustrate the students' comprehension of waste classification, their implementation of sorting practices in daily life, and other related issues. Importantly, we aim to derive effective solutions from the perspective of college students, making this section the focal point of the report.

Lastly, we reflect on the limitations of our investigation and address the problems encountered during the process of it. Additionally, we provide relevant suggestions to achieve the overall objectives of our research.

Overall, the report aims to provide a comprehensive analysis and offer practical solutions for waste classification, considering multiple perspectives and ensuring a well-rounded exploration of the subject matter.

II. Literature Review

2.1 Definition

With the continuous improvement in people's material well-being, the generation of waste has also increased significantly, resulting in various types of waste. While this is a reflection of our improving living standards, it also poses a growing impact on our lives. Therefore, finding better ways to manage waste has become an urgent and critical problem that needs immediate attention. Garbage classification has emerged as one of the effective methods in addressing this issue.

Garbage classification serves as a crucial prerequisite for the scientific treatment of waste and lays the foundation for waste reduction, recycling, and environmentally friendly disposal. Given the rising production of waste and the deterioration of our environment, countries are increasingly focusing on how to maximize the utilization of waste resources, optimize waste disposal, and improve the quality of our living environment through effective waste classification management.

Garbage classification encompasses a series of activities such as classified storage, delivery, and disposal, which transform waste into valuable public resources following specific regulations or standards. The main objective of waste classification is to enhance the resource and economic value of waste, striving to make the most out of every possible resource. Through classified waste collection, we can reduce the demand for waste disposal and treatment facilities, lower the associated costs, minimize the consumption of land resources, and achieve social, economic, and ecological benefits.

In summary, the increasing volume of waste and the need to protect our environment require effective waste management strategies. Garbage classification plays a vital role in maximizing resource utilization, streamlining waste disposal, and creating a sustainable and improved living environment.

Now, household garbage in China can be generally divided into four categories: recyclable waste, kitchen waste, hazardous waste, and other waste.

Recyclable waste mainly includes paper, plastic, glass, metal, and cloth. Kitchen waste includes food waste such as leftovers, bones, vegetable roots and leaves, and fruit peels. Through biotech on-site treatment and composting, it can produce approximately 0. 3 tons of organic fertilizer per ton. Hazardous waste includes waste batteries, waste fluorescent lamps, waste mercury thermometers, expired medicine, etc. These wastes require special treatment. Besides the above-mentioned types of waste, other wastes include bricks, tiles, ceramics, rubble, toilet waste paper, paper towels, and other difficult-to-recover wastes. Sanitary landfill is an effective method to reduce pollution of groundwater, surface water, soil, and air. Commonly used methods for garbage disposal include: comprehensive utilization, sanitary landfill, incineration for power generation, composting, resource recovery.

2. 2 Current situation

With the development of science and technology and the improvement of people's living standards, the quantity and types of waste being discarded into the environment are increasing. Harmful components in garbage are being dispersed in the air. Currently, the situation regarding garbage in our country is as follows:

Firstly, by the end of 2020, we have established and improved a garbage classification system for delivery, collection, transportation, and disposal. The facilities and equipment in the four stages of classification have been effectively matched.

Secondly, the level of comprehensive utilization of urban and rural household waste resources has reached a leading position in the province. The household waste recycling rate has exceeded 35%, and the resource utilization rate has surpassed 90%. We have achieved zero growth in the total amount of domestic waste in Jiangshan City. The rate of harmless disposal of waste has also increased.

However, according to previous researches, college students still have weak awareness of garbage classification. Even if they have knowledge of garbage sorting, they struggle to practice it in their daily lives. Many individuals regularly mix recyclable and non-recyclable waste. Although most schools provide separate bins for garbage classification, they are not being used effectively. Some college students simply throw their garbage into trash cans without considering whether it is going into the correct bin or not. Moreover, many people do not have the habit of garbage classification, indicating a lack of awareness.

On college campuses, unsatisfactory practices regarding garbage disposal can be observed. Some students often overlook the distinction between recyclable and non-recyclable waste and dispose of them together.

To address these issues, further efforts are required to enhance awareness and educate college students about proper garbage classification. In pilot student apartments, as time progresses, the number of dormitories adhering to classification requirements has increased, leading to an improvement in the overall classification situation.

Most colleges and universities have classified trash cans, yet many students fail to adhere to the requirements. While most students have the intention to classify their waste, they lack a systematic approach to classification, resulting in giving up on proper sorting. In locations with a high concentration of students, such as laboratories, students tend to consciously engage in garbage classification. However, in public areas, students generally lack explicit awareness regarding garbage classification. The weak awareness among college students necessitates identifying the underlying reasons and implementing comprehensive measures to improve the current situation.

2.3 Causes for the weak awareness of garbage sorting

2.3.1 Internal factors

First of all, individualism prevails, and the overall environmental awareness in our country is relatively low. Many individuals and businesses prioritize their own interests and disregard garbage classification, leading to improper waste disposal methods. They often resort to simple and inappropriate landfilling or incineration, which completely fails to achieve the true purpose of garbage classification and results in wasteful resource utilization.

Secondly, there is a lack of personal responsibility. Many people believe that garbage classification is unrelated to them and view it as solely the responsibility of sanitation workers. However, they fail to recognize that garbage classification is a shared responsibility for all human beings. They do not realize the benefits of proper waste sorting and the fact that Earth is a common home that requires collective protection.

Thirdly, targeted education and knowledge regarding waste classification are lacking among college students. While plastic waste is widely known to be recyclable, there is uncertainty when it comes to categorizing metal, glass, and other types of waste, resulting in poor classification practices.

Fourthly, students perceive garbage classification as troublesome, and there is a lack of incentives to encourage proper waste sorting. From an economic standpoint, the cost of implementing garbage classification may outweigh the perceived benefits. As a result, many individuals are unwilling to engage in waste classification. Providing economic incentives could potentially motivate individuals to carry out garbage classification.

Overall, addressing these issues requires enhancing environmental awareness, promoting a sense of collective responsibility, improving education on waste classification, and considering appropriate incentives to encourage proper waste management practices.

2.3.2 External factors

First of all, there is insufficient emphasis on garbage classification in education, leading to inadequate public awareness. Many people lack a clear understanding of garbage classification and are unsure about which category their waste belongs to. Additionally, there is a lack of community activities related to garbage classification, resulting in fewer people knowing how to properly sort their waste. As a result, many individuals mix different types of waste together, leading to wasted resources that could have been recycled and reused.

Secondly, the facilities and support for garbage classification in colleges and universities is inadequate. Only a few educational institutions have garbage bins with detailed sorting options. Most bins on campuses are only classified into two categories: recyclable and non-recyclable waste, and some universities don't even have designated bins for waste separation. Furthermore, there is often a shortage of bins suitable for proper waste classification, making it difficult for students who want to engage in waste sorting.

Thirdly, the laws and regulations regarding waste classification are incomplete, and oversight by relevant authorities is insufficient. Currently, specific measures for waste classification are lacking in China. Most waste-related laws focus on cleaning, collection, and treatment, with limited involvement in waste sorting and recycling. This lack of binding regulations results in weak enforcement of waste classification and disposal practices. Many individuals view garbage classification as a burden. Without mandatory laws and regulations, they believe that waste sorting is unnecessary and choose to forgo the practice.

Fourthly, the utilization rate of recyclable waste in China is generally low, and the corresponding recycling technologies are not mature enough. This leads to recycling costs exceeding the benefits. Currently, landfilling and composting are the primary methods of waste treatment in China, with low rates of material recovery. As recycled waste often cannot be effectively utilized, people may perceive garbage classification as meaningless work, reducing their motivation to participate.

Addressing these issues requires improved education and awareness campaigns, enhanced infrastructure for waste classification in educational institutions, comprehensive legislation and regulations for waste sorting, and advancements in recycling technologies to increase the viability and benefits of waste recycling.

III. Data Analysis

Garbage classification has become a popular topic of discussion and is receiving increasing attention in Chongqing. Therefore, it is important to understand the level of awareness among college students regarding garbage classification, as well as the implementation of such practices. Additionally, exploring their ideas for promoting garbage classification campaigns can provide valuable insights. To serve these purposes, a survey was conducted among universities in Chongqing. The following presents the relevant data and some analysis based on the questionnaire survey.

3.1 College Students' Awareness

According to the data obtained (Table 1), approximately 66.84% of college students in Chongqing have some understanding of garbage classification, although they may lack a clear understanding. Additionally, around 67.91% of Chongqing college students express their willingness to actively participate in garbage classification activities. These findings indicate that Chongqing college students generally possess a relatively high level of awareness regarding garbage classification. However, there is still room for further improvement and education in this area.

Table 1 Collage students' awareness Regarding garbage classification

Item	Degree	Percentage
Understanding of garbage classification	✓	66.84%
Definition of garbage classification	☑	66.84%
Willingness to participate in garbage classification activities	✓	67.91%

3.2 Factors affecting college students' awareness

According to the data (Table 2), approximately 82.35% of college students believe that the difference in awareness of garbage classification is primarily due to inadequate publicity. Moreover, more than half of the students indicate that various factors, including imperfect facilities, a lack of systematic rules and regulations, and insufficient time, contribute to the variations in awareness of garbage classification.

Table 2 Factors affecting college students' awareness of garbage classification

Item	Percentage
The facilities are not perfect	66.31%
Insufficient publicity	82.35%
There are no systematic rules and regulations	60.96%
Lack of time	63.96%

3.3 Garbage classification implementation

According to the data (Table 3), approximately 57.75% of college students are able to classify garbage on a daily basis. However, 59.36% of college students do not classify garbage and instead dispose of it directly into regular trash cans. Additionally, only about 13.37% of college students correctly separate recyclable garbage for proper disposal. Based on these findings, the implementation of garbage classification among Chongqing college students appears to be suboptimal.

Table 3 Garbage classification practices of college students

Item	Percentage
Garbage classification in daily life	57.75%
Put it all in a trash can	59.36%
Only recyclable garbage is classified	13.37%

Through on-site investigations on the implementation of garbage classification among some college students in Chongqing, it was observed that the majority of students tend to dispose of all their garbage directly into the trash cans in their dormitories without specific sorting. However, in areas with garbage sorting facilities, both on and off-campus, students are more likely to separate recyclable and non-recyclable waste. Hence, the actual observations align closely with the previous data.

3.4 Proposed solutions

According to the following data (Table 4), about 80.75% of students think that adding classified trash cans is a good solution, and 75.4% of students think that posters, internet and other publicity methods can also be adopted. In addition, some students think that it is feasible for schools to require classification and set related bonuses. In a word, adding classified trash can is a relatively good solution, and other solutions are also helpful to garbage classification to a certain extent.

Table 4 Proposed solutions regarding garbage classification

Item	Percentage
Poster, picture, broadcast, network propaganda, lecture propaganda	75.4%
Adding classified trash can	80.75%
Compulsory classification of schools	42.78%
Carry out project based bonus	42.78%

IV. Findings and Suggestions

4.1 Main findings

Through our group's literature search, it is evident that the current state of garbage classification in China is not satisfactory. Several articles highlight that a significant portion of waste in China continues to be disposed of in landfills, leading to water, soil, and air pollution. Coastal cities, where economic growth is rapid and population density is high, face additional challenges due to limited land space and severe environmental pollution. The journey towards effective garbage classification in China has just begun, and it will take time for people to develop the habit of sorting waste at its source.

Regarding college students, the research sheds light on several issues contributing to their weak awareness of garbage classification. These include a lack of targeted education and knowledge on garbage classification, inadequate infrastructure for waste sorting in colleges and universities, and student complaints about the inconvenience of implementing garbage classification without sufficient incentives. Through our own investigation, we identified several factors influencing the garbage classification consciousness of college students in Chongqing. Firstly, there is insufficient education to raise their awareness. Secondly, there is a lack of motivation for them to actively engage in garbage classification. Lastly, the absence of a habit of waste sorting leads to imitation of the behaviors of those around them. In summary, extensive promotion efforts have been primarily focused on major cities like Shanghai, while other cities such as Chongqing have not received adequate attention. Consequently, many people in Chongqing possess a vague understanding of garbage classification, with only a few actively practicing it.

To improve college students' awareness of garbage classification, schools, students, governments, and society as a whole should implement corresponding measures to bring about positive changes. Making waste classification a priority is crucial in this endeavor.

4.2 Suggestions

4.2.1 For social organizations

Social organizations should leverage their strengths in public education to raise public awareness of environmental protection. Many environmental organizations have a high level of expertise in publicity. They collaborate with legal professionals, public figures, and the media to explain and popularize regulations. Utilizing platforms such as mobile apps, WeChat public accounts, and other new media and technologies favored by young people, they disseminate knowledge on garbage classification. These organizations promptly release activity notices, facilitate experience sharing, volunteer services, and provide comprehensive information on garbage sorting initiatives. They also regularly publish data on each stage of garbage classification to ensure that residents gain a deeper understanding of recycling and disposal methods.

4.2.2 For schools

Schools should increase the utilization of garbage recycling facilities and implement a well-planned layout to ensure that students can easily practice garbage classification and disposal. Each dormitory floor should be equipped with garbage sorting and delivery equipment, enabling waste separation and recycling right from the source. Additionally, specific e-waste collection points should be established in apartment complexes to ensure the proper separation of toxic and harmful waste materials. At the same time, setting up dedicated drop-off points for recyclable and reusable garbage would facilitate cleaning personnel in collecting different categories of recyclable waste and enable unified collection and processing for sale to third-party entities.

Within the school premises, it is crucial to strengthen the publicity and promotion of garbage recycling and utilization. This can be achieved through a combination of classroom-based campaigns and online initiatives, leveraging the power of social media platforms and technology. Targeted messaging should be developed based on gender and grade-level differences. Special attention should be given to increasing awareness among male students, who generally exhibit lower environmental consciousness. Boys' dormitories could receive focused promotion efforts to encourage active participation in garbage classification practices. Similarly, girls' dormitories can be evaluated based on their adherence to waste management guidelines, fostering a sense of responsibility towards proper waste disposal.

To establish an effective and sustainable garbage sorting and recycling system, schools should develop a comprehensive campus-wide model that connects dormitories, apartments, schools, and third-party enterprises. The school administration should assign dedicated management personnel to oversee apartment buildings, ensuring the regular and thorough collection of dry and wet waste from dormitories. Waste recycling enterprises can be responsible for the regular cleaning and transportation of collected waste. Recycling companies can handle recyclable materials like plastic bottles and paper.

In order to sustain these initiatives, it is beneficial for third-party businesses to contribute funding back to the school. A portion of these funds can be allocated for campus improvement projects, while another portion can be reserved as a contingency fund for waste disposal in apartment buildings. Recognizing and rewarding exceptional performance in garbage classification, the university can establish a system to commend dormitories and individuals who consistently excel in waste management practices. Concurrently, constructive criticism can be provided to those who demonstrate poor performance, encouraging improvement and fostering a culture of responsible waste disposal.

By implementing these measures, schools can establish a virtuous cycle, construct a robust garbage classification management system, and lay a solid foundation for long-term waste recycling and sustainable environmental practices on campus.

4.2.3 For students

Students should first establish awareness of garbage classification, as consciousness drives practical action. It is often said that consciousness is a powerful tool for guiding behavior, and it significantly influences our actions. With a clear understanding of the importance of classification, students will hold themselves accountable to practice garbage classification in their daily activities.

Being self-disciplined is crucial. To excel in garbage classification, students must hold themselves to high standards and strictly adhere to waste sorting in their everyday actions. As they frequently encounter slogans emphasizing individual responsibility, such as "garbage classification starts with me," it is imperative for teenagers to implement the advocate of garbage classification through their own conduct.

In addition to actively participating in garbage classification, students can also leverage their intelligence and wisdom to contribute valuable ideas and exercise their right to offer suggestions within their communities and schools. By sharing their innovative ideas, they can help implement practical solutions for efficient waste management.

V. Conclusion and Limitation

In conclusion, effective garbage classification is crucial for mitigating environmental pollution and maximizing resource utilization. The study highlights the limited knowledge and awareness of garbage classification among college students, emphasizing the need for comprehensive measures by universities, society, and individuals. The research findings indicate the necessity for targeted education, improved facilities and supports, and incentives to address these challenges.

Furthermore, the literature search reveals that garbage classification in China, including Chongqing, faces significant challenges. Landfill disposal remains prevalent, resulting in adverse environmental impacts. Extensive promotion and education efforts are required to instill a culture of responsible waste management beyond major urban centers.

To achieve sustainable campuses, schools should take immediate action to enhance waste management practices, encourage student engagement, and invest in appropriate infrastructure. Collaborative efforts between authorities, educational institutions, students, and the community are essential for driving positive change towards a greener future.

The present research has limitations. It relied on online questionnaires and internet sources, which may be subject to false information. Limited financial resources restricted access to valuable paid materials, potentially leading to a one-sided perspective. Being students, the group lacked experience in conducting investigations and producing reports, hindering our ability to thoroughly screen and summarize information. In the future, we should address these limitations and take steps to improve our research. For instance, incorporating a mix of online and offline survey methods can enhance data reliability. Seeking guidance from experienced researchers and utilizing appropriate methodologies will strengthen our ability to conduct thorough investigations and produce more effective reports. By addressing these limitations, we can enhance the quality and validity of future research endeavors.

References

［1］Margaret Badore. 10 Ways to Improve Your Recycling［EB/OL］.（2021-04-20）［2021-05-10］. https://www.treehugger.com/how-to-go-green-recycling-4858767.

［2］Tong Y, Liu J, Liu S. China is implementing "Garbage Classification" action［J］. Environmental Pollution, 2019, 259：113707. DOI：10. 1016/j. envpol. 2019. 113707.

［3］杨建，王靖增，董文轩. 关于高校垃圾分类现状的调查与反思：基于重庆市13所大学的实证考察［J］. 学园，2015（28）：4. DOI：10. 3969/j. issn. 1674-4810. 2015. 28. 011.

［4］黄斌城. 我国目前垃圾分类回收的现状、难题和解决办法是什么？［EB/OL］（2019-03-31）［2021-05-10］. https://www. qianzhan. com/wenda/detail/190330-cce0179a.html.

［5］孟秀丽. 我国城市生活垃圾分类现状及对策［J］. 中国资源综合利用，2014，32（7）：32-34.

Appendix

Questionnaire on College Students' Awareness of Garbage Classification in Chongqing

1. 您是否了解什么是垃圾分类，对垃圾分类有没有明确的定义。[单选题]

A. 有了解，有明确的定义

B. 有了解，没有明确的定义

C. 没了解过，不清楚

D. 没了解，但今后想进一步了解

E. 没了解，但今后不想进一步了解

2. 您对您本学校在垃圾分类处理方面设施的设置情况满意程度。[量表题]

A. 1

B. 2

C. 3

D. 4

E. 5

3. 您在平时生活中有对垃圾分类吗？[单选题]

A. 每次分类

B. 经常分类

C. 偶尔分类

D. 从不分类

E. 其他

4. 在您宿舍中日常生活垃圾一般是如何处理？[单选题]

A. 全部投放到一个垃圾桶

B. 想分类处理，但宿舍楼下无分类垃圾桶

C. 除可回收的出售外，其他全部投到垃圾桶

D. 变废为宝，自己创意再利用

E. 其他情况 [详细]

5. 你认为可能影响您没有将垃圾分类的原因有哪些？[多选题]

A. 时间匆忙

B. 不知如何分类

C. 没有分类的垃圾桶

D. 其他人没有分类

E. 认为分不分类影响不大

F. 与自身利益无关

G. 其他 [详细]

6. 您认为现在我国垃圾分类的问题有哪些？[多选题]

A. 宣传不够，公民垃圾分类意思淡薄

B. 技术落后，及时分类也不能有效回收

C. 没有系统的规章制度保障

D. 设施不完善，想分类也没有办法

E. 其他［详细］

7. 您觉得以怎样的方式有助于让每一位同学都参与垃圾科学分类回收的工作?［多选题］

A. 海报图片、广播、电视台、网络宣传、讲座宣传等

B. 增设多种分类垃圾桶

C. 设立固定回收站点

D. 学校强制性分类

E. 纳入文明宿舍等参考标准等，进行精神奖励

F. 进行项目化加分

G. 其他方式［详细］

8. 如果您对垃圾分类有了一定了解，基础设施也完善后您会参与垃圾分类的活动吗?［单选题］

A. 会，非常满意

B. 看情况

C. 有时间的话会参加

D. 没兴趣

9. 您对垃圾分类的处理还有什么建议吗?（针对于对社会、学校和学生三方面）［文本题］

Project-Based Learning Report-3

Investigating Offline Entertainment Activities for College Students

Team Members：陈　×（2018××××××）

袁××（2018××××××）

何××（2018××××××）

刘××（2018××××××）

陶××（2018××××××）

Supervisor：陈丹杰

School of Finance

Chongqing Technology and Business University

Abstract

This study adopts a comprehensive approach, combining questionnaire surveys and interviews with literature reviews to investigate the current state of offline entertainment activities among college students at Chongqing Technology and Business University. By analyzing the leisure life of college students, this paper identifies issues in their entertainment experiences and explores ways to improve the quality of their leisure pursuits. Lastly, feasible solutions to the problems of entertainment options are proposed from the perspectives of the government, university, and students.

Key words: offline entertainment activities, college students, quality improvement

Contents

Chapter One: Introduction ……………………
1.1 Background ……………………
1.2 Purpose & Significance ……………………
1.3 Structure of This Report ……………………

Chapter Two: Literature Review ……………………
2.1 Definition ……………………
2.2 The Change of Offline Entertainment ……………………
2.3 The Development of Leisure Research ……………………
2.4 The Value of This Report ……………………

Chapter Three: The Methods and Findings ……………………
3.1 The Methods ……………………
3.1.1 Participants ……………………
3.1.2 Research Questions and Findings ……………………
3.2 More Feedbacks ……………………
3.2.1 Self-Assessment ……………………
3.2.2 Time ……………………
3.2.3 Recreational Facilities ……………………
3.2.4 Attitude and Advice ……………………

Chapter Four: Conclusion and Suggestion ……………………
4.1 Possible Solutions ……………………
4.2 Leisure Education ……………………

References ……………………

Appendix 1 ……………………

Appendix 2 ……………………

Chapter One: Introduction

1.1 Background

College students, a unique demographic group, enter universities after experiencing fierce competition. With a decrease in academic coursework, they find themselves with more leisure and recreational time. However, in today's fast-paced digital era, the dominance of mobile phones and computers has gradually permeated the lives of college students. This raises questions about the state of offline entertainment options for college students. It is essential to recognize that leisure and entertainment are integral parts of higher education, as they play a crucial role in the personal growth and development of students. Thus, it has become increasingly important to explore how to effectively and scientifically carry out leisure and entertainment activities for college students.

1.2 Purpose & significance

University education should not only impart knowledge, but more importantly, cultivate one's morality. Modern educational theory tells us that the formation of college ideological and moral character comes from their experience, understanding and perception of life (Zhong Xia, 2007). Only educational activities derived from real life can trigger inner moral emotion, moral experience and moral cognition. College students' leisure and entertainment activities contain a variety of ideas about society and life, which have rich and profound ideological and moral implications. The quality of college students' leisure life has a direct impact on their overall and healthy self-development, and even affect the progress and development of society in the future. With the development of the Internet, people spend more time on online entertainment. It is of great significance for us to study the offline entertainment of college students. We can explore whether the leisure and entertainment of college students nowadays is scientific. If it is not scientific, how should we guide college students to engage in more sensible recreational activities? We hope to enhance people's understanding of offline entertainment and provide more scientific offline entertainment for college students.

1.3 Structure of this report

This report is structured into four main sections: introduction, literature review, data analysis, and conclusion. Additionally, the report includes a works cited page and an appendix. The introduction section provides background information about the study and highlights the purpose and significance of the project. The literature review section explores relevant research, addressing four specific research questions. The findings from the literature review serve as the foundation for this study. In the data analysis section, two research methods, namely questionnaires and interviews, are employed. The collected data and information are analyzed and interpreted. Moving on to the fourth section, the conclusion draws upon the reviewed literature and analyzed data. It summarizes the findings and identifies any limitations encountered during the research process. Finally, the report concludes with the works cited and includes the questionnaire in the appendix.

Chapter Two: Literature Review

2. 1 Definition

Recreational activities are processes that bring joy and help individuals relax both physically and mentally. Offline entertainment refers to a series of voluntary, face-to-face, and tangible leisure activities aimed at rejuvenating the mind and body and achieving satisfaction.

Different scholars have held varying understandings of leisure throughout different periods, but there are commonalities among their perspectives. According to Joffre Dumazedier, leisure activities allow individuals to break free from work, family, and social obligations, enabling them to rest, relax, develop knowledge and skills, contribute to society, unleash their creativity freely, and engage in activities voluntarily (Li Xuefeng, 2007). Li Zhongguang and Lu Changchong, in their work "Basic Leisure Studies", define leisure activities as voluntary pursuits that people enjoy and find valuable (Zhou Xing, 2005). Aristotle and Plato emphasized that the proper utilization of free time is fundamental to individual freedom and that true happiness can only be experienced through leisure activities (Guan Zhongzhang & Jin Jianzhen, 2005). Marx also recognized the significant value of leisure to both society and individuals (Li Xuefeng, 2007).

2. 2 The Change of Offline Entertainment

At present, with the development of science and technology and the improvement of life quality, the offline recreational activities of Chinese college students show the trend of diversification, personalization and differentiation. Compared with the last century, the offline recreational activities of college students in China have undergone tremendous changes. The survey shows that the changes of college students' leisure life style in the past 30 years mainly include: the extension of leisure time, the enrichment of leisure activities and the diffusion of leisure space. (Wang Xingxing, 2018)

After the 1980s, with the deepening of reform and opening up, literature began to become popular, reading books became the main leisure way for college students in their spare time, almost everyone had read Qiong Yao, Jin Yong's novels, Chinese and foreign famous works, magazines and so on. In the age before television became popular, listening to the radio and watching movies in the open air became the trend. Besides, writing poems, playing chess, playing ball games and singing the most popular songs with the guitar were all the favorite forms of entertainment. However, nowadays, people's entertainment is nearly inseparable from science and technology. In addition to playing with mobile phones and other online entertainment, offline entertainment is also full of the flavor of the times. Video game hall, KTV and cinema have become the favorite places for young people. Shopping, going to parties, reading and doing sports are their favorite forms of entertainment as is shown in Fig. 1.

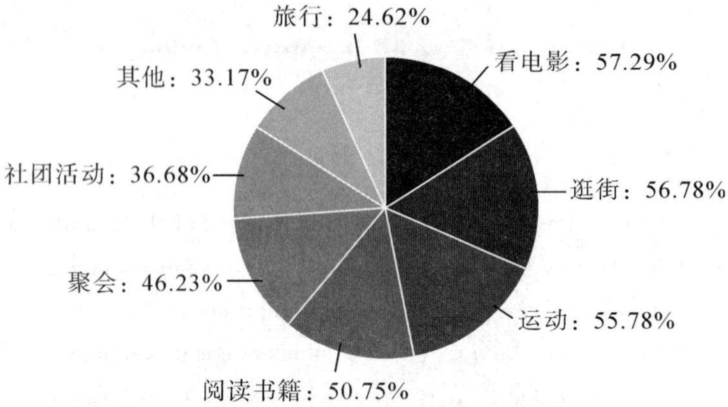

Fig. 1 Forms of offline entertainments for CTBU students

2.3 The Development of Leisure Research

As early as the ancient Greek period, philosophers such as Aristotle put forward their views on leisure. However, the formal incorporation of leisure studies into the academic field occurred during the industrialization period when the demand for leisure and entertainment increased. Scholars in the United States and other Western countries began to pay attention to the study of leisure and produced numerous outstanding works (Li Xuefeng, 2007). In the 20th century, the United States even included leisure education as part of its educational goals.

China has a history of emphasizing the combination of study and entertainment for over two thousand years, but research on the field of leisure did not begin until the 1980s. In 1990, Mr. Yu Guangyuan initiated the establishment of the Beijing Liuhe Leisure Culture Research Center, marking the formal recognition and importance given by Chinese scholars to the study of leisure theory (Song Zhenmei, 2007). Currently, leisure studies in China are still in their early stages. However, with the continuous development of China's economy and changes in lifestyle, more and more attention is being given to the study of leisure and entertainment.

2.4 The Value of This Report

Based on the main research findings, it has been observed that most leisure studies in China primarily focus on the educational sector and the societal level. The majority of research targets primary and secondary schools, with limited attention given to students from specific universities or regions. Furthermore, there is a prevalence of critical studies rather than empirical ones.

Therefore, this study aims to address these gaps by selecting Chongqing Technology and

Business University (CTBU) as the research site. Through the use of questionnaires and individual interviews, the recreational lives of 199 CTBU undergraduates will be investigated. Drawing upon relevant literature, this research will provide theoretical discussions on the current situation, existing issues, and potential solutions regarding college students' recreational lives. This will be done in consideration of the contemporary social context and the unique characteristics of college students.

Additionally, this study looks ahead to the future recreational lives of college students, aspiring for an improvement in the quality of their leisure experiences. It is hoped that colleges will prioritize the leisure lives and leisure education of their students. Leisure education should be recognized as a vital component of talent development in higher education institutions. By guiding college students to actively engage in leisure activities that contribute to their personal growth, physical and mental well-being, and comprehensive development, their growth can be promoted.

Chapter Three: The Methods and Findings

3.1 The Methods

3.1.1 Participants

For our project, we have collected 199 valid questionnaires from students of CTBU. Most of the respondents are freshmen and sophomores. Female respondents account for a large proportion due to the gender distribution of CTBU.

3.1.2 Research Questions and Findings

To assess the current offline entertainment landscape among CTBU college students, we formulate two questions to gather insights from different perspectives.

The first question focuses on the primary purposes of offline entertainment for college students. The results of the questionnaire indicate a relatively balanced distribution across various categories. This suggests that college students engage in a diverse range of leisure activities that serve both personal development and recreational purposes (Guan Zhongzhang & Jin Jianzhen, 2005). However, it is important to note that the leisure activities in which college students actively participate tend to prioritize sensory and external entertainment options (Wang Xingxing, 2018).

The second question aims to reveal the companions for offline entertainment activities. The most frequently selected companions during college students' spare time are classmates and friends with whom they have regular contact. Conversely, club members as companions account for the smallest portion. This finding implies that the campus community culture may not be particularly appealing to college students. It also suggests the presence of interpersonal constraints, which refer to obstacles derived from interactions with friends, family, or others.

These constraints can include a lack of companions or common interests. In university settings, students are more inclined to choose companions with whom they already have established relationships (Li Xuefeng, 2007).

3. 2 More Feedbacks

3. 2. 1 Self-assessment

To gain a clear understanding of students' perceptions and thoughts regarding their offline entertainment, we have included several questions in the survey.

The first question asks participants to rate their current entertainment life. The results show that 75. 38% consider it "just so so," 15. 08% find it "very wonderful," and 9. 55% feel "very disappointing".

The second question explores whether individuals engage in regular offline entertainment in their daily lives. More than half of the respondents answer negatively, indicating a lack of proper leisure time planning among college students. Some students tend to approach their leisure activities casually without a structured plan.

The third question investigates if students sacrifice study time for entertainment. Nearly 50% state that they prioritize studying and would not give up their study time for entertainment. However, some respondents choose entertainment occasionally, while a few are willing to sacrifice study time. This suggests that college students primarily focus on their academic pursuits, as expected (Guan Zhongzhang & Jin Jianzhen, 2005).

The fourth question seeks opinions on offline leisure and entertainment. Approximately 82. 3% of respondents believe in balancing work and rest, giving priority to learning, and engaging in offline entertainment during spare time. Only a small number of individuals view entertainment as purely for fun or express a lack of interest in online entertainment through mobile phones and computers. Instead, they prefer activities that provide both entertainment and rewards.

3. 2. 2 Time

The questionnaire includes questions to investigate the frequency and duration of offline entertainment activities. According to the collected data, 87 percent of respondents believe that they have sufficient offline entertainment time, indicating that college students have relatively ample leisure time (Liu Wenmin & Chen Chunyan, 2016). Only a few individuals hold a different opinion. The majority of respondents spend less than four hours per day on offline entertainment. On the other hand, the average daily online entertainment time exceeds nine hours, suggesting that online entertainment is the prevailing trend among college students (Ding Xuankai, 2014).

3. 2. 3 Recreational facilities

According to the feedback data, only 9% of students mention that they do not pay close attention to the entertainment venues and facilities around the school, indicating that this part of students are more attentive in their academic study instead of offline entertainment. In terms of satisfaction, the majority express general satisfaction, while a few report either high levels of satisfaction or extreme dissatisfaction. Regarding the establishment of entertainment and leisure places around the school, most students express strong or moderate hope for such facilities as is shown in Fig. 2.

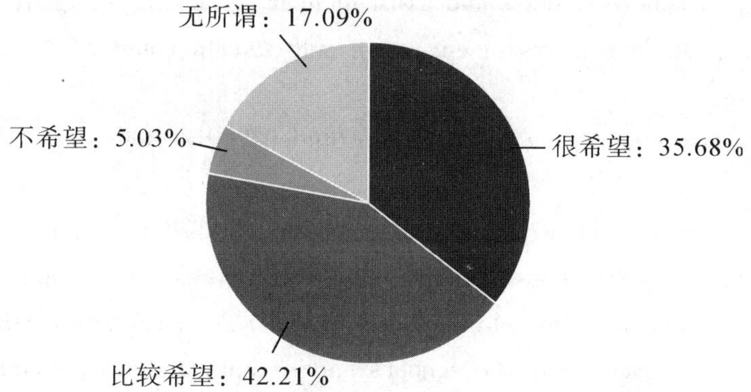

Fig. 2 Students' attitued toward recreational facilities

3.2.4 Attitude and advice

When it comes to whether offline entertainment affects the physical and mental well-being of college students, many individuals believe that it does. Regarding the current atmosphere of entertainment consumption among college students, nearly 95 percent perceive it as average or good, while only a few consider it to be lacking orderly guidance.

In terms of suggestions for offline entertainment for college students, we have gathered feedback from various aspects. In terms of attitude, most students agree that they should prioritize their studies and strike a balance between work and rest. There is also a suggestion to increase cultural entertainment options while reducing leisure-oriented entertainment. However, some individuals believe that the essence of entertainment is relaxation, and as long as it brings happiness, any activity is acceptable.

Furthermore, there are individuals who express the desire to have more entertainment places and facilities around the school. They hope that the school can play a role in guiding entertainment and even organize appropriate activities to facilitate student engagement.

Chapter Four: Conclusion and Suggestions

According to the survey data, a majority of college students tend to choose offline entertainment methods like shopping and other sensory-based activities. They show low participation in school clubs and perceive a lack of entertainment facilities around the campus. Some students even express indifference towards the presence of entertainment facilities within and around the campus. This indicates that university students have been dissatisfied with the recreational facilities provided by their respective universities.

4.1 Possible Solutions

More than a hundred years ago, Marx stated in his article that "free time, the time that can be controlled, is wealth itself". Colleges and universities should place great importance on leisure education for college students and assist them in enhancing the quality of their leisure life. This will help guide students to engage in self-education and effectively manage their leisure time.

From the perspective of educational institutions, the following solutions can be implemented:

Campus environment improvement: Renovation of the surrounding environment is necessary to create a harmonious campus atmosphere. Both the campus and the social environment have a significant impact on college students. The local government should address the comprehensive management of the school's surroundings and take effective measures for regulation and rectification.

Strengthening security and entertainment management: Emphasis should be placed on managing public security and entertainment facilities. This ensures a conducive learning and living environment on campus while providing an enjoyable entertainment environment for college students.

For example, improving sports facilities on campus is essential. Colleges and universities should strive to provide a wider range of activity and entertainment spaces for students, creating necessary platforms for their leisure lives. This fosters the comprehensive and vibrant development of contemporary college students' leisure culture.

By implementing these measures, colleges and universities can better support the leisure education of students and promote a balanced and enriching college experience.

4.2 Leisure education

Correct leisure education can make the lives of young college students more meaningful and promote their physical and mental well-being.

Firstly, in response to concerns about the impact of offline entertainment on students' physical and mental health, many believe that it does have an effect. Therefore, schools should emphasize the education of college students' worldviews, life perspectives, and values to foster healthy development. Additionally, most students choose their friends and classmates as their offline entertainment partners, while fewer opt for club friends. This indicates potential interpersonal limitations among college students. Schools should offer more guidance for effective operation of different clubs on campus in order to attract more studerts with similar interests to join those clubs.

Secondly, diverse campus cultural activities should be organized to enrich students' leisure time. Campus culture significantly influences students' leisure lives. Rich and varied campus activities are crucial for improving the quality of students' leisure experiences. Such activities allow students to acquire knowledge, skills, and social experiences while exploring their own interests and hobbies, enriching their leisure lives.

From the perspective of students themselves, it is important to engage in self-education and self-management, making effective use of leisure time for self-development. College students should set clear goals for their leisure activities, consciously and purposefully planning and engaging in tasks that contribute to personal growth and interpersonal interaction. By taking control of their behaviors and continually improving self-education abilities, students can choose healthy and refined forms of entertainment that align with their predetermined goals.

References

[1] 钟霞. 大学生休闲生活及其优化研究 [D]. 福州：福建师范大学，2007.

[2] 李雪峰. 大学生闲暇教育研究 [D]. 沈阳：沈阳师范大学，2007.

[3] 周星. 大学生日常休闲活动的动机与障碍 [J]. 中国青年研究，2005 (8)：80-83.

[4] 官仲璋，金坚真. 大学生闲暇生活的现状调查及对策 [J]. 思想理论教育，2005 (1)：49-52.

[5] 王兴兴. 试论大学生闲暇生活的矛盾及其化解 [J]. 山东青年政治学院学报，2018，34 (1)：31-35.

[6] 宋珍梅. 论信息技术对人们休闲方式的促进作用 [D]. 南昌：南昌大学. 2007.

[7] 刘文敏，陈春燕. 大学生闲暇生活现状及对策研究 [J]. 兰州教育学院学报，2016，32 (09)：88-89.

[8] 丁炫凯. “新媒体一代” 闲暇生活的现状及对策研究 [J]. 江苏第二师范学院学报，2014，30 (12)：15-18.

Appendix 1

采访问题

1. 你更喜欢线上还是线下娱乐活动，为什么？
2. 你认为去酒吧、长时间睡觉是一种好的线下娱乐方式吗？
3. 你对大学生线下娱乐活动有什么建议吗？

Interview questions

Q1：Which do you think is better，online or offline entertainment？

Q2：Do you think going to the pub and sleeping for a long time is a good way of offline entertainment？

Q3：Do you have any suggestions for offline entertainment for college students？

Appendix 2

调查问卷

您好！我们是金融专业的学生，我们正在做一项关于大学生线下（除手机、电脑等电子产品）娱乐休闲方式的调查，希望能占用您几分钟时间帮忙填一下问卷，所有数据仅用于统计研究，采用匿名形式，我们将对您的回答完全保密。谢谢您的支持和配合！（以下答案均无对错，只需根据自己的实际情况填写即可。）

1. 您的年级

   A. 大一

   B. 大二

   C. 大三

   D. 大四

2. 您的性别

   A. 女

   B. 男

3. 您觉得您的线下娱乐时间够吗？（单选）

   A. 很多

   B. 一般

   C. 不足

[不足的原因　A. 课程太多　B. 相比线下娱乐，更喜欢线上娱乐（手机、电脑）　C. 杂事太多]

4. 您主要的线下娱乐方式是（多选）

   A. 运动

   B. 阅读书籍

   C. 聚会

D. 逛街
E. 看电影
F. 旅行
G. 社团活动
H. 其他

5. 您进行线下娱乐活动的原因/目的（多选）
A. 放松身心、释放压力
B. 无所事事、打发时间
C. 锻炼身体
D. 扩大人际圈、提高人际交往能力、增加同学感情
E. 个人兴趣
F. 学习工作需要
G. 被迫进行（社团活动或学校组织活动，但自己不愿参加）
H. 其他

6. 您每天约多长时间用于线下娱乐活动（单选）
A. 1 小时以下
B. 1~4 小时（包含 4）
C. 4~7 小时（包含 7）
D. 7 小时以上
E. 每天不固定

7. 您的娱乐时间主要是集中在哪个时段（单选）
A. 周末
B. 假日
C. 平时没课的空闲时间

8. 您一般和谁一起进行娱乐活动（单选）
A. 独自
B. 男/女朋友
C. 同学朋友
D. 学生社团
E. 看我心情、自由组合

9. 您认为什么因素会影响您进行娱乐活动？（多选）
A. 兴趣爱好
B. 经济状况
C. 时间长短
D. 朋友影响
E. 休闲地点环境与设施质量
F. 交通便利程度
G. 安全问题
H. 其他

10. 您认为学校及学校周边的娱乐场所充足吗？

A. 很充足

B. 一般

C. 几乎没有

D. 没注意、不知道

11. 您希望学校里或学校周边开一些娱乐休闲场所吗？

A. 很希望

B. 比较希望

C. 不希望

D. 无所谓

12. 您每周用于娱乐活动的花费大约是

A. 200 以内（包含 200）

B. 200~500（包含 500）

C. 500~1 000（包含 1 000）

D. 1 000 以上

E. 我帅我不用花钱

13. 您认为目前自己娱乐生活过得怎么样？

A. 很精彩

B. 一般般

C. 很差劲

14. 您对于线下休闲娱乐的看法

A. 纯粹娱乐

B. 以学习为主，在课余时间稍微娱乐

C. 劳逸结合

D. 没有手机、电脑好玩

15. 平时是否有某种固定的娱乐方式？

A. 有

B. 没有

C. 养成中

16. 您认为线下娱乐过少会影响一个人的身心吗？

A. 会

B. 不会

17. 您跟小伙伴出去玩的频率是

A. 几乎为零

B. 每周一次到三次

C. 每周三次以上

D. 每天

E. 其他

18. 您认为目前大学生的娱乐消费氛围如何？

A. 很好，完全符合

B. 较好

C. 一般

D. 较差，缺乏有序引导

19. 您会因为娱乐活动放弃学习时间吗?

A. 不会，学习比较重要

B. 会，人生苦短，及时行乐

C. 偶尔，看心情

20. 您对线下娱乐活动有什么建议或者想法吗? [文本题]

谢谢您真诚的回答，祝您生活愉快!

The questionnaire

Hello! We are students from Finance major conducting a survey on college students' offline entertainment and leisure activities (excluding mobile phones, computers, and other electronic devices). We kindly request a few minutes of your time to complete the questionnaire. All data collected will be used for statistical research purposes only, and your responses will remain completely confidential. Thank you for your support and cooperation! (Please answer based on your actual situation as there are no right or wrong answers.)

1. Your grade:

A. Freshman

B. Sophomore

C. Junior

D. Senior

2. Your gender:

A. Female

B. Male

3. Do you feel that your offline entertainment time is sufficient? (Choose one)

A. More than enough

B. Adequate

C. Insufficient

(If insufficient, please state the reasons: a. too many courses; b. prefer online entertainment (mobile phone, computer) over offline entertainment; c. too many chores)

4. Which of the following are your main offline entertainment activities? (Select multiple options)

A. Sports

B. Reading books

C. Partying

D. Shopping

E. Going to the movies

F. Traveling

G. Club activities

H. Other

5. What are the reasons/purposes behind your offline entertainment activities? (Select multiple options)

A. Relaxation and stress relief

B. Killing time

C. Exercise

D. Socializing and improving interpersonal skills with classmates

E. Pursuing personal interests

F. Meeting study and work-related needs

G. Participating due to obligation (club activities or school events, even if not willing to participate)

H. Other

6. How much time do you spend on offline entertainment activities each day? (Choose one)

A. Less than 1 hour

B. 1-4 hours (including 4 hours)

C. 4-7 hours (including 7 hours)

D. More than 7 hours

E. It varies each day

7. When do you primarily engage in entertainment activities? (Choose one)

A. Weekends

B. Holidays

C. Free time without classes

8. Who do you usually spend your leisure time with? (Select multiple options)

A. Alone

B. Boyfriend/Girlfriend

C. Classmates and friends

D. Student clubs

E. Depending on mood and free combination

9. What factors do you think influence your recreational activities? (Select multiple options)

A. Hobbies and interests

B. Economic situation

C. Length of time available

D. Influence of friends

E. Quality of environment and facilities at leisure locations

F. Convenient transportation

G. Safety concerns

H. Other

10. Do you think there are enough recreational places in and around the school? (Choose one)

A. Abundant

B. Adequate

C. Almost none

D. I haven't paid attention

11. Would you like to see more recreational places established in or around the school? (Choose one)

A. Yes, I need.

B. I am in urgent need.

C. I have no need.

D. It doesn't matter.

12. Approximately how much do you spend on recreational activities each week? (Choose one)

A. Within 200 yuan

B. 201–500 yuan

C. 501–1000 yuan

D. More than 1000 yuan

E. I don't spend money; I find inexpensive options

13. How would you rate your current entertainment life? (Choose one)

A. Wonderful

B. Average

C. Very poor

14. What is your opinion on offline leisure and entertainment? (Choose one)

A. Purely for entertainment

B. Give priority to study and have fun in spare time

C. Balance work and rest

D. No interest in online entertainment (mobile phone, computer)

15. Do you have any fixed methods of entertainment? (Choose one)

A. Yes, I have fixed ways of entertainment.

B. No, I don't have fixed ways of entertainment.

C. I am developing some.

16. Do you believe that too little offline entertainment affects one's physical and mental well-being? (Choose one)

A. Yes, it does.

B. No, it doesn't.

17. How often do you hang out with your friends? (Choose one)

A. Almost never

B. Once or three times a week

C. More than three times a week

D. Every day

E. Other

18. What is your perception of the current college students' entertainment consumption atmosphere? (Choose one)

A. Good, just right

B. Good

C. Average

D. Poor and lacking orderly guidance

19. Do you sacrifice study time for entertainment? (Choose one)

A. No, learning is important.

B. Yes, life is short. Have fun.

C. Occasionally, depends on my mood.

20. Do you have any suggestions or ideas for offline entertainment activities?

Thank you for your sincere responses. Wishing you a fulfilling and enjoyable life!

Project-Based Learning Report-4

Class one, 2021 ACCA

Investigation and enlightenment of postgraduate entrance examination intention of international project office of School of Accounting of Chongqing Technology and Business University

Team Members：孔×× (2021××××××)

黄×× (2021××××××)

黄×× (2021××××××)

章 × (2021××××××)

张×× (2021××××××)

徐 × (2021××××××)

Supervisor：Liu Fan 刘繁

School of Finance

Chongqing Technology and Business University

Abstract

With the aggravation of employment and other problems, social competition is becoming increasingly fierce, and the employment pressure is increasing. Many college students plan to take postgraduate entrance examination. It has become an indisputable fact that the postgraduate entrance examination is heating up. In order to truly understand the motivation of fresh graduates to take the postgraduate entrance examination and help college students establish a correct learning purpose and mentality, our group has made an investigation on the current situation of postgraduate entrance examination among college students.

To get more accurate answers, this paper uses literature review to summarize, analyze and construct a theoretical framework to carry out research from the aspects of the attitude of postgraduate entrance examination, the willingness to take postgraduate entrance examination at home or abroad, and so on. In order to further confirm our hypothesis, the group used the form of questionnaire to understand the thoughts of freshmen, sophomores and juniors on the postgraduate entrance examination from the international project class.

Through the investigation, it is found that since the implementation of the enrollment expansion policy, college graduates have shown a surging interest, and the application for postgraduate examination has reached a new high. However, there are great differences in the attitude of whether to take the postgraduate entrance examination, the influencing factors of the postgraduate entrance examination and choices after failing the postgraduate entrance examination. Therefore, students who prepare to take the entrance examination should consider both internal and external factors comprehensively, fully understand and acquire the knowledge about the entrance examination for postgraduate study.

Key words: Postgraduate entrance examination; ACCA; current situation

Contents

Chapter One: Introduction ……………………………………………………………

Chapter Two: Methods ……………………………………………………………

Chapter Three: Findings ……………………………………………………………

3. 1 Access to acquiring information about postgraduate entrance examination ………

3. 1. 1 Ways of gaining relevant information ……………………………………

3. 2 Attitudes of college students towards postgraduate entrance examinations ………

3. 2. 1 The Intention to Take the Postgraduate Entrance Examination …………

3. 2. 2 Facing Exam Failure ……………………………………………………

3. 2. 3 The Necessity of Graduate School ………………………………………

3. 3 Difference between postgraduate examinations at home or abroad ………………

3. 3. 1 The choice about postgraduate ……………………………………………

3. 3. 2 The reasons of choice ……………………………………………………

3. 4 The purpose of postgraduate entrance examination ……………………………

3. 5 Types of University for postgraduate study ……………………………………

3. 5. 1 The choice after failing in the postgraduate entrance examination ………

3. 5. 2 Factors affecting the preparation of postgraduate entrance examination ……………………………………………………………………

3. 6 Take postgraduate examination of the present major or another major …………

Chapter Four: Conclusion ……………………………………………………………

4. 1 Summary of the study ……………………………………………………

4. 2 Suggestions for further research ……………………………………………

References ……………………………………………………………………

Appendix 1 ……………………………………………………………………

Chapter One: Introduction

In recent years, the number of college students applying for postgraduate entrance examination has been increasing year by year. In 2020, the Ministry of Education issued a notice, increasing the enrollment of master's students by 189, 000. The enrollment expansion proportion is about 23.5%, its expansion range and growth rate are the most prominent in recent years, and the number of applicants for the master's degree examination reached the highest in history. We want to get to know more specific reasons and situations for the surging interest in postgraduate entrance examination. We decide to examine the issue from 4 parts for the current situation. 1. Reasons for choosing the postgraduate entrance examination; 2. Social factors that cause the burden on the students; 3. The stress from taking the exam; 4. Difference between studying abroad and at home and the reasons for respective choice.

We manage to promote the process by things we listed: To clear out our target of our investigation. To design the questionnaire; to analyze the statistics of the survey: to list out the points; to generalize the conclusion. There's no doubt that numerous people have undertaken similar surveys before. However, we want to get to know exactly the situations for us ACCA students.

Chapter Two: Methods

We conduct a questionnaire and an interview survey about students' intention taking postgraduate entrance examination from School of Accounting of Chongqing Technology and Business University (CTBU). As part of the research, this article mainly focuses on people's understanding and attitudes towards postgraduate entrance examination by asking people whether they plan to take a postgraduate entrance exam, whether they would apply for better universities for postgraduate entrance exams, whether they plan to do postgraduate entrance exams across majors, etc. 70 valid questionnaires have been collected from respondents including 51 women and 19 men. Follow-up interviews among over 3 people have been carried out especially on their plans of taking postgraduate entrance examination.

1. Purpose of the survey:

In order to truly understand the motivation of fresh graduates to take the postgraduate entrance examination and help college students establish a correct learning purpose and mentality. In view of this phenomenon, our group has made an investigation on the current situation of postgraduate entrance examination among college students.

2. The background of the respondents:

Chongqing Technology and Business University, International Project Department, ACCA major and CIMA major

3. Questionnaire content:

1) Access to acquiring information about postgraduate entrance examination

2) Attitudes of college students towards postgraduate entrance examinations

3) Difference between postgraduate examinations at home and abroad

4) The purpose of postgraduate entrance examination

Chapter Three: Findings

3.1 Access to acquiring information about postgraduate entrance examination

3.1.1 Ways of gaining relevant information

From result of the questionnaire, data shows that university students can acquire relevant information from various approaches. Around 70% students gain relevant information through attending lectures. And the population of those who acquire relevant information by means of online advertising accounts for 60%. Meanwhile, more than 30% students gain relevant information by receiving leaflets, around 30% students through educational agencies' telephone publicity. Besides, the rest 20% students have other ways of getting relevant information, including parents and elders, personal sharing on online platforms and so on.

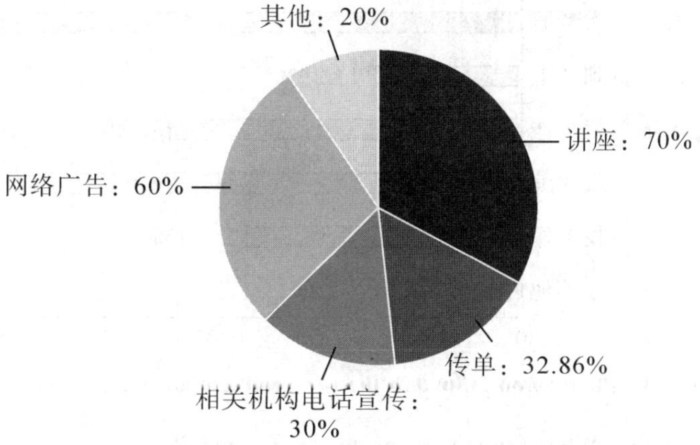

Figure 1 Ways of gaining relevant information

3.2 Attitudes of college students towards postgraduate entrance examinations

3.2.1 The Intention to Take the Postgraduate Entrance Examination

Through the survey, we learn that more than half of the respondents are still unsure whether to take the postgraduate college entrance examination, and nearly half of the respondents are already certain they will take the postgraduate entrance examination. This shows that respondents' attitude towards postgraduate entrance examination is positive, and postgraduate entrance examination is very likely to become an option for the majority of respondents after graduation.

Interview Question: Do you have the intention to take the postgraduate entrance examination?

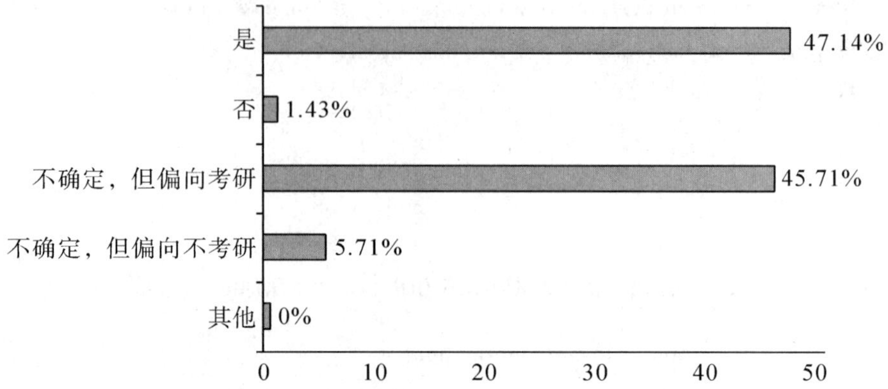

Figure 2 Intentions to take the postgraduate entrance examination

3.2.2 Facing Exam Failure

Regarding the choice after failing the postgraduate entrance examination, 62.86% of the respondents choose to retake the postgraduate entrance examination, which shows that most respondents are very firm and serious about the postgraduate entrance examination, not just blindly following the trend.

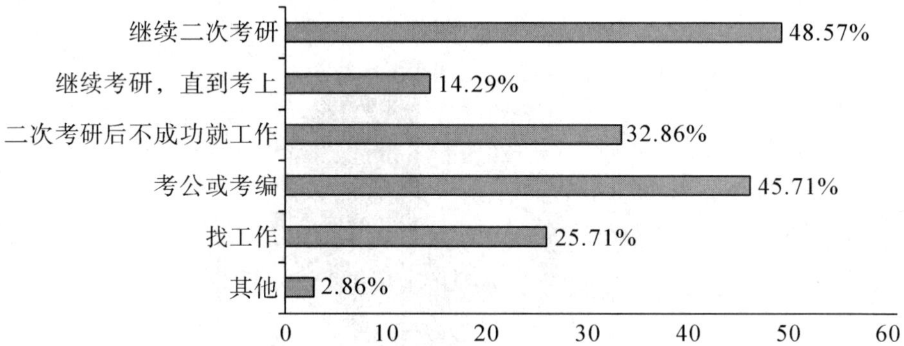

Figure 3 Plans upon failure in the postgraduate entrance examination

Interview Question: What are you going to do if you fail your first postgraduate entrance examination?

3.2.3 The Necessity of Graduate School

And 80% respondents believe that the postgraduate entrance examination is not a must for college students. It can be seen that although most college students are inclined to participate in the postgraduate entrance examination, they know that the test is not the only way out, and there is no prejudice against the option of not taking the postgraduate entrance examination. This proves that the choice of college students to take the postgraduate entrance examination is not forced by the circumstances, but a choice made according to their own situation.

Interview Question: Do you think postgraduate entrance examination is a must for college students?

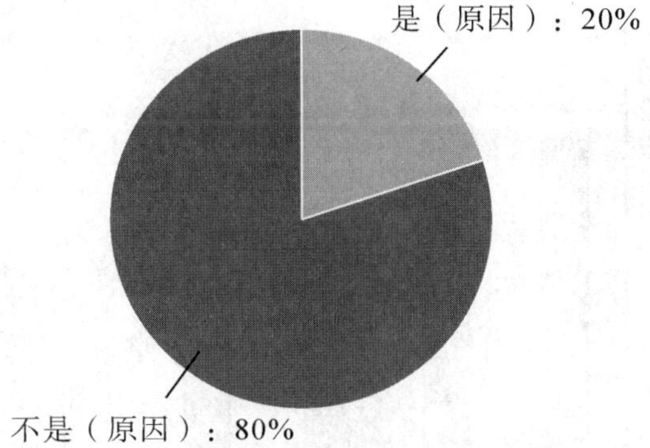

Figure 4　Whether the postgraduate entrance exam is a must

3.3　Difference between postgraduate examinations at home and abroad

3.3.1　The choice about postgraduate study

According to survey, 82.86% students tend to take the domestic postgraduate entrance examination while only 7.14% of them prefer to study abroad, and the rest students still do not have clear goals. From statistics1, most students will take the domestic examination.

statictics1

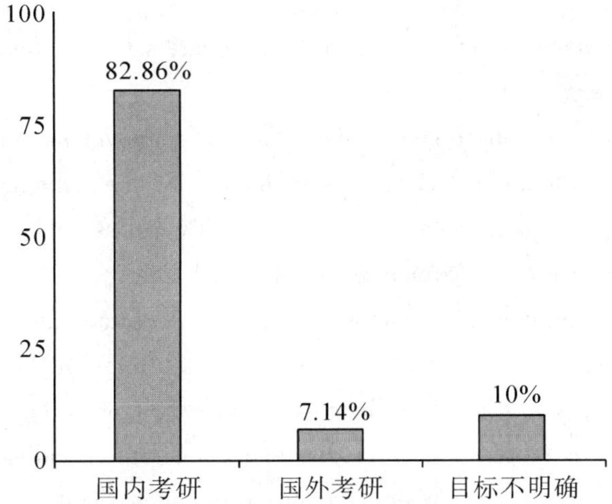

Figure 5　Were to pursue master's degree: home or abroad?

3.3.2　The reasons of choice

There are five main reasons of choosing study abroad. All the students hold the view that they want to have the chance to experience life abroad. Fewer competitions and more abundant educational resources also affect the students' decisions. It can be seen that only 25% of the students can be enrolled for postgraduate study in China. The competition is very fierce in China. However, as there are many choices for studying abroad, the competitions can be less tragic. Some of them may want to get the chance to work or even live abroad. Taking the postgraduate study abroad can help them fulfill this dream easier as it can help them accumulate some experience about life and work abroad.

statictics2

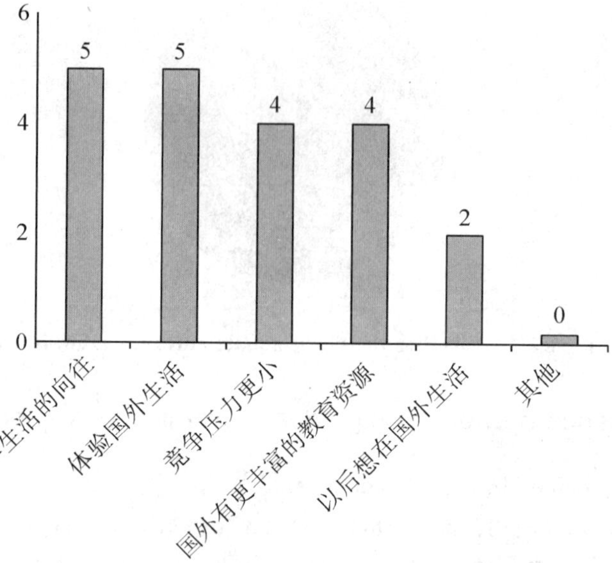

Figure 6 Why to study further abroad

3.4 The purpose of postgraduate entrance examination

In view of the phenomenon of " the craze for graduate school", here are some reasons for postgraduate entrance examination.

It can be seen from our questionnaire data that the employment prospect has become the reason for most college students to choose postgraduate entrance examination. Highly educated people are more likely to be promoted. It is not a 100% rule, but a common phenomenon. Under the increasingly severe employment environment, higher threshold for talents is the trend of future. Postgraduate entrance examination undoubtedly becomes the best choice for college students to improve their academic qualifications. This is utilitarian. Secondly, better welfare policies and academic pursuits are the choice of nearly half of college students. The state's policy for postgraduates is better. Both subsidies and grants attract college students. And some college students who have clear life plans or high requirements for themselves want to continue to have higher professional attainments and in-depth study. Postgraduate entrance examination is the way for them to pursue higher level of study.

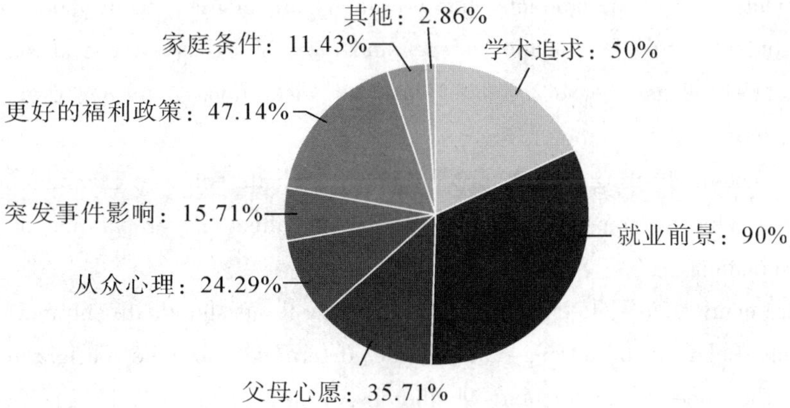

Figure 7　Why to study further

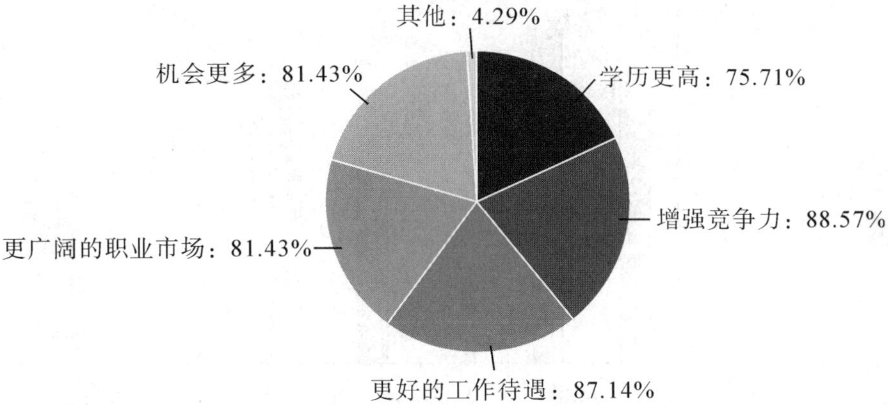

Figure 8　The benefits postgraduate education can bring about

3.5　Types of University for postgraduate study

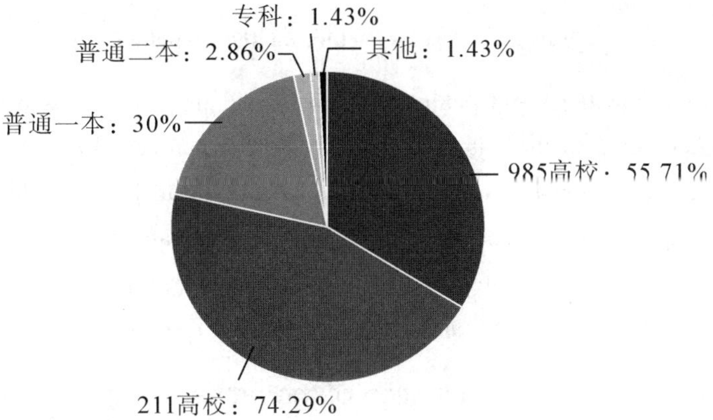

Figure 9　Types of University for postgraduate study

Since the implementation of the enrollment expansion policy in Colleges and universities, college graduates have shown a surging interest, and the application for postgraduate examination has reached a new high. There are great differences on the choice of colleges and universities. Only 30% of the students choose ordinary universities, while more than 50% and 70% of the students apply for the top colleges and universities, say those of 985 project and 211 project. Most of us choose a higher level of institutions than our own to study for postgraduate study.

3. 5. 1 Factors affecting the preparation of postgraduate entrance examination

Question: What do you think are the factors that affect the preparation of postgraduate entrance examination?

There are many factors affecting students preparing the postgraduate entrance examination. First, students need to be strong-minded and determined for the postgraduate entrance examination. They need to understand whether they want to improve their self-cultivation or develop towards specialization.

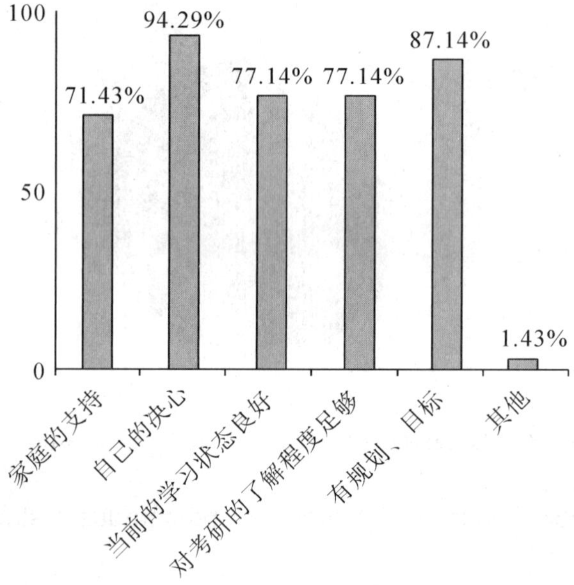

Figure 10 Positive factors for the prepation

Do not blindly follow the trend, calm down to learn, and have one's own short-term and long-term goals. According to the data, more than 90% of people think their determination is the most important, and more than 80% think that planning and goals would contribute to the success in the postgraduate entrance examination. Postgraduate entrance examination is a protracted war. More than 70% of students believe that family support, current learning status and understanding of postgraduate entrance examination are also essential.

3. 6 Take postgraduate examination of the present major or another major

After the investigation, we find that among 70 people, 38 people, accounting for 54. 29%, say they would take the postgraduate entrance examination of different majors, and 32 people, accounting for 45. 71%, continue to choose their major for postgraduate study. This figure shows that the number of people who want to take the postgraduate entrance examination for different majors has reached more than half. Among them, the reasons for switching majors are hobbies (82.21%), market trends (57.89), dissatisfaction with their major (42.11%), and family factors (18.42%).

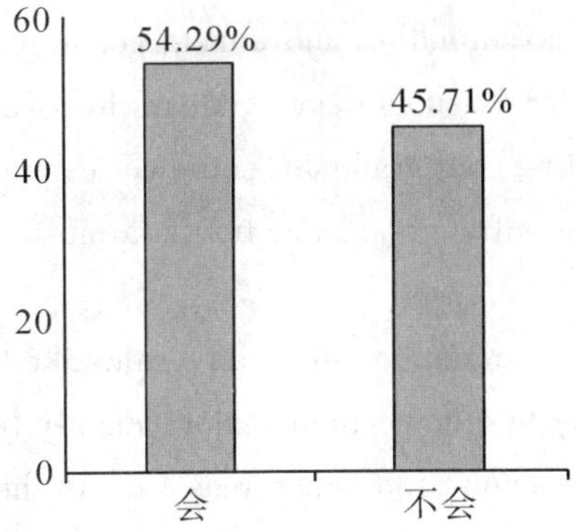

Figure 11 Whether to switch majors

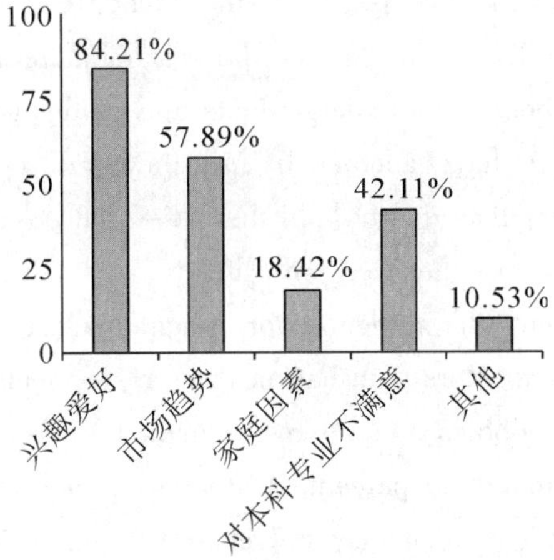

Figure 12 Why to switch majors

After further analysis, the investigation shows that the factor affecting whether students choosing cross-major postgraduate entrance examination or not is the time for preparation. In terms of time, most students choose to prepare for the postgraduate entrance exam in their junior year, which also gives students more time to think about whether to take the postgraduate entrance exam for different majors.

The policy of re-choosing one's major in the postgraduate entrance exam has given many students new hope for their future development. However, many students did not benefit from this policy because they did not know enough about their majors and chose blindly. Therefore, it is necessary to analyze the current situation of students' changing majors, so that university management can grasp the development trend of students' changing majors as soon as possible, and actively give countermeasures and reasonable suggestions, so that students can take fewer unnecessary detours in the choice of majors.

Finally, in the feedback to "what aspects should we prepare for the postgraduate entrance examination?" family support, determination, planning goals, and sufficient understanding of the postgraduate entrance examination account for a large proportion. Therefore, everyone should be cautious about whether to apply for one's own major or another major for the postgraduate study.

Chapter Four: Conclusion

According to the above investigation, we can find that students in the International Project Office of School of Accounting of ACCA have positive intention to take the postgraduate entrance examination.

In pursuit of brighter employment prospects, better welfare policies or higher academic achievements, nearly half of those students, gettine the postgraduate entrance examination through various ways, including attending lectures, online advertising accounts, and so on, make up their mind to take the postgraduate entrance examination and aim to get into higher-level schools than undergraduate universities to study for Master's degree. Meanwhile, they are willing to have another try, if they fail in their first postgraduate entrance examination. However, they do not hold the belief that postgraduate entrance examination is a must, but an approach to better work and life.

Then, the direction for postgraduate entrance examination still can undertake further refinement. More than half of those respondents choose to change their major, mainly because of their hobbies and interests, market trend, family factors and other reasons. At the same time, around 80 percent of students prefer to participate in domestic postgraduate entrance examination which may be related to serious pandemic abroad, while the rest choose to go abroad for postgraduate study for the sake of less fierce competition, more abundant educational resources and more experience of living abroad.

To sum up, we learn that we are supposed to correct the understanding of postgraduate entrance examination in the subjective side, make a decision as early as possible on whether to take the postgraduate entrance examination and clarify our motivation. It's better not to follow the trend blindly and make a clearer plan for life, so that our move will be more determined and have a direction

References

［1］李冰仙. 从就业难看大学生考研热的原因：基于职业地位获得目标的理性选择视角［J］. 安徽师范大学学报（人文社会科学版），2007，35（5）：604-610.

［2］李树爱. 大学生考研的原因，问题及对策［J］. 山东省农业管理干部学院学报，2005，21（6）：188-189.

［3］彭心颖，沈利，谢升燕. 普通院校在校大学生考研现状和对策研究［J］. 大众标准化，2021（2）：103-104.

［4］王宗鱼，王莎莎. 当代大学生考研现状与问题调查分析［J］. 商情，2022（6）：143-145.

Appendix 1

关于考研问卷

第 1 题　请问您的性别是？［单选题］

选项	小计	比例
男	19	27.14%
女	51	72.86%
本题有效填写人次	70	

第 2 题　请问您的目前的就读年级为？［单选题］

选项	小计	比例
大一	64	91.43%
大二	5	7.14%
大三	1	1.43%
大四	0	0%
其他	0	0%
本题有效填写人次	70	

第 3 题　你是否已经开始着手考研？［单选题］

选项	小计	比例
是	11	15.71%
否	59	84.29%
本题有效填写人次	70	

第 4 题　你是通过哪些渠道来了解考研？［多选题］

选项	小计	比例
讲座	49	70%
传单	23	32.86%
相关机构电话宣传	21	30%
网络广告	42	60%
其他	14	20%
本题有效填写人次	70	

第 5 题　开始准备考研的时间点［填空题］

填空题数据请通过下载详细数据获取

第 6 题　您预计在什么时候开始备战考研［单选题］

选项	小计	比例
大一	0	0%
大二	19	32.2%
大三	38	64.41%
其他	2	3.39%
本题有效填写人次	59	

第 7 题　请问您现在是否有考研的意向？（若您持保留态度，请在两个不确定选项中选择更符合自身倾向的选项）［单选题］

选项	小计	比例
是	33	47.14%
否	1	1.43%
不确定，但偏向考研	32	45.71%
不确定，但偏向不考研	4	5.71%
其他	0	0%
本题有效填写人次	70	

第 8 题　你打算考研的院校？［多选题］

选项	小计	比例
985	39	55.71%
211	52	74.29%
一本	21	30%
二本	2	2.86%
本科	1	1.43%
其他	1	1.43%
本题有效填写人次	70	

第 9 题　您目前更倾向国内考研还是国外深造？［单选题］

选项	小计	比例
国内考研	58	82.86%
国外考研	5	7.14%
目标不明确	7	10%
本题有效填写人次	70	

第 10 题　选择国外考研的原因［多选题］

选项	小计	比例
对留学生活的向往	5	100%
竞争压力更小	4	80%
以后想在国外生活	2	40%
体验国外生活	5	100%
国外的丰富教育资源	4	80%
其他	0	0%
本题有效填写人次	5	

第 11 题　您选择考研的原因有［多选题］

选项	小计	比例
学术追求	35	50%
就业前景	63	90%
父母心愿	25	35.71%
从众心理	17	24.29%
突发事件影响	11	15.71%
更好的福利政策	33	47.14%
家庭条件	8	11.43%
其他	2	2.86%
本题有效填写人次	70	

第 12 题　是否会选择除本科专业的其他专业的考研？［单选题］

选项	小计	比例
会	38	54.29%
不会	32	45.71%
本题有效填写人次	70	

第 13 题　选择跨专业考研的原因［多选题］

选项	小计	比例
兴趣爱好	32	84.21%
市场趋势	22	57.89%
家庭因素	7	18.42%
对本科专业不满意	16	42.11%
其他	4	10.53%
本题有效填写人次	38	

第 14 题　你如果第一次考研失利，你打算？［多选题］

选项	小计	比例
继续二战	34	48.57%
继续考研，直到考上	10	14.29%
二战后不成功就工作	23	32.86%
考公或考编	32	45.71%
找工作	18	25.71%
其他	2	2.86%
本题有效填写人次	70	

第 15 题　你认为选择考研你要做好哪些方面的准备？［多选题］

选项	小计	比例
家庭的支持	50	71.43%
自己的决心	66	94.29%
当前的学习状态良好	54	77.14%
对考研的了解程度足够	54	77.14%
有规划，目标	61	87.14%
其他	1	1.43%
本题有效填写人次	70	

第 16 题　你觉得考研会为你未来的职业/人生带来什么帮助？［多选题］

选项	小计	比例
学历更高	53	75.71%
增强竞争力	62	88.57%
更好的工作待遇	61	87.14%
更广阔的职业市场	57	81.43%
机会更多	57	81.43%
其他	3	4.29%
本题有效填写人次	70	

第 17 题　你觉得考研是大学生的必选项吗？［单选题］

选项	小计	比例
是（原因）	14	20%
不是（原因）	56	80%
本题有效填写人次	70	

第四节　PBL 学生反思报告

反思报告 1——22ACCA2 陈×

回顾过去一年大学英语 PBL 的学习，我们总共学习了十个单元，涉及人际关系、历史事件、人文地理、中国与世界之关系、哲学思考、商业金融等多方面的文章。在项目式教学中，我们梳理思维导图、完成精美海报、总结提炼 PPT、收集资料撰写 3C 报告。在个人项目中，我有幸给 CHINA DAILY 写过信；在小组合作中，我做过文案编辑，也是最后查漏补缺的人，更担任过幕后剪辑……不可否认，知识与技能都得到了可观的进步。

想到这里，PBL 让我收获了许多，也让我更加明白了自己的不足。因此，作为学生，我有了以下思考。

首先是演讲表达能力。高中高强度刷题式学习让我忽略了自己的表达能力，结果显而易见，第一次 public presentation 做得很烂。尽管事前读了很多遍稿子，但上台还是不可避免紧张，最后干脆破罐子破摔拿着备好的稿子读了起来，下台后我深谙表达的重要性。此后，我开始珍惜每一次演讲机会，努力克服上台前的紧张，私下多次反复模拟上台情景，于是，第二学期的演讲，我开始直视老师的眼睛，努力用肢体动作缓解紧张，好在付出的努力有了一点成效。老师在讲到表达方面时，我印象最深刻的便是那句“台上一分钟，台下十年功”，个人觉得我还需要在演讲方面不断练习，不求做到像老师讲课那样侃侃而谈，只希望我能准确自然地表达自己的观点，尽量能开口用英语表达自己的看法。

其次是词汇与阅读能力。每当我读到一篇新文章，我就会感慨英语词汇量和句子逻辑的重要性。在分析文章思路时，词汇是一大阻碍，不认识的但很关键的单词让我对文章的理解很容易出现偏差。第一学期我疏于对单词的记忆，阅读理解时很明显感觉到了吃力，因此，在第二学期里，我会利用晚上的时间坚持打卡单词，我深刻明白了单词学习是无法偷懒的，只有熟能生巧。理解作者写一段文字的逻辑也很重要，在老师的带领下，抽丝剥茧一篇文章的内在的逻辑，是很美妙的事情，夸张一点的说法就是就跟打通任督二脉一样。所以，我会在接下来阅读一篇文章时，当然不局限于英语，尽量理解其内在逻辑，下意识做一做阅读理解。

再是小组合作问题。本质上我是个比较“独”的人，在小组合作之前我就听过学长学姐们吐槽小组合作的无力。在前几次项目里，我曾碰到过组员不积极，任务马上截止了都不吭声，也没有想法的情况，刚开始我会着急、埋怨，但我明白抱怨是无济于事的；在之后的项目中，我学会提前几天在群里冒泡，主动询问大家想法，尽量语言温和，这也算是一种我终于主动沟通的体现吧，任何小组刚开始都是需要通过一次次的磨合，才有熟练之后的分配，感谢遇到了一群良好的组员们。在以后学习生涯中，小组合作肯定是不会少的，希望我积极面对这一事实，努力做好本职工作，积极提供力所能及的帮助。

最后是无关课本的时间分配问题。第二学期的课非常满，所以分配给项目的时间相对少了很多，合理分配时间是永恒的重要话题，我会在之后的学习里，努力适应事情轻重缓急排序的方法，努力做到高效完成任务，避免出现第二学期赶清华社英语赶到“吐血”的情况。

反思报告2——22金融类7班 李×

一年的大学英语课程的学习让我学到了很多。

首先，我通过课程学到了很多，提升了能力。每一个单元的学习都让我开阔了视野，提升了我的英语阅读能力，同时锻炼了我逻辑思考的能力，让我从不同的角度去认识了这个世界。更多地，项目式教学不但提高了我的英语口语水平，而且更为重要的是培养了我的团队精神。在完成每一个项目的过程中，我和其他成员进行思想的碰撞，通力合作，不断作出调整，为实现共同的目标而奋斗。期间，我提高了自己的整理收集资料、做ppt的技能，提升了自己的写作能力和口语能力，还吸收了其他成员的优点和思想的精髓，这对我以后的发展将起到深远的意义。

其次，老师的教学对我颇有启发。在教学期间，老师认真备课，努力通过学习谚语、mini quiz等形式来激发我们的学习兴趣。老师在课下还会主动积极地和同学们沟通交流，通过问卷的方式得到同学们的对教学的反馈，形成了良好的师生关系。但是，我在学习的过程中，自身还存在一些问题。第一是时间管理不到位，面对诸多形式的英语作业，很多时候都是在接近最后期限的时候才完成的，以至于没有认真去消化内容和知识。第二是学习的积极性不够高，很多时候都没有主动把多余的时间花在英语的学习上。

最后，对于项目式教学，我建议少一些繁琐意义不大的学习内容。或许我们可以尝试用更加严格且有效的方式来强化同学们的学习效果。

反思报告3——22金融类5班 陈××

第一次接触到英语pbl教学，一开始是有点不适应的。这种教学方式和高中很不一样，老师说到我们的教学内容时，我也有一点害怕恐慌，因为我的英语基础不是很好。我们那个地方英语教学水平也不太高，我就很怕自己没办法跟上进度，没办法学好，甚至我觉得这种教学方式可能只是对于那种英语较好或很好的同学来说是一种非常好的体验，但真正学下来我才觉得其实并没有想象中那么难。

体验之后，发觉刚好相反。我反而能从中学习到很多，就比如我以前从没尝试过用英语来表达我的想法，但在pbl课堂上可以畅所欲言，有足够的互动和沟通时间。我们每个阶段的学习也会有不同的活动。我也从这些活动中学到了很多东西，需要做报告我就上网查资料、整理资料，需要上台演讲，我就会自己准备稿子进行练习。

慢慢地我发现pbl的课堂真的非常有趣，更大程度地调动了我的积极性、我的主动性，一次又一次的上台讲话，带给我很多不一样的感受，我也能从中获得很多进步。

当然我觉得自己还有很多不足之处，虽然在学习过程中老师给我提供了很多帮助，但这门课最重要的是自主，我又常常做不到自律自主，我也没有在这门课上多花点时间，如果能多花些时间我相信我的英语会更上一层楼。

我希望老师在保留原有的教学方式基础上，可以再多一些有趣的互动和沟通，来锻炼我们英语交流的能力。

反思报告 4——22ACCA2 周××

首先的反思是关于学习状况。在这一年中，大学英语 PBL 的学习模式给我的感受首先是单词量极大，单词难度层次与以前不能同日而语。重难点的地方激发了我想要探索学习的欲望，同时也有一定的阻碍，可以说是挑战与机遇并存。而且特别值得注意的是文本主题深度得到拓展拓深，关于人性的探讨，对艺术的解读，对战争有所涉及，这些部分于我而言才是英语学习真正的重要部分，让我走向更深层的阅读，学习文化、经济、政治制度、古今中外的思想层面——以英语的视角来解读看待。

所以与之相对应的，我个人的收获极为丰富。每一个单元我都用了大量的时间学习、记忆、联想，以及作文写作。由此我深刻地感受到了高级难句的应用不在于刻意汲取而是自然阅读相应的主题并在理解后运用其中。老师的课上小测验也激励了我在课外的时间复习每一个单元，加上课下的一些作业也系统性地保证了英语水平稳步进步，所以——真的真的很感激有这样一个学习的机会，其为我的四六级考试也助力良多!

作为课代表的收获也是独一无二的。我积极引导同学们的平时作业、报告，也积极担任小组长反复查看修改同学们的稿子，多数时候需要修改上八九次，的确过程是非常累但同样有相应的获得，我的监督指导能力、领导能力都得到了极大的提高。

关于学习的问题也同样是有的，我也相当关注，也为此困惑过很长时间。我一直纠结着在英语学习中是否需要花费足够的时间不断牢固单词的记忆，但困难在于这些时间花费会降低其他方面如听力、阅读的练习，甚至会使我有强迫主义的趋势。而听力和口语正好是我英语学习的弱点，所以我想到的解决方式是平衡学习时间，将自己脱离不良的强迫环节中。

个人认为老师的教学方式和反馈体系都是很完善，能够找到每个单元的框架。可能我注意到的一点是对于同学参与活动氛围的调动，或许有更多的活动模式，能够让同学们的参与感更强，提高同学们的重视程度。这些就是我的反思，感谢老师一路陪伴和信任。

反思报告 5　　22ACCA2 印×

在这一学年的 PBL 大学英语课程学习中，我自觉始终处于逆水行舟之中。有阻力有障碍，但当轻舟越过万重山时，成就感溢于言表。PBL 教学以问题为导向，以项目为载体的教学方法促使我主动面对问题、积极解决问题，带领我逐步迈出舒适圈，发掘自己的潜力。在各个项目完成的过程中，PBL 教学法潜移默化地促进了我各项能力的全面发展。PBL 课程的教材设置也让我深感教材编写者们的用心良苦，教材中的材料紧跟当下社会热点问题，触及各领域各方面。其在基本的英语词汇、语法、写作学习的基础上，注重学生人文素养、跨文化交流、逻辑思维等综合高阶能力素养的培养，让我收获颇丰。

在学习过程中遇到的主要问题及解决办法有：

（1）项目小组成员协调困难。在完成项目的过程中，小组内易出现小组成员不愿担当不愿出力的情况，这会导致项目完成质量不高，难以到达预期学习效果。我认为该类问题可以采用小组成员轮换制的方法，给予同学们更多了解接触的机会，在保持新鲜感的同时，更有可能找到合适的合作伙伴，发现合作之美，同时也能让不愿出力的同学感受到压力，对自我状态进行调整。

（2）课程重点把握不到位。PBL 的教材文章词汇量较大且长难句多，同时对学生把握学习重点的能力要求较高。我在学习过程中常常会想到“在这一单元我需要学到什么”的问题，有时能够通过学习的深入掌握学习重点，但有时会对重点的把握有所偏差。希望在教学过程中老师可以相对明确地提出重点，而学生应当在课前对课程内容进行有效预习，双方都须做出努力以促进课堂效率的提升。

（3）上课节奏及课程作业布置还有待合理规划。我认为 PBL 课程的学习价值是较高的，如果能够最大化利用 PBL 教学法的优势，学生的综合能力能够得到十分显著的提高，但由于课程量不足且学生学习规划能力不够，PBL 并不能尽显其用。所以我认为学校应当更为合理地规划 PBL 的教学节奏，学生则要不断尝试调整自身学习规划，实现学习效率的突破。

反思报告 6——22 工管类 1 班 何×

不同于高中英语课以老师讲授为主的教育方式，PBL 教学法以问题为基础，以学生为中心，通过小组讨论、收集资料、发现问题和解决问题等方式培养学生自主学习能力和创新能力。在大一期间的英语 PPL 课程中，我也在不断实践中提高了自己的各方面能力。

在课堂上，我投身于老师设置的各个环节，沉醉于其中的内容，也渴望能够不断表现自我，实现自我。大学的英语单词，相较高中的单词而言，难度要高出许多，但老师也会通过布置听写作业、家庭作业，准备 Mini quiz 等方式来提高我们背单词的积极性。老师将英语教学与现实有机结合起来，创设各种合作学习活动，以促进我们相互学习、相互帮助，体验成就感。

由于英语老师的任命，我拿到了我大学生涯的第一个职位——小组组长。我是一个喜欢浮想联翩的人。在小组作业的时候，我总是提出一些较为夸张的想法，很感激我的组员们愿意听我表达，其实在很多时候小组组员是不愿去表达自我的，他们似乎更倾向于被分配任务，而组长应该做的，就是调动组员的积极性，并且合理地分配任务。

要调动大家的积极性，我们首先要了解为什么组员们不愿自我表达。我总结出了以下几点：

（1）小组组员不够自信。我们要知道大学同学来自五湖四海，每个人的受教育程度不同，因而他们有时会不敢表达自我，害怕露怯。

（2）他们对所选话题或者英语本身不感兴趣。

（3）他们不愿耗费时间。在大学生活中，大家更倾向于忙自己的事，而非投身于小组作业。

所以我们就应该对组员们不断鼓励、循循善诱，并且让他们明白完成小组作业是他们的责任。当然还有一点，作为小组组长，我多做一些工作是在所难免的，其实小组合作不仅仅需要专业知识、自主学习能力，我认为更重要的是人际交往能力。

在未来前进的道路上，我会将课堂上的收获带入生活之中，成就更加优秀的自己。

反思报告7——22金融类3班 潘××

PBL这种采用项目式教学的方法对于刚进入大学的我来说很新颖。每一个单元都有对应的一个总的话题，而这些话题和我们的生活、学习、工作等都有关，所以选题很有意义。每个话题下的两篇文章，两者要么是衍生关系、要么是处于对立面的观点上，非常具有思辨性。语言表达也很原汁原味，对于我们学习、应用英语有很大的帮助。每次做项目都是对自己的一种锻炼，是对自己的语言能力、思辨能力、协作沟通能力的一种挑战。

总体来说，PBL带给我们的效用是正向的，但是在实际实施的过程中，我们经常会由于个人能力的不足（词汇不够多、口语表达欠缺、展示的时候怯场等）、任务难度较大、没能规划好自己应该处理的多项任务的时间分配而导致有时候匆匆完成一个项目，或者最终呈现的效果并不完美。

这些不足很大程度上是由于我个人的懈怠而造成的，而PBL在某种层面上来说也在鞭策着我去学习！

反思报告8——20级市场营销 王××

转眼大一学习生活就画上了句点，一年的通识英语课也完满结束。在这一年里，我深切体会到大学英语与以往英语学习的不同，课堂生动有趣，作业丰富多样。于我而言，收获颇丰，帮助极大。

第一点收获是听说读写能力继续得到提高。

相比上学期初入大学校园，初次接触小组作业与项目汇报，这学期面对小组作业，我在处理上和展示上都有了很大的进步。面对小组作业不再是毫无头绪，而是按部就班，分工合作，合力完成；在汇报时没有了往日的怯场、紧张，还能尽量做到脱稿完成。面对初次接触的大项目作业，也不会无从下手，而是因收集信息能力的提高，能将自己的任务尽力做到最好。

第二点收获是对各类文化知识有了更深入的了解。

在以往的学习中，对于一些社会事件或历史事件，我往往只是略知皮毛，而在本学期及上学期的学习中，我对各种事件（如本学期学习的旁观者效应、安乐死合法化等）的背景知识、起因经过结果等有了更深入的了解。此外，本学期新增加的课前文章分享，也让我对社会时事热点有了一定的了解，并从中学到了相关词句用英语如何描述。

第三点收获是变成了更自信的自己。

这是我最大的收获，无论是小组任务商讨时发表自己的见解与看法，还是在英语课上发言，抑或是脱稿进行项目汇报，都让我一步一步变得更加自信。在自信的路上老师给了我很大的帮助，英语课发言时若有卡壳老师会进行相关提醒，并在发言结束后进行点评以及给出中肯的意见，在项目汇报紧张时老师会给予鼓励。这一年要感谢老师、感谢自己。

我在得到收获的同时也对自己进行了反思。

反思自己依旧做事拖沓、处理问题不够全面、自律性不够。本学期前两个月坚持每天背单词，但由于四级考试没能抢到名额以及学期后期需要弥补的学习内容过多，就没能每天按时打卡。在本学期的预习工作中，依旧是预习完单词短语，没能对文章进行内容整理。本学期相对于上学期有了些许进步，但依旧不够，望日后在没有英语课的情况下还能一直坚持学习英语。

英语是中国与世界沟通的桥梁，是让世界了解中国的窗口，所以于当代大学生，英语学习之路任重而道远。

反思报告9——20级市场营销 黄×

一个学年很快结束了，本学期的英语学习课程也暂告一段落。这一学期，我还是蛮有收获的，除了一些学习上的细节，比较遗憾的是我这一学年没有报到四级，但我相信有了这一年的积淀，在下一学年我一定能够一次就考过。

从上学期对英语学习模式的不适应到这学期的如鱼得水，我还是蛮有收获的，无论在英语单元项目、大项目还是课前分享上，或者是对PPT的掌握上都上了一个层级。在步入大学后，在英语这门学科上我最能直观感受到的就是英语口语的提高。由于我在英语各种形式的演讲活动都出现过了，无论是学院的、班级的，所以现在的我站在讲台上已经没有最开始那么紧张了，也更加自信。在上台前我会提前练习，所以每次的小演讲我都很有参与感，还能够在结束后自觉地去总结自己的不足，以提高自己。

因为每次的项目都是一个小组一起完成的，这当然也培养了我们小组合作的精神，在上学期我们都有一个固定的分组，但在这学期，因为项目种类多，所以小组的队员不会太固定。我能明显感受到的是大家现在都会放开去准备学习了，和我一起组队的小伙伴们在每次任务下来之后都会有一个很明确的分工，效率很高，现在都不怎么浪费时间去准备很多内容再去挑选任务，因为大家在任务发布之后都已经有了自己的构思。

至于理论知识的学习，我口语变得越来越好了是毋庸置疑的，作业也会积极完成，会花费时间在课前预习上，所以听课的时候就能够很好地跟上老师上课的思路。同时，英语学习技巧的掌握较好，做题时比较认真。但不足的是，我这学期对听力的训练较少，所以我的听力较差；自己对背过的学过的知识很少有复习，忘得较快；题量刷得不足等。

总体而言，我这学期既有好的改变，也有不好的习惯，对于好的我下学期会努力保持，对于一些坏的习惯，我也会努力改正。在下个学年，我希望我在英语听力方面能有一些突破。

反思报告10——金融学类十班 周×

我在上大学英语课前，对中西方艺术、旁观者效应、商业成功因素、安乐死合法化、政治角力等相关背景知识都不太了解。通过这一学期的英语学习，我现在对中西方艺术、旁观者效应、商业成功因素、安乐死合法化、政治角力等相关背景知识有了更深入的了解。通过对课文的学习，自己也对这些方面有了自己的思考和想法，考虑问题更加有思辨性。这一学期由于学完一个单元的文章后老师会进行听写，所以自己会提前熟记单词。同时，课后的写作任务，对自己的写作能力也很有帮助。

通过本学期的项目式大学英语教学，我获得的最大收获是更自信，写作更流畅，能更好地与同伴互动，更好地与小组合作，学会了批判性地思考问题，同时对论文的结构也有了比较清晰的了解。自己负责的问卷部分，对问题的设置，对问卷结果的分析我都进行了较为深入的学习。我在完成这些任务的时候也遇到了一些困难，比如一些专业性词汇不太理解，我就会通过查阅资料去理解，自己也是第一次了解项目式的英语教学，一开始也摸不着头脑，不知道从何做起，也是通过搜索各种资料自己一步一步慢慢地了解和学习，我认为方法总比困难多，有困难就去解决。

这学期我在英语学习方面扩展了词汇量，因为报了四级的缘故，也刷了很多题，所以在听力和阅读上有所提升。

大学课程中的文章一般都有一定的难度，所以在理解过程中要自己思考，这也提高了我的思维能力。但自己词汇量总是不足，所以平时自己会规律性地记忆单词，同时也是为了备考四级累积单词。

总体而言，我的大学英语学习还存在一些问题，在口语方面，自己想要突破难度太大，由于基础太差，所以后期弥补比较困难，但是希望今后的学习能弥补自己口语的不足。同时在自己做往年英语四级试题时，发现自己做题速度太慢，导致根本做不完，后面也应该多背单词多阅读提高自己的做题速度。大二之后接触英语的机会应该比较少了，但是还是希望能够提高自己的英语能力，口语、阅读、听力等方面能有新的收获，能顺利通过四六级，同时学习英语也对自己专业的学习有帮助。

第四章　以文化互鉴暨新时代红岩精神赓续引领项目式大学英语教学改革案例

课程名称：PBL 大学英语　学分/学时：5+4+2/74+64+32
课程类别：公共基础课程　授课对象：非英语专业本科生

第一节　课程概况

基于前期广泛调研，PBL 大学英语从 2018 级开始试点，是为非英语专业，一本专业中的经济、金融、会计专业，英语基础较好的本科学生（每学年 700 人左右）开设的公共基础必修课，学分为 11 学分（第 1、2 学期分别 5/4 个学分，课程以项目式大学英语教学为主；第 3~8 任一学期，学生选择一门提高课程）。PBL 大学英语以培养具有国际视野、有家国情怀、“强专业+强外语”的国际化复合型人才为目标，是大学英语课程改革的“试验田”。

PBL 大学英语以项目为依托，以教师为主导、学生为主体，采用“线上线下混合式、课堂内外、文化互鉴、赓续红岩精神”的教学模式；深化课程内容，基于教材内容的“文化互鉴”项目贯穿整个学年，注重培养学生语言知识技能、跨文化意识和文化自信；第二学期基于真实社会文化情景、新时代红岩文化及精神传承的课程项目，提升学生用英语讲专业的能力，厚植家国情怀。

PBL 大学英语通过线上（新一代大学英语综合教程微课、新世界交互英语视听说、中国高校外语慕课平台优质慕课两门，提升学生语言技能、自主学习能力、搭建项目实施“脚手架”）线下翻转教学、小组合作探索项目及教师指导，革新教学手段。

在大学英语提高阶段，我们建设了通用学术英语课程、财经类英语课程和专业性英语提高课程体系，提升学生服务社会的能力。

PBL 大学英语课程教学内容如图 1 所示。

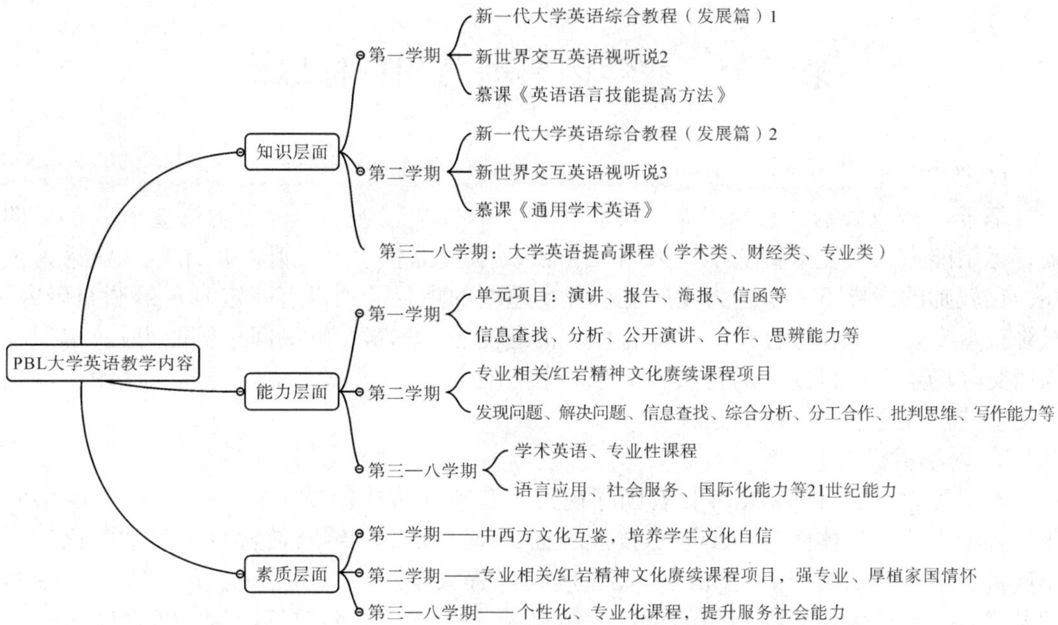

图 1　PBL 大学英语教学内容

我们通过课内课外并举，改革教学内容，创新教学模式，设计多元评价体系，构建师生学习共同体，实现全方位浸润式育人，全流程学生素养提升，全视野价值引领。

第二节　课程教学改革重点问题

（1）传统大学英语教学与一流课程“两性一度”存在差距。改革传统大学英语教学，通过项目活动有机整合线上线下和课外语言实践，将学、用和测融为一体，提升大学英语教学质量。

（2）片面强调西方语言文化学习，课程思政力度不够。通过中西文化互鉴、新时代红岩文化及精神传承的课程项目等，强化课程思政，增强学生“四个自信”。

（3）学生个性彰显及服务社会能力不足。通过夯实大学英语基础课程分级分类教学，完善后续提高课课程体系，让学生深入第二课堂，彰显学生个性，提升其服务社会的能力。

（4）课程以单模态、书面学习为主，多模态应用不足。通过多模态、多感官及多种教学方法手段的并用和联用、身体体验、多重认知加工、语言实践，充分发挥学生的主体认知作用及主观能动性。

（5）语言习得训练为主，学生语言应用及 21 世纪能力欠缺。充分结合校本财经特色，将学生综合英语应用能力的培养与专业学习融合，培养学生服务区域社会经济文化的 21 世纪技能。

第三节　教学创新理念和目标思路

1. 教学理念

基于"铸魂为纲、素养培养、技能提升"的教学理念，本课程既注重培养学生的语言运用能力，又注重塑造学生人格品格以及学生综合素养提升。本课程以项目为依托，在教师的指导下，学生为完成复杂程度递增的项目开展具有一定时长的调查研究，最终获得专业知识和综合技能（如合作、沟通能力、思辨、解决问题等能力）。本课程强调交际场景和项目内容的真实性。项目教学法的实施既富有语言的具体应用，也是人格塑造、综合素养内化的过程。

2. 教学目标

本课程教学的目标是培养具有国际视野、有家国情怀、"强专业+强外语"的国际化复合型人才，具体而言：①语言技能方面，基于贯穿学年的教材和中西方文化互鉴小项目、第二学期基于专业和红岩文化赓续课程大项目，以听、说、读、写、译等多种方式，拓展学生与话题相关的词汇、结构及表达方式并能熟练应用；②素养培养方面，通过大小项目实施，培养学生发现问题、分析问题、解决问题的能力，以及批判性思维、合作能力、信息素养等；③价值观塑造方面，通过课内与课外活动并举，帮助学生认识中国国情，认同中华文化，建立文化自信，培养学生批判地看待西方文化的能力，厚植学生社会主义核心价值观和家国情怀。

3. 学情分析

本课程教学对象为非英语专业，一本专业中的经济、金融、会计专业，英语基础较好的本科学生，入学前习惯了高强度的以记忆为主的书本学习，高阶能力不足；学习模式单一，对国情、社会民生了解有限；学习兴趣较高，爱探索，但缺少学习策略与思辨能力；学习模式以应试为主，重知识，轻应用。

4. 教学创新思路

课程基于混合式教学领域最有影响力之一的"探究社区模型"（Community of Inquiry）理论框架（见图2），在混合和在线环境中，深度的、有意义的线上学习出现在社会、教学和认知临场感的交集处。我们结合学校定位及学生学情，设计了校本混合式教学创新框架（见图3）。

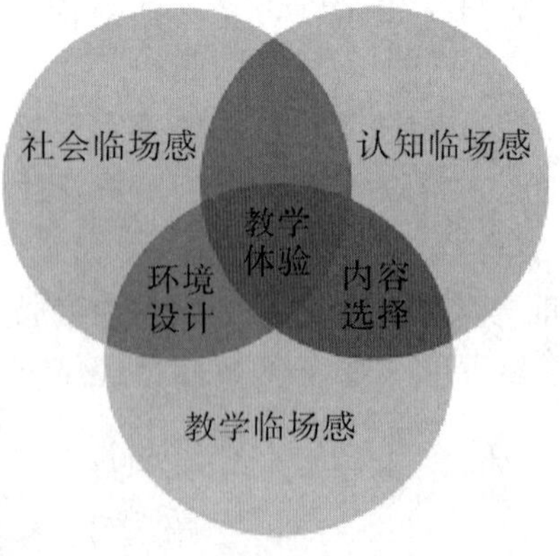

图2　探究社区模型

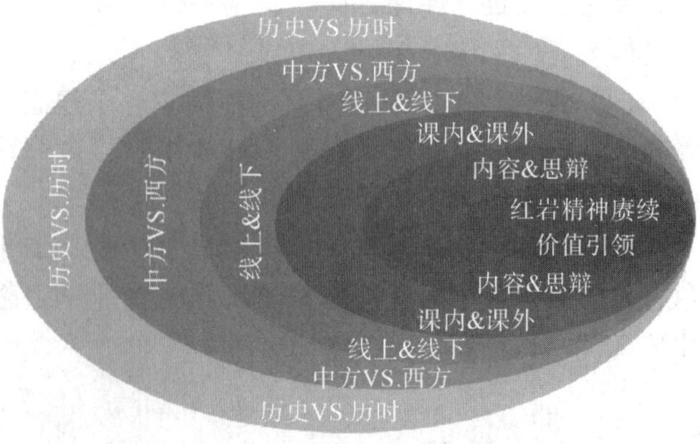

图3　校本混合式教学创新框架

该教学创新框架立足国家社会发展需求、关切真实社会生活，采用项目式教学法，以红岩精神赓续、价值引领为交集，为核心；以内容探索与思辨为两翼，通过文化互鉴、红岩精神赓续及学生专业相关教学内容，在夯实、提升语言技能的同时实现价值引领；通过课堂内外、线上线下全方位浸润育人，全流程保障学生素养提升；通过历史、中西方文化对比，多角度拓宽学生国际视野，建立文化自信，提升学生服务社会的能力。

针对教学创新，我们设计了 PBL 大学英语多元评价体系，在评价中注重“学识+能力”“过程+结果”“个体差异+全面发展”。我们在教学中注重师生反思，不断发现新问题新思路，优化 PBL 大学英语项目式教学。该教学创新框架以学生为主体，以项目为依托，以教师为引领，实现“强语言与强专业”、厚植家国情怀的目标。

第四节　具体措施

1. 项目教学中课程思政的框架创新

一是基于大学英语课程内容的“文化互鉴”项目。贯穿整个学年，注重学生语言知识与技能的习得和跨文化意识的培养，包括：中国传统文化；中西方文化对比；课文背景；时政热点介绍。具体如图 4 至图 7 所示。

图 4　孔明灯英文海报

图 5　中西方绘画对比项目汇报

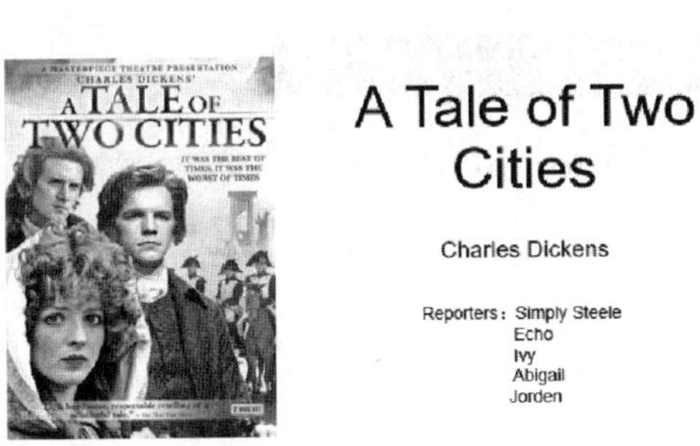

图 6　课文背景相关汇报

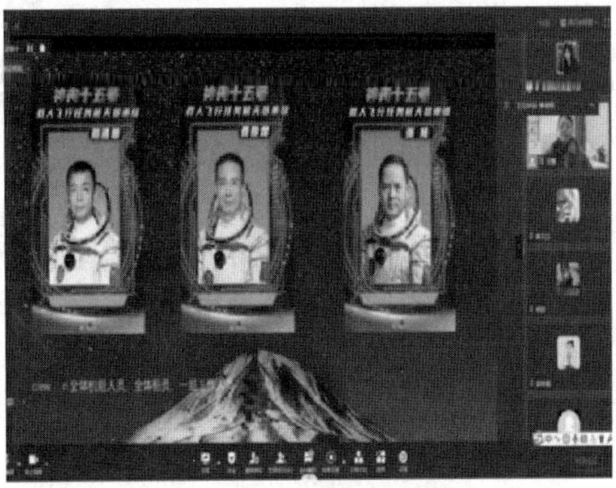

图 7　新闻时事项目汇报

二是基于真实社会文化情景，新时代红岩文化及精神传承的课程项目探索。以“新时代红岩精神的传承”为主线，学生以真实社会文化情景为基础，开展课程项目探索。通过查找资料、选题、写作提纲、设计问卷、数据分析、英文项目报告写作，学生对红岩精神及文化的内涵、历史、在新时代如何宣传和传承红岩文化及精神有了更深刻的理解。教师通过浸润式课程思政，引导学生融入自己的产出。学生从习得语言知识，学会知道；通过比较情感态度、价值观，学会思考；在价值体系内化过程中，学会做到、学会发展。具体如图 8 和图 9 所示。

图 8　新时代红岩文化及精神传承的课程项目 1

图 9　新时代红岩文化及精神传承的课程项目 2

三是基于“文化互鉴暨新时代红岩精神的传承”的课外实践。课外实践紧密围绕“文化互鉴暨新时代红岩精神的传承”，鼓励学生参加第二课堂活动、学科竞赛、党员活动、社会实践，促进学生全员参与，服务区域社会经济文化发展。具体如图 10 所示。

图 10　学生参与社会实践——走近父母，传承家风的活动 1

2. 项目教学中的教学模式创新

课前，确定 PBL 教学目标和内容，督促学生线上及线下预习，汇总问题；课中，系统介绍和引导、重难点讲解、问题反馈、探究讨论、评价；课后，将教师反馈、师生互动、生生互动、反思充分融入语言知识的学习和项目的完成中。基于 PBL 的大学英语混合式线上线下课程的实施过程模型如图 11 所示。

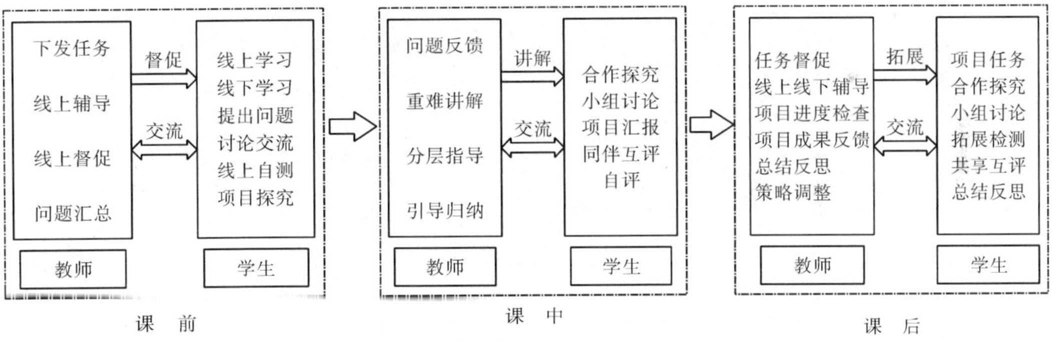

基于PBL的大学英语混合式线上线下课程的实施过程模型

图 11　基于 PBL 的大学英语混合式线上线下课程的实施过程模型

3. 项目教学中单元环节设计创新

一是项目任务步骤化。即遵从语言学习的规律，在实施项目的过程中，注重由浅入深的认知规律，将复杂任务分解为学生能胜任的多个循序渐进的子任务，在教师的引导下，最终完成复杂程度递增的项目。

二是项目学习中“内容”与“语言”均衡发展。以项目的完成为驱动，激发学生对语言的兴趣；在语言工具的运用中，体会到更深刻的内容含义，提升能力素养与思辨能力，实现“工具性”与“人文性”的有机结合。

4. 课程评价方式创新

本课程采用多元评价体系，引入学生的自评与互评，在评价中注重“学识+能力”“过程+结果”“个体差异+全面发展”。如图 12 和图 13 所示，学期成绩构成为平时成绩（50%）、期中考试（10%）、期末项目汇报（10%）以及期末笔试（30%）。教师引领学生基于评价标准学习，学会评价；师生共同反思，互评互鉴，构建师生学习共同体。

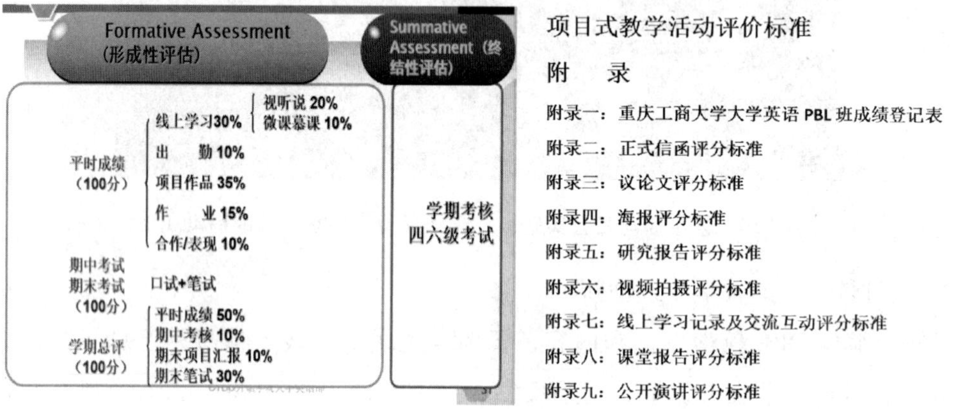

图 12　PBL 大学英语评价指标及评价标准

贯穿整个大学英语课程的多元评价体系

- ➢ 线上学习评价
- ➢ 线下学习评价
- ➢ 学生自评及互评
- ➢ 师生合作评价
- ➢ 过程性评价
- ➢ 终结性评价
- ➢ 学生的反思日志

姓名：程　　　　学号：2020

班级：20 级金融学类 6 班　　　　日期：2021 年 1 月 18 日

反思日志正文（可以用中文或英文进行反思）：

一：我这学期学到了些什么？大学英语课程是如何帮助我提升英语的？

在本学期的学习中，我认为最大的改变是学习英语的态度与出发点。高考前只会埋头刷题带着为了获取更高的分数的目的去学习，而到了大学中更多的是学习英语语言知识与应用技能、学习策略和跨文化交际为主要内容，去不断的充实自己，发现自己更多的可能，从之前的几乎不敢用英语交流到如今能够站在台上自信的用英语演讲。这一切的改变都离不开本学期大学英语课程的帮助。本学期的英语课程通过线上学习（视听说，微课慕课），出勤、项目作品、作业、表现、口试与笔试各个方面考察了我们的综合素质，也同样在督促我们摆脱高中的埋头苦练的刷题思维中走出来，去从不同的方面提高我们的综合文化素养，同时也增强了我们的自主学习能力，以适应我国社会发展和国际交流的需要。

二：我自己为学习英语做了哪些努力？

在本学期的英语学习中，我在主要在提升英语口语、听力以及写作、翻译方面做出了较多的努力。口语我在每一周没有早课的清晨去读出课本上的文章，听力是本学期做出的努力还不足的地方，我在本学期中一周会做两套真题，但我知道想要通过这去提升自己的听力是远远不够的。今后努力方向：一周两次真题训练，加每周四五次新闻听力训练，时事英语新闻，让耳朵保持语感。　写作方面：通过老师上课的讲解尽量去运用新的句型、新的词组并且合适运用平常翻译练习中精彩的句子尽最大努力给作文润色。翻译方面：将范文的翻译与自己的翻译作对比，发现自己的不足之处，以及尽量去应用更加优美的词组。

章

姓名：章　　　　学号：2021

班级：ACCA1 班　　　　日期：2022.07.15

反思日志正文（可以用中文或英文进行反思）：

在我看来，进入大学后英语的学习形式和形式都变得更加多样化。在老师的计划安排下，我们会进行上台英语汇报、英语视频的制作等有趣又富有一定挑战的活动，很大程度上提高了我们的听说读写能力。这学期让我印象较为深刻的是在老师的鼓励和帮助下参与了英语演讲，在准备过程中我明白想要流畅地脱稿演讲并且富有感染力，确实是一件需要更多锻炼机会的事情。背诵英语需要找到英语背后的逻辑，背景知识，文化等等，对英语学习既要有整体的概念，也要熟悉英语的细枝末节。同时，我们在学习过程中应该寻找和抓住机会，即使失败也不要灰心，再接再厉。

最后，真的很感谢老师一年来的辛勤付出，很幸运能遇到老师您，为我们的学习和生活都带来了别样的色彩。

张

姓名：张　　　　学号：2021

班级：ACCA1 班　　　　日期：2022. 7. 15

1. 我的提高

大学英语使我从英语单词、语法、句式结构、同近义词、写作能力等得到了提高。而除了线下英语课堂的互动，线上慕课学习让我综合认知了英语口语，英语高级表达，帮助我转变了中式英语的思维，而线上写作互评，老师评阅结合线下例题详细讲解，让我迅速架构起了写作英语的结构，配套练习题与课堂内容紧密结合，得到了充分的练习。

2. 我的努力

在充分完成老师布置的个人、小组作业，以及练习后，我会下载 Hello Talk app 与外国友人交流练习口语，写作。完成四级的备考，我坚持单词打卡，寻找线上课程综合提升英语，并积极备考六级英语。此外还积极参加全国大学生英语比赛，并正为之准备。

3. 背景知识的充实

在学习之前我对中西方艺术了解不是很多，但是经过了录视频、音频，小组上台介绍中西方艺术差异，很快我详细的认知了其相关代表作和内涵。政治角力是我感兴趣的，让我了解了和平的来之不易，商业成功因素的课文结构让我获益匪浅，安乐死更是让我深入了解了疾病与斗争。

每个课文难度适当，可以让我了解大量高级词汇并应用与日常写作口语中，而课文中对比排比的结构也帮助我梳理结构。

5. 完成的任务

个人作业的完成需要自己沉下心来做。面对外国绘画艺术，我查阅了相关文献，借助电子新闻，历史来丰富我的内容，上台做展示也锻炼我的 PPT 能力以及临场反应能力和演讲能力。瑞幸咖啡的小组作业每个人都付出了努力，大家合作，分工，每个人获得了自己想提升的能力。平时的练习自己完成，老师详细讲解，使我增加了能力。预习课文已经成为了不可或缺的步骤，提升对课文的理解。

6. 期待课程和自己的改进

可以加强对课外相关知识的培训，即获得了知识，又丰富了视野，寓教于乐。可以加强课程互动性，提高学生积极性。自己需要加强考试心态，针对听力使用微信公众号进行每日精听需要坚持下去。

徐

大学英语学期反思日志

姓名：徐　　　　学号：2021

班级：ACCA 一班　　　　日期：2022.7.16

反思日志正文（可以用中文或英文进行反思）：

这学期的大学英语课真的很充实且多姿多彩，我们有各种个人作业汇报以及小组合作的内容，我做了艺术视频和个人汇报，对世界名画的认识及了解，用英文的汇报和配音，让我的英语口语有了很大的提升。还有作文和翻译训练，也从不同角度提高了我的英语水平。

我们小组也一起完成了很多有意义的任务，例如小组汇报，小组演讲等。最令我印象深刻的是我们的论文演讲，我们做了很多周，我们见证并参与了一个大项目的完成，最后汇报演讲的的成功也是对我们多周努力成果的肯定。我们小组成员很积极主动，大家配合的很好，才有了我们最后各种项目的完美完成。

最后，很感谢和刘老师一年的缘分，老师对我们的关心和交流，认真批改作业的态度也让我学会了很多。希望以后我的英语学习越来越好，热爱英语，希望刘老师工作顺利！

图 13　PBL 大学英语课程多元评价体系及学生反思

第五节　教学创新效果及成果

1. 教育改革成效

教改项目研究及课程建设成效显著。近三年，本课程获中国外语教育基金重点项目 1 项；以课程思政示范课程建设为目标，项目式大学英语课程成功获批 2022 年重庆工商大学一流本科课程、2022 年重庆市高校一流本科课程；获批重庆市社会科学规划课题两项，含重点课题一项；PBL 大学英语课程获 2021 年重庆市高校教师教学创新大赛二等奖（副高组）、2021 年重庆工商大学高校教师教学创新大赛一等奖（副高组）；大学英语获批重庆工商大学 2022 年校级课程思政示范课程，教师获教学名师和团队称号；“线上线下混合课程 PBL 大学英语”获批重庆市 2022 年本科高校“中国高校外语慕课联盟一流外语在线开放课程建设与应用项目”重点项目；团队教师主持相关研究课题诸如 POA、多模态教学、课程思政等多项。

课程思政及教学成果成效显著。2020 年荣获校、院两级“优秀课程教学团队”等称号。团队课程思政论文荣获 2021 年市级课程思政论文三等奖；团队两位老师分获校级第六届优秀教学成果奖二等奖。学院 2022 年获批重庆工商大学 2022 年大学外语部课程思政示范分中心。如图 14 和图 15 所示。

重庆市教育委员会

渝教高函〔2022〕92 号

重庆市教育委员会
关于公布 2022 年重庆市高校一流本科课程
名单的通知

在渝本科高校：

根据《重庆市教育委员会关于开展 2022 年高校一流本科课程项目申报工作的通知》（渝教高函〔2022〕29 号）要求，经各高校自主申报、专家评议、复核与公示，决定认定西南政法大学《能源与气候变化应对法》等 545 门课程认定为 2022 年重庆市高校一流本科课程，其中，线上一流课程 83 门，线下、线上线下混合式和社会实践一流课程 374 门，虚拟仿真实验教学一流课程 53 门和来华留学英语授课一流课程 35 门，现予公布。

182	企业财务审计	重庆工商大学	王杏芬	孙芳城,黄辉,罗勇,田冠军,石恒贵	线上线下混合式
183	贸易经济学	重庆工商大学	张驰	宋瑛,曾燕,[illegible],曾梦,杨海丽	线上线下混合式
184	[illegible]	重庆工商大学	[illegible]	[illegible]	线上线下混合式
185	大学英语	重庆工商大学	刘繁	杨玉兰,罗志高,吴庸,李柏玥,陈丹杰	线上线下混合式
186	[illegible]	重庆工商大学	[illegible]	[illegible]	线上线下混合式
187	创业综合模拟训练	重庆工商大学	曾燕	骆东奇,张驰,尹元福,张永智	社会实践课程

图 14　获 2022 年重庆市高校一流本科课程

图 15　主讲教师奖状

2. 课程评价及改革成效

教师发展成效显著。课程思政效果出色，主讲老师受邀在学校“课程思政建设工作交流与推进会”上分享成果经验；PBL 团队教师荣获 2020 年教师教学创新大赛校级三等奖（讲师组）、获 2021 年重庆市高校教师教学创新大赛二等奖（副高组）、2021 年重庆工商大学高校教师教学创新大赛一等奖（副高组）、2021 年教师教学技能大赛校级二等奖。如图 16 所示。

荣誉证书
HONORARY CREDENTIAL
刘莹老师：
荣获2021年重庆市高校教师教学创新大赛副高组
二等奖
团队成员：董茜、朱珠
特发此证，以资鼓励！
重庆市教育委员会

证书
陈丹杰老师：
在2021年重庆工商大学教师教学技能大赛中荣获
二等奖
特发此证，以资鼓励！
重庆工商大学

图 16　参赛教师奖状

项目式教学团队共 9 人，7 名教师多次获得校级“优秀教师”称号，6 名教师获得重庆市市级教学比赛二、三等奖，8 名教师多次获得校级一、二、三等教师教学比赛奖项。教师教学效果好，学生评教优异，团队教师的课程评教平均分数为 91.8，优良率 100%，在全校名列前茅；课程满意度为 96%。

3. 学生教学成效突出

（1）学生语言技能得到显著提升，学生表现出更为持续的外语学习能力。大学英语 PBL 试点专业 2022 届毕业生四级通过率高达 90%，比同级别非试点专业学生平均高出 2~10 个百分点；六级过级率更为出彩，比同级别非试点专业学生平均高出 8~20 个百分点，如图 17 所示。

2022届毕业生四六级过级率

学院	毕业年份	学生人数	四级通过人数	四级通过率	六级通过人数	六级通过率
经济学院	2022	574	534	93.03%	420	73.17%
金融学院（重庆金融学院）	2022	544	494	90.81%	371	68.20%
会计学院	2022	623	603	96.79%	514	82.50%

图 17　授课学院 2022 届毕业生四六级过级率数据

基于我校学情，团队不断探索，学生持续产出“学用结合”高质量项目作品，如 PPT、海报、演讲、辩论视频、研究性报告等，形成丰富的教学成果资料库。

（2）学生具有进取精神，年年获奖。PBL 学生在产出中磨炼能力，在外语类各种比赛中获得佳绩。2018—2021 年大学生英语竞赛中获一等奖 3 人次，二等奖 6 人次、三等奖 15 人次；2018—2021 年“外研社”杯写作大赛、阅读大赛 6 人获得一、二、三等奖。2021 年词达人词汇大赛 5 人分获一、二、三等奖。

4. 推广应用

2021 年本课程主讲教师在学校“课程思政建设工作交流与推进会”发言得到新华网重庆市教育频道的广泛报道；2021 年本课程主讲教师在十省、直辖市、自治区大学英语教学研讨会暨第二十届年会分论坛发言，为与会代表分享本校 PBL 教学改革经验（见图 18）；2023 年 3 月，PBL 团队课程主讲教师在重庆市高等教育学会大学外语教学研究专业委员会 2023 年理事会暨研讨会做主旨发言，分享通过深化大学英语教学改革解决课程思政力度不够等问题；2023 年 6 月 29 日，PBL 团队课程主讲教师在学校 2023 年课程思政建设推进会上发言。各兄弟院校到访外国语学院（见图 19），学习借鉴我院大学英语课程改革经验。另团队成员也多次在与校内外的学术交流中分享教研经验，受到广泛好评和借鉴。

闽、黔、琼、桂、粤、渝、滇、京、苏、川
十省、市、区大学英语教学研讨会暨第二十届年会
发言证书

兹证明 刘繁 于2021年11月13日参加由闽、黔、琼、桂、粤、渝、滇、京、苏、川大学英语教学研讨会理事会主办的十省、市、区大学英语教学研讨会暨第二十届年会，并在会上发言。

发言题目为：《大学英语》——多模态体验认知外语教学的实践与探索

特此证明。

重庆市高等教育学会大学外语教学研究会

2021年11月13日

图 18　主讲教师推广发言

图 19　兄弟院校到访